인성도
스펙이다!

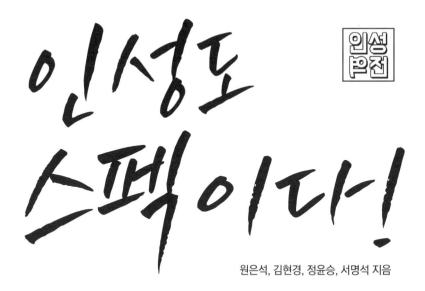

인성口전

인성도 스펙이다!

원은석, 김현경, 정윤승, 서명석 지음

M&K

"우리가 평소에 신경 쓰고 있지 않지만
알고 보면 우리에게 엄청난 영향을 미치는 이것!
바로 인성입니다. 고리타분해 보이고
멀게만 느껴지던 인성, 이 인성에 대한 이야기를
쉽고 재미있게 풀어보려 합니다.

인성역전! 지금부터 시작합니다!"

"인성의 중요성을 절실히 깨닫고 인생이 달라졌어요!"

원은석(원PD) | 〈인성역전〉 기획자, 교수

제 학창시절 별명은 '××이'였습니다. 도저히 지면으로는 밝히지 못할 만큼 고약한 별명입니다. 당연히 저는 그 별명이 너무나 싫었고, 친구들과 여러 번 실랑이를 벌이기도 했습니다. 그럼에도 고등학생 시절엔 제 이름보다 별명을 부르는 친구들이 훨씬 많았습니다. 어쩔 수 없이 그러려니 하게 되었지만, 마음 한 구석에 남은 불만은 마치 아스팔트 길바닥의 시커멓고 끈적한 껌딱지처럼 눌어붙어 있었습니다. 그렇다고 제가 친구들에게 따돌림이나 괴롭힘을 당했던 것은 아니고요. 나름 많은 친구들과 어울리며 즐겁게 지냈는데, 왜 유독 내가 그런 고약한 별명으로 불렸을까? 그 이유에 대해서는 깊이 생각해 본 적이 없었습니다. (물론 어떤 이유에서건 친구에게 고약한 별명을 붙이는 게 잘하는 일은 아닙니다만.)

고등학교를 졸업하고 그 지긋지긋한 별명에서 벗어나게 된 뒤, 그에 대해 다시 생각해보게 된 계기는 서른 살 초반에 찾아왔습니다. 직장에서 인간관계로 인해 아주 좋지 않은 일을 겪고 난 뒤, 그 일에 대해 곰곰이 생각하다 보니 학창시절까지 다시 돌아보게 되었습니다. 대학생활과 사회생활에서 쌓은 경험에 비추어 어릴 적 일들을 천천히 곱씹어보니, 당시에는 깨닫지 못했던 저의 문제점들이 튀어나온 못처럼 보이더군요.

그중 생각나는 몇 가지 일들을 떠올려 볼게요. 우선 저는 잘못을 하고도 미안하다는 말을 하지 않는 아이였습니다. 고 2때 같은 반 여학생에게 양치 컵을 빌렸는데, 친구와 장난치다가 컵을 떨어뜨려 깨뜨렸습니다. 깨진 컵의 주인에게 제가 건넨 말은 "장난치다 깨뜨렸어. 새로 사줄게"였습니다. 미안하다는 말도 없는 제 태도에 기분 나빠하며 친구는 사과를 요구했지만, 이 정도 일로 무슨 사과를 하냐며 저는 뺏고, 급기야는 엄청 큰 말다툼으로 번졌어요.

그리고 내 물건은 엄청 아끼면서 다른 사람의 물건은 아무렇지도 않게 여기는 아이였습니다. 어느 날 수업시간에 책을 가져오지 않아 옆자리 짝꿍의 책을 같이 보게 되었습니다. 그런데 수업이 지루했던 저는 짝꿍의 책장 구석에 그림을 끄적거리기 시작했습니다. 처음에는 한 귀퉁이에 작게 시작된 낙서가 점점 대담해져 페이지 전체를 채웠고, 수업이 끝날 때에 저는 7페이지 전면을 당시 유행하던 만화 캐릭터 낙서로 가득 채워버렸지요. 그 모습을 잠자코 지켜보고 있던 짝꿍은 수업이 끝날 때 제 눈을 똑바로 쳐다보며 "네 책이냐?"한 마디를 던졌어요. 역시 저는 미안하다고 하지 않고 어물쩍 넘겨버렸지요. 그런데 며칠 후, 그 짝꿍이 물을 마시다 제 공책에 물을 약간 엎지르자 저는 불같이 화를 냈습니다.

또 화해를 할 줄 모르는 아이였습니다. 초등학교 3학년부터 줄곧 붙어

다니던 친구가 있었습니다. 같은 중학교에 진학해서도 쉬는 시간마다 만나 이야기를 나누고, 점심도 거의 매일 같이 먹었지요. 어느 날 함께 하교하는 길, 서점 앞에 새로 출시된 만화책 포스터가 붙어 있었습니다. 너무 기다렸던 만화라 책을 사려고 주머니를 뒤져보니 돈이 부족했어요. 그래서 친구에게 이천 원을 빌려달라고 했는데, 그 친구는 아버지께서 절대 친구에게 돈을 빌려주지 말라고 하셨다며 제 부탁을 거절했습니다. 그깟 이천 원을 빌려주지 않느냐며 저는 화를 냈고, 그날 그 친구와 처음으로 크게 다투게 되었습니다. 며칠 후 친구는 그때 부탁을 들어주지 않아 미안했다고 사과했지만, 저는 아무 대꾸도 하지 않았습니다. 이후 그 친구와의 관계는 끊어졌습니다. 마음이 풀어진 후 그 친구가 많이 생각났고 다시 함께 놀고 싶었지만, 끝내 전 사과의 말을 건네지 못했지요.

이렇게나 모난 구석이 많았으니 제가 친구들 사이에서 고약한 별명으로 불린 것도 어쩌면 그럴 만한 이유가 있었겠구나, 하는 생각이 그제야 들더군요. 그런데 놀랍게도 저는 그때까지 스스로 인간관계가 좋은 사람이라는 확신을 가지고 있었습니다. 그 이유를 분석해 보면, 우선 저는 매우 외향적인 성격이라 사람들이 많은 자리에 잘 어울리고, 새로운 사람을 금방 사귀는 재주를 갖고 있어요. 가까운 사람과의 갈등은 잘 해결하지 못하지만 대신 새로운 사람을 쉽게 만날 수 있기에 인간관계의 아쉬움을 크게 느끼지 못했고, 그것이 좋은 인간관계라고 착각했던 것이죠.

그리고 공감 능력이 낮은 편이라 주변 사람들의 고통이나 고민을 제대로 읽지 못했어요. 따라서 같은 잘못을 반복하며 계속해서 누군가를 떠나보내면서도 그 문제가 나 때문이라는 생각을 하지 못했습니다. 나는 원래 인간관계가 좋은 사람인데, 다른 사람과의 갈등은 어쩌다가 일어난 사고라고 여겼습니다.

또한 저는 대단히 일 중심적인 사람입니다. 당시까지 인간관계에는 문제가 있었어도 직장에서 업무 성과는 좋았기에 윗사람들에게는 칭찬을 많이 들었고, 한창 그 성취감에 몰두해 있을 때라 나 자신에 대해 돌아볼 기회가 없었던 것입니다.

그러다 마침내 그 착각에서 벗어나는 계기가 되는 사건이 터졌습니다. 동료들과 업무회의를 하는 중이었어요. 제가 5년 동안 일을 못한다고 사사건건 무시하고 구박해 온 한 동료가 있었습니다. 그때까지 그가 꾹 참아왔기에 충돌이 없었을 터인데, 그날 회의 중 제가 또 그를 무시하는 투로 말하자 동료는 그동안 쌓인 게 터졌는지 크게 화를 냈습니다. 저는 '이게 어디서?' 라는 생각으로 같이 화를 내며 받아쳤고, 결국에는 심한 욕설이 오가는 다툼으로 번지게 되었죠. 주변 사람들과 다투는 거야 제게 익숙한 일이지만, 다툼이 끝난 뒤 뭔가 분위기가 이상했습니다. 그 동료 주변에는 기분을 묻고 마음을 달래주려는 사람들이 계속 드나드는데, 제 주변에는 싸늘한 기운들만 가득했던 것입니다.

당시 저는 직위가 높아 다른 직원들을 관리하는 책임도 맡고 있었는데, 정작 저 자신은 지각과 결근이 잦고 근무태도가 좋지 않았습니다. 여러 사람에게 고치라는 조언을 들었지만, 일만 잘하면 된다는 생각으로 귀담아듣지 않았지요. 실제로 제 업무 성과는 좋았습니다. 그러면서 함께 업무를 진행하는 동료들에게 일을 잘 못한다고 면박을 자주 주었지요. 행동으로 모범을 보이지 않고 말로 무시하니 직원들이 저를 싫어하는 것은 당연한 일이었습니다. 그러니 저와 다툼을 한 동료는 많은 공감과 위로를 받고, 저는 냉대와 무시를 받았던 것이죠. 그때까지 스스로 괜찮은 사람이고 동료들과 관계가 좋다고 확신하고 있었던 저는 그 명백한 사인을 보고서야 한 대 얻어맞은 듯 상황을 달리 보게 되었습니다.

이후 저와 다퉜던 동료와 그를 지지하는 직원들은 제가 지시한 업무를 거부하기 시작했고, 결국 저는 입사한 뒤 처음으로 업무 마감을 지키지 못하게 되었습니다. 게다가 뒤이어 다른 업무의 마감일이 연속으로 밀려들었습니다. 일을 잘하는 것으로 스스로의 문제점들을 덮어놓은 채 우월감을 가지고 있었던 제가 처음으로 일이 버거워졌고, 두려워졌습니다. 주말에 집에서 밀린 일을 하다가 잠시 쉬고 있는데 갑자기 답답함이 훅 밀려들고, 눈물이 나더군요. 한참을 누워서 울다가 곰곰이 생각하게 되었습니다. '내가 왜 이렇게 되었을까? 나는 좋은 사람인데….' 그러다 학창시절의 나의 별명까지 생각이 미친 것입니다. 그때까지 어찌저찌 운 좋게 큰 갈등을 피하면서 지내오다가 돌이킬 수 없는 지경이 되고나서야 깨닫게 된 것이죠. 내가 생각해 온 만큼 나는 좋은 사람이 아니었다는 것을요.

이후 계속해서 스스로의 문제점을 파악하려 노력했습니다. 반성의 시간을 가질수록 그동안 내게 진심을 다해 잘해주었던 좋은 사람들을 나의 잘못으로 많이 떠나보냈다는 것, 그로 인해 내 인생의 잠재적인 기회들을 많이 놓치게 되었음을 새삼 깨닫게 되었습니다.

그렇게 저는 오랜 기간 많은 시행착오를 겪고 나서야 비로소 누군가와 더불어 살아갈 수밖에 없는 세상에서 나의 능력 못지않게 중요한 요소가 바로 인성이라는 사실, 아니 인성 자체가 무엇보다 중요한 능력 중 하나이며, 그것을 넘어 내 삶을 진정으로 가치 있게 만들어주는 결정적인 열쇠라는 사실을 배우게 되었습니다.

그렇게 중요한 깨우침을 준 그 사건이 있은 지 얼마 뒤 저는 직장을 옮기게 되었습니다. 당시엔 아직 사과하고 화해하는 방법을 잘 몰라서 결국 관계를 잘 마무리하지 못하고 헤어졌습니다. 그래서 그 동료와 함께 일했던 직원들에게는 지금도 풀지 못한 미안함을 가지고 있지요.

새로운 직장에서는 그전과는 다른 태도로 지냈습니다. 내가 인간관계가 좋은 사람이라는 자신감을 버리고, 나 스스로를 '좋은 사람'이 아니라 '인성에 부족한 점을 가지고 있는 사람'이라 여기고 행동하였습니다. 그러니 당연히 다른 사람을 조심스럽게 대하게 되더군요. 앞서 말했지만 저는 타고난 성향이 다른 사람의 감정에 공감을 잘 못합니다. 따라서 남의 눈치를 살피며 그때그때 대처하기는 힘들기 때문에 그 점을 보완하기 위해 행동 원칙을 정해놓고 따르기로 결심했습니다.

'내가 하기 싫은 일은 일방적으로 다른 사람에게 시키지 않는다.' '내 시간만큼 다른 사람의 시간도 중요하다.' '상대방 기분이 나쁘면 일단 말하기보다는 들어준다.' '상대방이 듣고 싶은 말 아니면 하지 말자.' 이런 원칙을 지키면서 행동하려 했습니다. 그것도 말처럼 쉬운 일은 아니지만, 그래도 노력하다보니 확실히 예전보다는 관계에서 겪는 갈등이 줄어들었음을 느낄 수 있었습니다. 제 직업이 새로운 사람을 계속 만나고, 다른 사람과 협력을 해야 하는 경우가 많기에 그 효과를 더욱 확실히 체감할 수 있었죠. 놀랍게도 그와 함께 일도 더 잘 되어가더군요. 좋은 인성과 인간관계는 일하는 데 성가신 무엇이 아니라, 나의 능력에 날개를 달아주는 비결이라는 사실까지 확인할 수 있었습니다.

  인성의 중요성을 절실히 깨닫게 된 뒤, 저는 교육자로서 또 부모로서 어떻게 하면 인성이 중요하다는 메시지를 효과적으로 전달할 수 있을까 궁리하게 되었습니다. 기존의 인성 관련 책과 교육 프로그램들을 살펴보기 시작했는데, 활용하고 싶은 것들이 별로 없더군요. 내용이 따분하거나 어려워서 거리감이 느껴지거나, 다소 피상적이어서 개인이 처한 상황에 적용하기는 쉽지 않겠다는 생각이 많이 들었습니다. 그래서 좀 더 쉽고 재미있게 인성에 대해 생각해볼 기회를 전달할 수 있는 방법이 무엇이 있을까, 고민한 결과가 바로 〈인성역전〉 팟캐스트 입니다.

  〈인성역전〉은 인성에 관한 다양한 주제로 교육, 심리, 철학, 상담 등 각 분야의 전문가 네 명이 이야기를 나누는 팟캐스트 방송입니다. 저 '원PD'가 교육, 심리 소설 전문작가인 '김심리'가 심리, 철학박사이자 교수이신 '정철학'이 철학, 그리고 상담 전문가인 '서상담'이 상담 분야를 담당하고 있지요. 매번 실생활에서 친숙하고 실용적인 주제를 선정하기 위해 노력합니다. 실제로 인성이 관건이 되는 상황은 결심이나 약속을 해서 정해지는 것이 아니라 살다보면 갑작스레, 무심코 만나게 되는 경우가 많거든요. 예를 들어 '친구의 부탁을 거절하는 것이 나쁜 것인가요?', '싸가지 없다고 말하는 것이 나쁜 것인가요?', '나를 싫어하는 친구를 무시하는 것은 나쁜 것인가요?'와 같이 누구나 한 번쯤은 고민했을 법한 문제의식에서 주제 선정이 시작됩니다. 이러한 주제들에 대해 각자 다른 전공과 시각과 성향을 가진 네 사람이 자신만의 관점으로 서로 밀고 당기다가 누군가의 이야기에 공감하기도 했다가, 쓸데없는 소리가 나오면 구박도 하며 치열하게 대

화를 나누다 보면 우리 삶에 적용할 만한, 그리고 신선한 깨달음을 줄 만한 유익한 메시지들이 툭툭 튀어나오더군요.

우리는 살면서 만나게 되는 고민에 대해 주로 친구 또는 가족들과 함께 이야기를 나누면서 공감 받고 위로받지요. 그리고 문제에 대한 해결방법도 그 안에서 찾는 경우가 많습니다. 한 번쯤은 다른 시선에서 문제를 바라보는 시도를 해 보는 것은 어떨까요? 〈인성역전〉과 함께하다 보면 나와 익숙하고 가까운 사람이 늘 해주던 이야기를 넘어 새로운 시선에서 문제를 바라볼 수 있을 것입니다. 그리고 그런 경험이 자신의 인성에 대해 진지하게 생각해볼 수 있는 기회로도 이어졌으면 좋겠어요. 고등학생 'XX이'가 당시 그런 기회를 통해 자신의 인성에 대해 한 번쯤 돌아보고 부족한 점을 생각했더라면, 함께하며 아껴주었던 소중한 사람들을 그렇게 많이 놓치지 않았을 것 같아요.

"우리 함께 인성합시다! 역전하세요!"

(팟캐스트 〈인성역전〉의 인사 구호랍니다.^^;)

"인성에 대한 재미있는 썰을 위해
인성이 부족한 네 명의 전문가가 뭉쳤다!"

요령이
중요해!

원은석 교수

닉네임 원PD
목원대학교 스톡스대학 기초교양학부
응용영어교육 박사

인성역전의 제작·기획·진행·편집을 담당하고 있다. 종종 논쟁이 과열되거나 이야기가 산으로 가도 걱정 없는 건 정리의 아이콘 원PD 덕분. 꼼수와 요령을 좋아하며 공감 능력도 빵점이지만, 남들한테 욕먹는 건 또 싫어해서 늘 "나 이러면 나쁜 건가요?"라며 인성에 대한 고민거리를 던져준다. 진심으로 언젠가는 인성 좋은 사람이 되고 싶다.

#정리충 #냉정 #베짱이 #의심많은 #빠른계산 #칭찬이고픈

과연
그럴까요?

김현경 작가

닉네임 김심리
소설가, 에니어그램 강사
팟캐스트, 유튜브 콘텐츠 제작자

인성역전에서 심리학 관련 내용과 기타 잡다한 썰을 담당하고 있다. 무엇이든 냉정한 시선으로 관찰하고 분석하기 좋아하는 시니컬의 아이콘. 역사를 전공한 소설가이면서 독학으로 성격심리학 강사 활동 중인 독특한 이력의 소유자. 인간은 고쳐 쓰는 거 아니라는 본인의 신념을 깨고 싶어서 인간에 대한 탐구를 계속하고 있다.

#분석충 #역사학도 #심리덕후 #탐미주의자 #무정부주의자 #비혼주의자

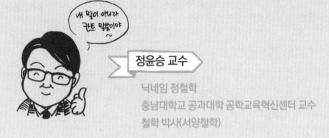

정윤승 교수

닉네임 정철학
충남대학교 공과대학 공학교육혁신센터 교수
철학 박사(서양철학)

인성역전에서 윤리적 판단과 철학적 고찰을 담당하고 있다. 논쟁과 비판을 좋아하는 열
정과 폭주의 아이콘. 불변의 진리를 구하는 철학자답게 트렌드나 신문물에 어두워 대화의
맥을 끊을 때가 종종 있다. 한때 가톨릭 사제가 될 뻔했다는 충격적인 과거의 소유자.

#미개충 #수다맨 #폭주하는 #근자감 #나름쓸만한 #어디로튈지모르는

서명석 박사

닉네임 서상담
이레 청소년·가족 상담센터 대표
사회복지학 박사

인성역전에서 상담과 사례를 담당하고 있다. 대체로 인간미가 부족한 인성역전 토크 가
운데 일말의 온기를 던져주는 소통과 공감의 아이콘. 멤버 가운데 가장 어르신이라는 사실
이 믿기지 않는 순수함으로 가끔 놀람과 놀림의 대상이 되곤 한다. 청소년들에 대한 각별
한 관심과 애정으로 활발한 청소년 상담 활동을 하고 있다.

#순수진지충 #엉뚱한 #모범적인 #책으로배운일탈 #SNS여왕

캐리커처 By 김심리

人性逆轉

제 1장

나를 돌아보는 인성

진로

네가 진짜로
원하는 게
뭐야?

"네가 진짜로 원하는 게 뭐야?"

원PD | 가수 신해철 님의 〈니가 진짜로 원하는 게 뭐야〉란 노래 알아요?

〈니가 진짜로 원하는 게 뭐야〉

대한민국 가요사에 굵은 획을 그은 뮤지션 신해철(1968~2014)이 'Monocrom'이라는 이름으로 1999년 발표한 락/메탈 장르 앨범의 타이틀곡. 4분 18초 동안 "니가 진짜로 원하는 게 뭐야?" "그 나이를 퍼먹도록 그걸 하나 몰라!"라는 가사만 수십 번 반복되는 강렬한 메시지로 유명하다.

이외의 가사는 "사는 대로 사니 가는 대로 가니 그냥 되는 대로 사니?" "이거 아니면 죽음 정말 이거 아니면 끝장 진짜 내 전부를 걸어보고 싶은" 밖에 없다.

김심리 | 당연히 알죠. 제가 정말 좋아하는 노래에요. 고등학생 때 친구들이랑 노래방에 가서 이 노래를 완창한 적이 있어요. 친구들한테 절교당할 뻔했죠.

원PD | 좋은 노래지만, 노래방에서 할 노래는 아니죠.

김심리 | 그때 그만큼 '진짜로 원하는 게 뭐야?' 이 질문에 꽂혀 있었던 것 같아요. 대학 입시를 앞두고 진로에 대해서 한창 고민할 때잖아요. 요즘 학생들은 이 노래를 잘 모를 수도 있겠지만, 그 심정은 다 마찬가지 아닐까요?

원PD | 그래서 김심리 님은 '니가 진짜로 원하는 게 뭐야?'를 찾으셨나요?

언제?

김심리 | 사실 저는 특이한 경우예요. 아주 어릴 적부터 작가가 되고 싶었고, 당연히 될 거라고 생각했고, 실제로 그 꿈을 이루었거든요. 작가도 여러 분야가 있으니까 그것을 놓고 고민은 해봤지만…, 고등학생 때 제가 했던 고민은, 남들처럼 입시 공부에 매진하는 게 과연 내 꿈을 위해서 꼭 필요한 일일까? 이게 내 인생에 얼마나 도움이 될까? 하는 것이었지요.
이런 저를 보고 남들은 부럽다고들 많이 해요. 진짜 좋아하는 것, 꿈을 찾지 못해 고민하는 사람들이 많으니까요. 그런데 물론 전 꿈을 이루었으니 감사하지만, 실은 남들처럼 여러 진로를 놓고 고민해보는 삶이 부러울 때가 있어요. 가능성이 열려 있는 거잖아요. 어찌 보면 재미없는 인생이거든요. 어릴 적부터 길이 정해져 있는, 고민할 필요가 없는 삶이란 게…. 그리고 어쨌든 꿈을 찾고 이룬 뒤에도 현실적인 고민은 계속된답니다.

정철학 | 반대로 저는 굉장히 극적으로 진로를 바꾼 경우예요. 제가 원래 가톨릭 신부가 되려고 신학교에 갔었거든요.

원PD | 헐~ 천만 다행! 대한민국 가톨릭계가 흔들릴 뻔했네.

김심리 | 아쉽다! 현실 〈열혈사제〉 나실 뻔!

정철학 | 가톨릭 신학교에서는 4년 학부생활 하고 군대 3년 다녀와서 다시 석사 3년 하고, 이렇게 한 10년 공부해야 신부가 되거든요. 학부 수업이 1

학년 때는 철학, 2학년 때는 철학과 신학 반반, 3학년 때는 철학보다 신학을 더 많이 공부하고, 4학년 때는 신학만, 이렇게 짜여 있어요. 철학부터 공부하고 점점 신학 쪽으로 가는 거지.

그런데 학부 졸업하고 군대 가 있을 때, 전역하고 복학을 해야 되나 말아야 되나 고민이 되더라고요. 잘 생각해 보니까 아무래도 죄송하지만 난 신학은 아닌 것 같아. 오히려 내가 재밌어 하는 건 철학이거든. 아마 그 신학교에서 졸업논문으로 신학 아니고 철학 논문 써낸 사람은 나밖에 없었을 거예요. 졸업시킨 게 다행이지.

신학교에서는 혼자 생각할 시간이 많아요. 새벽기도도 하고, 낮에도 밤에도 기도하고 묵상하니까. 그래서 그 시간 동안 나 자신한테 물어본 거죠. 내가 정말 좋아하고 내가 정말 행복해 하는 게 뭘까? 솔직히 답이 나온 게, 난 철학이 좋아. 나는 철학 공부할 때가 제일 행복해. 철학 얘기를 하면 얼굴이 밝아지는데, 신학 얘기를 하면 얼굴이 굳어져. 그래서 철학으로 가야겠다 결심하고 신학교를 그만뒀죠.

서상담 | 전 대학을 졸업하고 직장까지 가진 뒤에 진로를 바꾼 경우인 걸요. 제가 원래 실내 인테리어를 전공했거든요. 공부는 재미있게 했는데, 졸업하고 인테리어 현장에서 일해 보니까 뜻밖에 적성에 너무 안 맞는 거예요. 그래서 다른 무슨 일을 해야 할까 고민하게 됐는데, 그때 저는 주변 사람들의 조언을 많이 들었어요. 근데 저를 잘 아는 사람들 대부분이 이야기해준 게, 저는 어떤 이야기를 들어도 진지하게 고민하는 게 있다고. 그리고 많은 사람들보다는 소수의 사람들과 깊이 마음을 나누는 것을 좋아한다고…. 그렇게 제가 좋아하는 것들에 대해서 잘 생각해본 결과, 지금의 제

길, 상담 전문가의 길을 찾게 된 거죠.

내가 원했던 것이 정말로 이것이었을까?

원PD | "네가 진짜로 원하는 게 뭐야?"에 대한 이야기들을 들어보면 공통점이 있어요. 대체로 이 고민이 언제 시작되느냐면, 내가 원했던 큰 목표를 달성하고 나면 그때부터 떠오르기 시작하는 경우가 많아요. 우리나라 학생들은 대개 대학 입시 밖에는 생각할 겨를이 없죠. 그러다 마침내 대학에 딱 들어가고 나면 그때부터 내가 어떤 길을 가야 할 것인가? 내가 진짜 좋아하는 것이 뭘까? 고민이 시작되죠. 얼마 그러다 또 잊어버려요. 어~ 하다가 3학년쯤 되면 또 취업 준비해야지. 그런데 취업하게 돼도, 내가 원하던 직장에 들어가게 된다 해도 입사 초기 정신없는 시간이 지나면 또 고민이 찾아와요.

김심리 | 내가 정말 원하던 게 이거였나? 내가 이렇게 살자고 이 직장에 들어오려고 했나? 생각한 거랑 너무 다른데? 혹은 해보니까 나랑 너무 안 맞는 것 같은데? 이런 고민들이죠.

원PD | 맞아요. 저는 사범대를 나왔거든요. 제가 대학 1학년 때부터 진로를 고민하기 시작하면서 친구들한테 꿈이 뭐냐고 물어봤어요. 그랬더니 우리 학번 정원 40명 중의 35명이 교사가 되는 거라고 자신 있게 대답했어요. 가르치는 게 좋고 아이들과 함께 하는 게 너무 좋대요. 그리고 실제로 그

렇게 답했던 친구들 대부분이 교사가 되었어요. 그럼 적어도 그 친구들은 행복해야 되잖아요. 그런데 지금 만나보면 안 행복해 보이는 사람들이 많아요. 분명히 꿈을 이룬 건데, 행복하지 않아. 그걸 보면서 저는 그때 그 친구들이 자기가 좋아한다고 생각했던 게 잘못 생각한 건 아니었을까? 표면적으로 좋아하는 것에만 머무르고 자신의 진정한 내면을 못 들여다본 것이 아니었을까? 생각하게 되었어요.

"하루 종일, 매일매일, 60년 동안!"

원PD | 저는 대학 들어가서부터 '내가 진짜로 좋아하는 게 뭔지' 고민을 시작했어요. 좋아하는 걸 하고 살아야 행복하다는데, 그럼 난 뭘 해야 할까? 저는 좋아하는 게 굉장히 많았거든요. 일단 책 읽는 거, 글 쓰는 거. 저 작가 되고 싶어서 신춘문예 3번이나 도전했다가 떨어졌어요.(ㅠㅠ) 음악 듣는 것, 영화 보는 것. 클럽도 되게 좋아해요. 사람 많은 데 좋아하고, 놀러 다니는 것 좋아하고. 게임하는 것도 엄청 좋아하죠. 제가 대학 들어갔을 때 PC방 처음 생기고, 스타크래프트라는 게임이 들어왔거든요. 제 친구들이 프로게이머 1세대에요. 처음 스타크래프트 프로리그 열렸을 때 4등한 친구랑 어울려 다니면서 '나도 프로게이머 해야 하나?' 하는 생각도 했어요. 하지만 진로에 대해 고민하다 보니 그중에서도 정말 좋아하는 것을 찾아야겠다는 생각이 들었어요.

그걸 위해서 제가 생각해낸 질문이 '하루 종일, 매일매일, 60년 동안'이었어요. 진짜 좋아하는 거면 하루 종일 해도 좋아야 되는 거잖아요. 하루 종일! 그리고 매일매일 해도 좋아야지요. 매일매일! 그리고 우리가 100세 시대니까 20세부터 적어도 60년은 해야 평생 먹고 살 거 아니에요. 그래서 60년 동안! 이렇게 하루 종일, 매일매일, 60년 동안 해도 좋은 게 있을까? 라고 나 자신에게 질문을 해보았어요.

서상담 | 아니, 아무리 좋아해도 하루 종일, 매일매일, 60년 동안 할 수 있는 일이 있긴 해요? 너무 극단적인 것 같은데?

원PD | 그러니까요. 극단적인 상황을 생각해 보면 내가 좋아하는 게 진짜 좋아하는 건지 알 수 있게 돼요. 그렇게 질문하니까 내가 좋아했던 것들이 하나 둘씩 걸러지기 시작했어요. 일단 게임 탈락, 영화 보는 거, 클럽, 노래방 탈락…. 그랬더니 마지막 남은 게 책읽기와 글쓰기였어요.

그래서 그때부터는 내가 정말 평생 책읽기, 글쓰기만 하면서 살 수 있을까? 그러려면 어떤 일을 해야 할까? 어떤 삶의 모습이 될까? 이런 것들을 생각하기 시작했어요. 그리고 내가 만약 책읽기와 글쓰기를 할 수 없게 된다면 어떻게 할까? 이런 질문도 해보았어요. '내가 정말 좋아하는 것을 할 수 없게 된다면 난 어떻게 할까?' 이것이 정말 좋아하는 것을 알아낼 수 있는 두 번째 질문이에요.

답이 금방 나오지는 않아요. 이런 질문을 계속 마음속에 가지고 지내다가 군대에 가게 되었어요. 군 복무 중에는 하라는 일 말고는 할 일이 없으니까 나 자신에 대해 생각하기 좋아요. 어느날 밤에 불침번을 서는데, 그 시간에 갑자기 빡! 머리를 맞는 것처럼 답이 왔어요. '변화'라는 키워드가 떠오른 거예요. 그러니까 이 변화가 뭐냐면, '와, 내가 어제의 나보다 좀 더 멋있게 변했네? 내가 전보다 좀 더 발전했네?' 이런 느낌이 들 때 있잖아요. 누군가에게 충고를 해준다거나, 남들 앞에서 발표를 할 때라든가, 어떤 일을 해냈을 때 갑자기 이런 느낌이 들면서 소름이 쫙~ 돋을 때가 있어요. 제가 정말 좋아하는 것은 바로 그 느낌이었던 거예요.

일단 이 키워드를 찾아내니까 모든 것들이 거기로 통하더라고요. 내가 멋지게 변화했다는 느낌, 그걸 위해서 저는 책도 읽고, 글도 쓰고, 게임도 하고, 영화도 보고, 놀러 다니기도 하고, 그랬던 것이죠. 그 모든 건 '수단'이었던 거지.

김심리 | 더 멋지게 변화하는 것이니까 '발전'이라는 단어도 적당하겠네요. '내가 발전적으로 변화했구나!' 라는 느낌이 좋다는 것이죠?

원PD | 네, 제가 정말로 좋아하는 건 바로 그것이었어요. 그런 느낌을 받을 수 있는 일이라면 무엇이든 하루 종일, 매일매일, 60년 동안 해도 좋겠다. 그렇다면 그 수단이 굳이 책읽기, 글쓰기가 아니어도 된다는 결론이 나온 거죠. 책읽기, 글쓰기는 그냥 내가 어려서부터 잘해왔던 것뿐이지. 그래서 이제 내가 좋아하는 것을 하면서 살 수 있는 수단을 생각해 보자. 나는 책읽기와 글쓰기를 잘하니까, 공부를 하면 되겠네! 그리고 변화와 발전을 잘하기 위해서는 시간적 여유와 자율성이 있는 교수를 하면 좋겠네! 이렇게 근본적인 길을 찾은 이후에는 인생의 지향점에 물음표가 생기지 않아요. 저는 변화와 발전이라는 느낌을 너무 좋아하기 때문에 늘 새로운 일을 벌이고, 그 일을 하고 있어요. 우리 〈인성역전〉 방송도 그 중 하나죠. 이거 녹음하고 편집하느라 저 매일 밤새잖아요. 주변에서 이해를 못해요. 돈 되는 일도 아닌데 왜 그렇게 힘들게 하느냐고 하지만, 전 힘들지 않아요. 제가 좋아서, 재미있어서 하는 일이거든요. 청취자들 반응 보는 것도 신나고, 무엇보다 제가 이 방송을 통해 배워가고 발전하는 게 좋아요. 우리 정철학 선생님이 방송에서 해주신 철학 이야기들, 다 기억하고 있거든요.

정철학 | 정말 내공이 많이 쌓이셨어요. 처음엔 어려워하셨는데 말이야.

원PD | 내가 좋아하는 일에 대해 "하루 종일, 매일매일, 60년 동안 할 수 있을까?" 그리고 "이 일을 하지 못하게 된다면 어떻게 할까?"란 질문을 하다

보면 저의 '변화/발전'과 같은 키워드를 찾을 수 있을 거예요. 다른 세 분
도 이렇게 키워드를 찾아보시면 어떨까요?

나의 '인생 키워드' 찾기

김심리 | 처음에 제가 가장 좋아하는 일이라고 떠오른 것은 원PD 님과 똑
같이 책 읽고 글 쓰는 일이었는데요. 그 질문에 따라 잘 생각해 보니 저의
키워드, 그러니까 '내가 진짜로 원하는 것'은 원PD 님과 좀 다른 것 같아
요. 저는 제가 변화했거나 발전했다는 뿌듯함보다는 그냥 새로운 것을 알
았다는 기쁨이 더 커요. 어릴 적부터 호기심이 많았어요. 알면 알수록 알
수 없는 이 세상과 인간이 너무나 흥미로워요. 그에 대해 조금이라도 더
알고 싶어서 저는 계속해서 책을 읽고, 또 그렇게 배운 것을 다른 사람들
과 나누고, 다른 사람들의 생각도 알고 싶어서 글을 쓰는 것이거든요. 만약
책을 읽지 못하게 된다면, 저는 직접 사람을 만나든 어떤 방법으로든 계속
해서 새로운 것을 배우고, 나누려 할 거예요. 저의 키워드는 '배움'이 되겠
네요. 제가 작가라는 직업을 선택한 것은 그것을 위한 수단이고요.

서상담 | 저는 다른 사람들과 이야기 나누는 일을 좋아해요. 제가 말하는 쪽
보단 듣는 쪽을 좋아하는데, 사람 자체에 관심이 많기 때문인 것 같아요.
잘 모르는 사람이라도 '저 사람은 어떤 사람일까? 어떤 생각을 하고 있을
까?' 하는 관심으로 진지하게 남의 이야기를 들으려 하죠. 서로 마음을 열
고 공감하는 대화라면 하루 종일 매일매일 평생 할 수 있을 것 같아요. 그

래서 저는 상담사를 직업으로 택했죠. 힘들 때도 있지만, 잘한 것 같아요.

정철학 | 저는 비판과 논쟁을 좋아한다고 했는데요. 그건 제가 논리적인 걸 너무 좋아하기 때문인 것 같아요. 비논리적으로 말하고 행동하는 사람을 보면 따지고 박살내주고 싶어 못 견디겠거든. 하하하…! 논리를 좋아하니까, 철학을 업으로 삼은 거죠.

원PD | 이미 답을 다 찾은 사람들하고 얘기를 하니까 재미가 좀 없었는데요. 그건 우리가 그만큼 나이들도 있고 방황도 다 해본 사람들이어서 그런 거죠. 저는 '하루 종일 매일매일 60년 할 수 있을까?' 이 질문을 한 3년 동안 마음속에 품고 있던 끝에 겨우 답을 찾았고요. 정철학 님은 대학 학부 마치고 군대 가서 깨달았으니까 4년? 서상담 님은 학교 졸업하고 직장까지 갖고 나서 진로를 바꿨다고 했죠. 아무리 열심히 고민해도 최소 3~4년은 걸리는 일이니까, 당장 답이 나오지 않는다고 실망하지 말고 지금부터 열심히 생각해 보셨으면 좋겠습니다.

🌀 생각해보자!

'원픽'이 중요해!

김심리 | 내가 진짜로 원하는 것을 찾고자 할 때 꼭 마음에 새겨야 할 점이 하나 있어요. 그건 사람마다 원하는 게 각자 다르다는 점이에요. 누가 맞고 틀리고, 누가 더 낫고 못하고 한 게 아니에요. 이것을 인정해야만 나도, 남도 있는 그대로 받아들일 수 있어요. 사람 사는 환경은 다양하고, 끊임없이 변화거든요. 여기에 적응하고 서로 돕고 살기 위해서는 다양한 역할이 필요하기 때문에, 사람의 성향 또한 다양하게 타고납니다. 이런 원리를 증명하는 학문이 '진화심리학'이에요.

진화심리학
인간의 심리를 진화, 즉 생물이 환경에 적응하면서 발전해가는 과정의 관점으로 이해하려는 학문.

따라서 남에게 명백히 피해를 주는 것이 아닌 이상, 모든 이들의 다양한 성향과 욕구는 다 있는 그대로 인정돼야 합니다. 제가 글을 쓰고 강연을 하면서 지겹도록 하는 이야기가 바로 "사람은 다 다르다. 제발 내 기준대로 다른 사람을 판단하지 마라"는 것이거든요. 그런데 사람들은 그렇게 일반화나 범주화를 좋아해요. '남자는 이래. 여자는 저래. 우리나라 사람 이래. 경상도 사람 저래.' 하는 것들 있잖아요. 물론 실제로 평균적인 차이가 있을 수 있어요. 하지만 정말 중요한 것은 그 사람 자체의 특성이거든요. 저는 사람들이 편견을 갖는 이유는 게을러서라고 봐요. 누군가를 대할 때

그 사람을 있는 그대로 파악하려면 시간이 걸리고 노력이 필요하잖아요. 그게 귀찮은 거죠. 그러니까 겉으로 드러난 조건만 보고 '이 사람은 이러니까 이렇겠지?'라고 쉽게 판단하는 것이죠. 그것도 정신적 에너지 절약을 위한 본능이기는 해요. 그러나 그런 성급한 판단에서 생기는 오류가 너무 많고, 거기서 낭비되는 에너지가 생각보다 많기 때문에 그러지 않는 것이 좋다고 저는 늘 강조해요.

내가 진짜로 원하는 것을 찾을 때도 마찬가지 오류가 많이 생겨요. 남들이 많이 원하는 것, 많은 사람들이 좋다고 말하는 것, 또는 가까운 사람들이 원하는 것이 좋은 것이고, 나도 그것을 원해야 한다고 착각하는 경우가 많아요. 물론 남들에게 인정받고 칭찬받고 싶다는 마음도 중요한 욕구 중의 하나죠. 그러나 누구도 모든 욕구를 충족할 수는 없기 때문에, 여러 가지 욕구 중에서 정말로 내가 가장 원하는 것이 무엇인지, '원픽'을 반드시 해야 합니다. 우선순위를 정해야 한다는 거죠.

꿈에도 우선순위가 있다

김심리 │ 나의 진정한 욕구를 착각하고 우선순위를 잘못 정하면 어떤 문제가 발생하는지, 직접 겪은 일을 통해 이야기해 드릴게요. 저의 저서인 〈7가지 인간 행복 사용설명서〉에도 나오는 일화에요. 제가 첫 소설을 출간하고 얼마 안 되었을 때 한 '남사친'을 알게 되었는데요. 이 친구가 자기도 소설가가 되고 싶다고, 저한테 도와달라고 하더라고요. 저도 막상 그렇게 원하던 소설가가 되어 보니 현실은 꿈과는 너무 다르고 힘들었던 때였지만,

그래도 최선을 다해 도움을 주려고 했어요. 일단 습작을 해라, 격려해주고. 내가 뭐 대단한 스승은 못 되지만 읽고 조언을 해주겠다.

그런데 이 친구가 말만 앞서고 글을 열심히 안 쓰는 거예요. 일단 뭐라도 쓴 게 있어야 어떻게 해보겠는데, 글이 안 나와. 다른 일이 바빠서 시간이 없는 것도 아니고, 심지어 글 쓰겠다고 이 친구가 직장을 관둔 상태였거든요. 그럼 당연히 열심히 써야 할 텐데 그러지 않으니까, 이게 뭐하자는 건가? 제가 너무 이상해서 어느 날 도대체 뭐가 문제냐고 정색하고 물어보니까, 이 친구가 그러는 거예요. "소설가가 되고 싶긴 한데, 소설 써서 언제 벤츠 타고 장가가지?"

그 말을 듣고 너무 황당했어요. 벤츠 타고 장가가고 싶다는 얘긴 결국 돈을 많이 벌어서 안정적으로 살고 싶다는 얘기잖아요. 그러면 직장을 그만두고 소설을 쓰면 안 되죠. 소설가는 경제적 안정성이 아주 떨어지는 직업이에요. 경제적 안정을 중요하게 생각한다면 소설가를 직업으로 삼으면 안 돼요. 생업이 따로 있다면 모를까…. 물론 소설로 돈을 많이 벌 수도 있죠. 하지만 그걸 목적으로 소설을 쓴다면 어리석은 짓입니다. 돈 많이 벌 확률이 훨씬 높은 다른 일들이 많으니까요.

정철학 | 소설을 쓴다는 것은 정신적 가치를 추구하는 일이고, 벤츠 타고 싶다는 것은 물질적 가치를 추구하는 일인데, 둘을 동시에 추구한다는 건 말이 안 되는 일이죠.

김심리 | 맞아요. 사실 경제적 안정을 원하지 않는 사람은 없겠죠. 저도 할 수만 있다면 벤츠 타고 싶어요! 하지만 그보다 소설가로서 사는 행복이 더

크기 때문에 이 일을 택한 거죠. 언제 벤츠 탈 수 있을지 걱정이 되어 글을 쓸 수가 없다면, 작가의 꿈은 우선순위에서 밀린 것이니 일단 접어두는 것이 맞아요. 일단 열심히 돈을 벌어서 벤츠 타고 장가가는 꿈부터 이루고 나서 다시 생각해 보는 게 낫겠죠.

제가 그 친구에게 이렇게 말해주었더니 '현타' 맞고 '멘붕'에 빠지더라고요. 그 후로 저를 피하기 시작했고, 그렇게 관계가 멀어졌어요. 물론 스스로 몰랐던 자신을 깨닫는 순간 충격이 올 수는 있죠. 그러나 그걸 건강하게 받아들일 수 있었다면 친구 관계가 깨질 일은 없었겠죠. 지금껏 그 친구가 작가가 되었다는 얘기도, 벤츠 타고 장가갔단 얘기도 못 들었어요. 뭐가 되고 뭐를 타는 게 중요한 게 아니라, 자신의 진짜 꿈을 인정하지 못한다면 아마 그 친구는 앞으로도 행복해질 수 없을 거예요.

무엇 때문에 자기 꿈을 인정 못했을까? 곰곰이 생각해보니, 아마도 자신은 소설 쓰고 싶은 사람이어야 '간지'가 나는데, 벤츠 타는 게 더 중요한 사람이란 걸 인정하기 싫었던 것 같아요. 그러니 "네가 진짜로 원하는 건 벤츠야."라는 제 말을 모욕적으로 느낀 것이죠. 맹세코 그 친구를 무시하려는 뜻으로 한 말이 아니거든요. 전 소설가 되는 것이 벤츠 타는 것보다 나은 꿈이라고 여기지 않아요. 제가 소설가로 살고 있으니 더 잘 알지만, 그렇게 자랑하고 권장할 만큼 멋진 일은 못 됩니다. 그냥 제 타고난 적성에 맞는 일일 뿐이죠. 그 친구는 스스로를 낮게 여겼기 때문에 진정한 자신을 인정하지 못한 거예요.

돈 많이 벌고 싶은 게 어때서요? 남에게 피해를 주는 일이 아니라면 모든 꿈의 가치는 동등해요. 하지만 모든 걸 가질 수는 없으니, 우선순위를 정해야 합니다. 세상에 공짜는 없거든요. 그리고 꿈의 우선순위에는 내가 진짜로 원하는 것을 놓아야지, 내가 원해야 한다고 생각하는 것을 놓으면 안 돼요. 이것을 꼭 명심했으면 좋겠어요. 나 자신을 있는 그대로 받아들이지 못하면 진정한 행복을 찾을 수 없으니까요.

있는 그대로의 나 인정하기

김심리 | 그리고 실은 좋아하는 게 별로 없는 것도 정상이에요. 사람의 성향은 환경에 적응하기 위한 것이라고 했잖아요. 만약 저처럼 '난 죽었다 깨나도 작가밖에 할 게 없어.'라는 사람만 있으면 어떻게 되겠어요? 우리가 사는 세상은 계속 변화하고 필요한 직업이나 역할도 계속 달라지니까, 여기에 잘 적응할 수 있도록 무엇을 해도 대충 다 맞는 사람이 더 많이 태어나게 되어 있어요. 어릴 적부터 무엇을 좋아하는지 확실히 아는 사람들을 부러워하지 마세요. 아무리 생각해 봐도 특별히 좋아하는 게 없다면, 본인은 유연하게 이 세상에서 그때그때 필요한 이 일, 저 일 하도록 태어난 거예요.

또 고민할 만큼 해 봤는데, '나는 그냥 부모님이 원하시는 일 하면서 원만하게 무난하게 살아가는 게 제일 좋아.'라는 결론이 났다고 해서 실망하거나 자괴감 느낄 필요가 전혀 없어요. 본인의 인생 키워드는 '안정', '원만함'인 거예요. 어느 직업을 갖고 어떤 모습으로 살든 이 사람이 추구하는 것은 안정과 원만함이니 그렇게 살면 되는 거예요. 꿈에 우열을 멋대로 두면 안 돼요. 내가 타고난 그대로, 내가 생겨먹은 그대로가 가장 멋진 나입니다.

하고 싶은 일 해, 굶지 않아!

원PD | 자신이 진짜로 원하는 것을 찾고 나면, 내가 여러 가지 일을 좋아한다고 해도 일관성 있게 정리가 됩니다. 제가 영어 교육 박사잖아요. 그런데 지금 인성 콘텐츠 만들고 있죠. 다른 교재도 만들어요. 팟캐스트 하고, 책 쓰고. 또 프라모델, 레고 같은 것 조립하는 게 취미에요. 어찌 보면 영역도 다 다른 일이고 그냥 잡다하게 하는 것 같지만, 저는 이 모든 것들이 '변화'라는 제 인생 키워드를 위해서 하는 일이기 때문에 다 연관이 돼요. 인성 팟캐스트 만들면서 그 결과로 논문도 쓰고, 이렇게 무엇을 해도 내 것으로 당기는 힘이 생겨요.

그리고 진짜 좋아하는 일을 찾은 사람은 환경에 영향을 받지 않아요. 제가 지금 대학에서 학생들을 가르치고 있는데, 만약에 잘렸다고 해요. 그렇다고 제가 불행해질까요? 당장 기분은 나쁘겠지만, 곧 다시 행복해질 수 있는 다른 길을 찾아갈 거예요. 대학 교수라는 직업은 제 인생 키워드를 향한 수단일 뿐 그 자체가 목적이 아니니까요.

그렇기 때문에 내가 진짜로 좋아하는 것을 찾으려 할 때 드리고 싶은 마지막 조언 하나는, '내가 이걸로 먹고 살 수 있을까?'란 걱정은 일단 접어두는 게 좋다는 거예요. 이런 걱정이 앞서면 나의 진심을 들여다보는 데 방해가 되거든요. 정말 좋아하는 일을 찾아서 할 수만 있게 된다면, 먹고 살 걱정은 안 해도 됩니다. 진짜야.

김심리 | 정말요? 저는 소설가 하니까 먹고 살기 힘든데요.

원PD | 그건 아직 현실적인 요령이 덜 터서 그런 거예요. 자신이 좋아하는 일을 경제적 보상으로 연결할 수 있는 수단을 많이 못 잡아본 것뿐인데, 그런 건 시간이 지나면, 좋아하는 일을 꾸준히 하다보면 반드시 생기게 되어 있어요.

서상담 | 저도 그런 경험이 있어요. 원래 제가 대학에서 교수로 있었어요. 그거 그만두고 나와서 상담센터 차린다고 할 때 다들 말렸어요, 미친 거 아니냐고. 그 안정적인 직장을 버리고…. 상담센터는 내담자가 올 때까지 기다리고 있어야 하는데, 잘 되지 않으면 유지하기도 힘들거든요. 해 보니까 확실히 경제적인 면으론 떨어지고 불안해요. 그래도 제가 느끼는 만족감은 비교할 수 없이 크더라고요. 그래서 처음에 힘든 시간들도 버틸 수 있었죠. 버티다 보니 원PD 님이 말씀하신 여러 수단들이 보이기 시작하고, 점차 자리를 잡고 지금은 아주 바쁘게 일하고 있어요. 제가 진짜 좋아하는 일이니까 그렇게 버틸 수 있었던 거겠죠. 저는 경험자로서 그 말씀을 지지합니다.

나 자신을 찾으면 기회는 찾아온다

원PD | 맞아요. 내가 진짜 좋아하는 일을 쭉 하게 되면 사실 경제적인 건 크게 문제가 안 돼요. 수입이 적어도 만족할 수 있고, 또 거기서 조금만 눈을 돌려보면 많은 기회들을 잡을 수 있어요.
주변에서 보면 함께 일하거나 일을 맡길 만한 인재를 찾고 있는 사람들이 정말 많거든요. 그런데 남들이 찾는 인재란 건 그저 그런 사람들이 아니에요. 자신이 진짜로 뭘 원하는지 확실히 알고, 그 길로 쭉 밀고나가 본 사람들은 그 과정에서 쌓인 이력이 있고, 내공이 있어요. 속이 꽉 찬 사람이 되는 거죠. 자신이 어떤 사람인지도 모르고 어설프게 남들 따라다니며 시간 보낸 사람과는 확실히 다른 게, 얘기 몇 마디만 해 봐도 알아요.

고수는 고수를 알아본다고 하잖아요. 내가 일단 스스로 내공을 쌓으면, 반드시 그걸 알아보는 사람을 만나게 돼요. 나에게 기회를 주는 사람일 수도 있고, 함께 기회를 만들어가는 사람일 수도 있어요. 이런 사람들끼리는 어떤 일을 해도, 어떤 관계를 맺어도 그 자체로 삶을 풍요롭게 하고, 서로를 발전시킬 수 있어요.

정철학 | 사실 내 인생의 키워드를 찾는 데는 요령이 통하지 않아요. 누가 대신 답을 알려줄 수도 없고, 스스로 치열하게 고민해보는 수밖에 없죠. 그리고 이 고민은 누구나 살면서 한 번씩은 부딪칠 수밖에 없어요. 심지어 나이 먹어 은퇴하고 자식들 다 키워놓고 나서야 시작하는 분들도 많아요. 평생 공동체를 위해, 가족들 위해 헌신한 뒤에야 진정한 자신을 찾아볼 여유가 생긴 것이죠. 그때라도 늦은 건 아니지만, 어차피 해야 할 고민이라면 하루라도 빨리 시작하는 것이 좋죠. 그래야 한 번뿐인 소중한 인생, 하루라도 더 진정한 나 자신으로 알차게, 행복하게 살 수 있을 거 아네요?

그러니 지금 당장 나 자신에게 질문해 봅시다! "네가 진짜로 원하는 게 뭐야?"

내가 진짜로 원하는 게 뭘까?

질문·1 내가 좋아하는 일은 무엇입니까? 생각나는 대로 적어 봅니다.

질문·2 질문1에 적은 일들 중 '하루 종일, 매일매일, 60년 동안' 해도 좋은 일은 무엇일까
요? '내가 진짜로 좋아하는 일'이 무엇인지 찾아봅니다.

질문·3 내가 잘하는 일은 무엇입니까? 생각나는 대로 적어 봅니다.

질문·4 주변 사람들에게 내가 잘하는 일은 무엇인지 물어 봅니다.

① 부모님에게

----

② 친구들에게

----

③ 선생님에게

----

④ 기타

나는 어떤 직업을 가질까?

질문·1 내가 좋아하는 일과 관련된 직업은 무엇이 있을까요? 찾아서 적어 봅시다.

질문·2 내가 잘하는 일과 관련된 직업은 무엇이 있을까요? 찾아 적어 봅시다.

질문·3 질문1, 2에 적은 직업들 중에서 내가 가장 갖고 싶은 직업은 무엇인가요? 한 가지만 골라 봅시다.

질문·4 1, 2에 적은 직업들 중에서 나에게 가장 적합하다고 생각되는 직업은 무엇인가요? 한 가지만 골라 봅시다.

질문 · 5 질문3, 4에 적은 직업을 갖기 위해 내가 노력해야 할 점으로는 무엇이 있을까요?
(질문3, 4에 적은 직업이 같은 경우에는 그 한 가지에 대한 답을 적고, 다를 경우에는 두 가지
에 대한 답을 따로따로 적으면 됩니다.)

질문 · 6 질문3, 4에 적은 직업을 갖기 위해 어려운 점이 있다면 무엇일까요?

질문 · 7 질문6에 적은 어려운 점들을 극복하기 위해 나는 어떤 노력을 할 수 있을까요?

①성격적인 면에서

----

②신체적인 면에서

----

③능력적인 면에서

----

④학교생활에서

----

⑤기타

나는 누구?

김심리 | "나는 누구인가?"란 질문에 대한 답은 누구에게나 간단하지 않죠. 답이 하나도 아닐 거고. 저는 이 질문을 들으면 늘 소설 〈어린왕자〉의 한 부분이 떠올라요.

〈어린왕자〉 본문 중에서

어른들은 계산하기를 좋아합니다. 여러분이 그들에게 새로운 친구에 대해서 말할 때, 그네들은 본질적 문제에 관해선 결코 묻지 않습니다. 어른들은 결코 이렇게 말하지 않는 것이죠. "그애 목소리는 어떠니? 그애는 무슨 놀이를 좋아하니? 그애는 나비를 수집하니?" 대신 여러분에게 이렇게 물을 겁니다. "그애 나이는 몇 살이니? 형제는 몇 명이니? 몸무게는 얼마나 나가니? 그애 아버지는 돈을 얼마나 버니?" 단지 그것만으로 알았다고 믿는 것이죠.

김심리 | 어린왕자의 이야기처럼 한 사람의 정말 중요한 부분은 성향, 취향, 가치관, 인간관계, 이런 부분일 텐데, 대부분의 사람들은 "나는 누구인가?"에 대한 답으로 소속이나 사회적 지위, 이런 걸 먼저 떠올리죠.

정철학 | 원래 "나는 누구인가?"에 대한 답, 그러니까 정체성은 한 가지가 아니라 여러 차원으로 이루어져 있어요. 크게 보면 외적 정체성과 내적 정체성으로 나눌 수 있죠. 방금 이야기한 소속이나 사회적 지위 등은 외적 정체성에 속해요. 외적 정체성은 다른 사람들이 불러 주는 것으로 결정돼요. 예를 들어 저 같은 경우는 누군가의 아들이면서 형이면서 아빠이고, 동창회에 가면 친구들에게 "이 ×××야!"라 불리죠. 하하하….

그 모든 호칭이 저인 것은 분명하죠. 하지만 그게 전부일까요? 나 스스로가 나를 어떻게 보는지도 중요하죠. 나는 어떤 사람이고, 지금까지 어떻게 살아왔으며 현재는 어떻게 살고 있고, 앞으로는 어떻게 살 것인가? 여기에 대한 생각들이 진정한 나를 결정해요. 이것이 내적 정체성입니다.

그런데 문제는 어떤 사람들은 외적 정체성과 내적 정체성을 잘 구분하지 못해요. 예를 들어 '내가 국회의원이다, 사장이다. 또는 그런 지위를 갖고 싶다.' 이것이 자신의 전부인 양 생각하고 사는 거죠. 하지만 그것은 외적 정체성일 뿐이기 때문에 근본적으로 자기충족이 되기 어려워요. 언제든 변할 수 있는 것이고요. 그렇기에 내적 정체성의 중요성을 아는 사람들은 다르죠. 남들에게 과시할 수 있는 돈, 권력, 지위 같은 건 그리 중요하게 여기지 않아요. 스스로 정한 인생 목표가 있고, 주체적으로 자신을 반성하면서 살아가고, 어떻게 하면 주변 사람들과 조화롭게 살아갈지, 어떻게 인격을 수양하고 좋은 인성을 쌓을지 고민하죠.

서상담 | 그런데 상담할 때 학생들에게 '나는 누구인가?'에 대해 써보라고 하면 대부분 제일 먼저 나오는 답이 '나는 누구네 집안 몇째 딸로 태어나서…'로 시작해요. 정말 요즘 사람들은 외적 정체성을 더 우선하면서 살아가는 것 같아요.

원PD | 그러고 보니 우리가 외적 정체성이 더 익숙한 이유는 어릴 적부터 자기소개하는 방법을 그렇게 가르치는 영향도 있는 것 같아요. 자기소개서 양식도 대부분 그렇게 시작하구요. 하다못해 유치원에서 가르치는 자기소개도 *"저는~ 어디 유치원 무슨 반 누구입니다~"*(유치원생 말투 성대모사

하심~, 크크) 보통 이렇잖아요. 유치원에서부터 자기소개할 때 "저는~ 무엇 무엇을 좋아하는 누구입니다~" 이렇게 가르치면 어떨까 싶네요. 그럼 자신의 내적 정체성에 대해 일찍부터 생각해보고, 자아를 확장해볼 수 있는 훈련이 될 수 있을 거예요.

외적 정체성 vs 내적 정체성

김심리 | 게다가 나이를 먹을수록 내적 정체성보다는 외적 정체성에 집중하는 것이 어른스러운 태도라는 생각도 많아요. 제가 언제 그런 걸 느끼느냐면, 어릴 적 친구들이 어른이 되어 만나서 이야기할 때. 어른이 되었으면 무조건 가정과 직장에서 책임지는 역할이 우선이라고 생각하는 친구들이 많아요. "난 부모니까, 어른이니까 일에 전념하고 돈 열심히 벌어서 가족을 책임져야지. 더 이상 내가 좋아하는 걸 추구할 여유가 없어." 하면서 아직도 자신이 좋아하는 것을 찾고, 우선시하는 친구들한테 "넌 어리다, 철이 없다"고 하는 거죠. 그렇게 내적 정체성에 대한 이야기를 점점 하지 않게 되고, 거리가 멀어지고….
물론 외적 정체성, 즉 공동체 안에서의 역할도 중요하죠. 하지만 정체성이란 것도 일종의 감각이라서, 방치해 두면 점점 무뎌지게 되거든요. 내적 정체성을 잃게 되는 거예요. 그러다 외부에서 주어진 정체성의 역할이 끝났을 때 '멘붕'이 오게 되죠.

정철학 | 퇴직하고 나서 우울감에 빠지는 분들이 흔하잖아요?

김심리 | 맞아요! 정확히 그런 경우죠. 그러니까 제가 보기엔 그런 친구들도 실은 무의식적으로 불안감을 느끼고 있는 것 같아요. 마음속으로 '저 친구들은 아직도 자기가 좋아하는 것을 하면서 사네. 하지만 난 여유가 없어서 저렇게 할 수가 없어.' 생각하면서도, 그런 자신이 불안하니까 '저렇게 사는 것은 철이 없는 거야. 난 철이 들었어.'라고 스스로 위안하는 심리도 있다고 봐요.

원PD | 그럼 내적 정체성과 외적 정체성 중에 내적 정체성이 더 레벨이 높다고 할 수 있는 건가요?

정철학 | 꼭 그렇다고 할 수는 없어요. 현대인들이 외적 정체성에 더 치중하는 경향이 있기 때문에 내적 정체성의 중요성을 강조한 것뿐이고요. 실제로는 그 두 가지가 확실히 구분되지 않고 겹치는 부분도 충분히 있을 수 있거든요. 외적 환경에 의해서 정체성이 주어졌더라도, 본인이 주체적으로 중심을 잡고 고민을 해서 자기 것으로 만들면 내적 정체성이 될 수 있죠. 거꾸로 내적 정체성이라고 생각한 부분이라 해도 외적 정체성으로 변화할 수도 있고요.

예를 들어 어떤 사람이 자동차를 굉장히 좋아해요. 그래서 그런 내적 정체성에 따라 자동차 동호회에 들어갔어요. 그런데 동호회 활동을 하다 보니 어느새 그 동호회원으로서 소속감이 내 삶의 중심이 되고, 동호회의 모든 결정이나 흐름을 따라가고 있다. 그렇다면 동호회 활동이 외적 정체성이 되는 거죠. 반대로 내 뜻이 아니라 어쩌다 보니 속하게 된 조직이라 해도, 그 안에서 최선을 다해 자기 주관을 스스로 찾아가고 발현하고, 그것으로 조직을 변화시킬 수 있게 되었다면 그 경험은 다시 내적 정체성이 되는 거고요.

김심리 | 외적 정체성은 다른 사람이 나에게 바라는 역할인 경우가 많죠. 아무리 특별한 사람이라도 혼자서는 살아갈 수 없잖아요. 그러니 공동체 안에서의 역할, 다른 사람과의 관계도 중요하죠. 결국 중요한 것은 내적 정체성과 외적 정체성의 조화라고 할 수 있겠네요.

인류, '나'를 발견하다

정철학 | 이제 영어의 어원을 통해 정체성의 의미에 대해 좀 더 깊이 살펴보 겠습니다. 영어에서 한 사람의 특별함을 뜻하는 단어로 'personality'가 있 어요. 정확히 **성격, 인격, 개성** 등을 뜻하죠. 이 단어는 'person'에서 왔어 요. **'사람, 개인'**을 뜻하는 단어죠? 또 'parson'이라는 단어가 있는데, **'성직 자, 사제 중에서 중요한 역할을 가진 사람'**을 의미합니다. 모두 같은 어원에 서 비롯되었어요. 여러 사람 중에서 '특별한 누군가'를 뜻하는 거죠.

사실 아주 옛날 선사시대에는 개인에 대한 개념이 없었어요. 지금도 지구 어딘가에 남아 있는 원시부족 가운데는 개인을 뜻하는 단어 자체가 없는 경우도 있대요. 그 사회에선 다 남자는 싸우고 사냥하고, 여자는 애 키우고 농사짓고 하면서 모두가 똑같이 살다가 가는 거지, 누군가의 특별한 개성 이 전혀 필요 없거든요. 공동체의 일원으로서 역할만 존재하는 거죠. 그러 니까 자기만의 무언가를 찾을 필요도 없고, 자기 역할을 더 발전시키려고 노력하거나 고민할 필요도 없어요. 그냥 조상 모두가 해왔던 대로 하면 되 는 거예요. 그러니까 변화도, 발전도 없고. 사실 인류는 아주 오랫동안 그 렇게 살았어요.

그런데 지금 우리가 살고 있는 민주주의 사회에서는 어때요? 민주주의는 개인주의를 바탕으로 하고 있어요. 모두 자기만의 개성, 역할이 있죠. 대통 령 선거할 때 봐요. 지지율이 1%도 안 되는 후보도 있잖아요. 하지만 분명 그런 후보에게도 표를 던지는 사람들이 있죠? 우리는 자유로운 개인의 뜻 에 따라 다수결로 공동체의 리더를 뽑죠.

그런데 개인이 없는 공동체의 리더, 예를 들어 원시부족국가의 추장은 누가 되죠? 추장 아들이 추장이 되는 거지. 그런 사회에서 'person'이란 오직 추장 밖에 없는 거예요. 그런 추장을 뜻하는 말에서 개인이라는 말이 생겨났고, 지금 우리는 한 사람 한 사람이 추장과 같은 중요성을 가진 존재로 살고 있는 것이죠.

김심리 | '개인은 근대의 발명품'이라는 말이 있습니다. 모든 개인이 자기만의 정체성을 고민해야 한다는 생각은 근대에 들어와서 생긴 것이에요. 물론 그 전에도 개인이 정체성을 추구하는 일이 없었던 것은 아니죠. 하지만 전근대 사회에서는 보통 사람들에게 그런 일이 권장되지 않았어요. 모두가 그냥 하던 대로 하고 살아야지, 튀는 행동을 하는 사람들은 오히려 제재당하고 처벌 받았어요. 물론 그걸 무릅쓰고 튀는 행동을 했던 사람들 때문에 사회가 변화하고 발전하고, 위대한 과학적 발견이나 예술작품이 탄생했지요. 그런 과정을 거쳐 개인이란 개념이 보편화된 지금에 와서는 누구나 자기만의 특별함을 찾아야 하고, 주체적으로 판단해야 하고. 그러지 못하면 모자란 사람이다! 이런 생각이 널리 퍼졌죠.

그런데 실은 보통 사람들에겐 그것도 꽤나 부담스러운 일이에요. 요즘 친구들이 많이 하는 고민이 '나는 뭐가 특별하지?', '내가 이 세상에 태어난 의미가 뭐지?' 이런 건데, 옛날에는 이런 고민 안 하는 사람이 오히려 더 잘 살았거든요. 그런데 지금은 이런 고민을 하지 않는 사람이 문제인 것처럼 보니까, 그것도 어려운 일이죠. 사람은 누구나 다 특별하지만, 그건 바꿔서 생각하면 사실 특별한 사람은 없다는 얘기이기도 하거든요.

'너' 없는 '나'는 없다

김심리 │ 발달심리학에서 널리 인정받는 '매슬로의 욕구 단계 이론'이란 것이 있어요. 인간의 욕구는 가장 기본적인 것부터 충족되어야 순차적으로 다음 단계로 넘어간다는 이론이죠. 5단계는 **생리적 욕구 → 안전의 욕구 → 인정과 공감의 욕구 → 존경의 욕구 → 자아실현의 욕구** 순서에요. 자기정체성을 찾고자 하는 욕구는 맨 마지막 자아실현의 욕구에 해당해요. 이렇게 보면 잦은 기근과 전쟁으로 보통 사람들에겐 늘 살아남는 문제가 절실했던 전근대 시대엔 정체성 찾기에 집중할 수 없었던 게 당연한 일이죠. 개인의 탄생은 물질적 풍요와 함께 완성된 것이에요.

매슬로의 욕구단계이론(동기부여설)
미국의 심리학자 매슬로(Maslow)가 인간의 욕구와 동기를 설명하기 위해 개발한 이론. 이론에 따르면 인간의 욕구는 크게 다섯 단계로 나눌 수 있는데, 하위 욕구가 충족되어야 비로소 상위 욕구를 충족하고자 하는 동기가 생긴다고 한다.

[욕구의 단계]

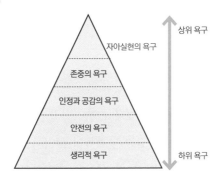

1단계 : 생리적 욕구 - 의식주의 욕구

2단계 : 안전의 욕구 - 신체적, 감정적 안전을 추구하는 욕구

3단계 : 애정과 소속의 욕구 - 공동체에 소속되어 인정받고 싶은 욕구

4단계 : 존중의 욕구 - 내적, 외적 성취감을 느끼고 소속된 공동체에서 명예나 권력을 누리
      고자 하는 욕구

5단계 : 자아실현 욕구 - 자신이 타고난 능력과 잠재력을 최상까지 발현하려는 욕구

김심리 | 그렇지만 지금이라고 자아실현보다 앞선 욕구들을 채우지 못하는 사람들이 없나요? 물론 요즘 사람들은 대부분 굶어 죽거나 살해당할 걱정은 별로 없이 살아가죠. 그러나 어린 시절부터 충분한 인정과 공감을 받지 못하고 자라나는 경우가 많아요. 그런 사람들에게 정체성 찾기 같은 건 부담스럽고 사치스런 과제예요. 인정과 존경에 목말라 자기 내면의 목소리는 무시한 채 남들의 기준에 맞춰 살아가게 되거든요. 설사 그것에 성공하더라도 결국은 공허함에 마주치게 되죠.

요즘 사람들은 옛날 사람들이 상상도 못했던 물질적 풍요와 자유를 누리며 살아가지만, 지독히 외로워하고 삶의 의미를 찾지 못해 방황하고, 심지어 스스로 목숨을 끊기도 하잖아요? 진정한 정체성 찾기는 무척 중요한 일이기는 하지만, 누구에게도 간단한 일은 아니라는 사실을 명심해야 해요.

정철학 | 실제로 'person'이란 단어는 '인격'의 의미도 갖고 있어요. 인격은 윤리적인 개념이죠. 사람은 모두 특별한 존재이지만, 모두가 자신의 특별함만 내세운다면 어떻게 될까요? 갈등과 반목이 끊이지 않겠죠. 자기만의 특별함을 갖고 있지만 그러면서도 다른 이들을 배려하고 존중하면서 조화롭게 살아갈 수 있는 그런 윤리적인 존재를 진정한 '사람' 즉 'person'

이라고 하는 겁니다. 이런 윤리적 의미가 없는 단순한 '개인'은 영어로 'individual'이라 해요. 이 단어의 어원은 'in(부정)-divide(나누다)' 즉 '더 이상 나눠질 수 없는 최소 단위'란 뜻이고요.

우리 모두는 자신만의 특별함을 찾고 싶어 하지만, 어떤 특별함도 인정하고 받아 줄 상대가 없다면 의미 없겠죠. 역시 조화가 중요하다는 결론에 이르게 되네요.

내가 몰랐던 나 찾아보기

원PD | 나의 진정한 정체성을 찾을 수 있는 방법들로는 뭐가 있을까요? 우리가 실제로 일상에서 써먹을 수 있는 요령들!

김심리 | 저는 다른 사람들의 이야기를 좀 들어보는 것이 좋다고 생각해요. 스스로 돌아보는 것도 당연히 필요하지만, 내가 나를 보는 관점에는 한계가 있을 수밖에 없거든요. 또 한 사람의 이야기만 들어보면 그것도 그 사람의 관점일 뿐이니까, 여러 사람들의 이야기를 듣다 보면 미처 몰랐던 나의 모습이나, 보다 종합적이고 입체적인 나의 모습을 발견하는 기회가 될 수 있을 거예요.

원PD | 그런 얘기를 듣기 위해선 질문을 어떻게 던져야 할까요?

김심리 | 사실 남들이 나에 대해 어쩌고저쩌고 하는 이야기를 있는 그대로 받아들이긴 쉽지 않아요. 되게 반발되는 게 있거든요. 자신에 대해서는 누구나 방어하고 싶은 마음이 강하니까, 실은 내가 반발이 되는 이야기일수록 정곡을 찌르는 평가인 경우가 많죠. 그러니 평소 들려오는 얘기들에 대해서 일단 마음을 열고 귀 기울이는 자세가 필요해요.

그리고 나를 오래 가까이서 지켜봐 온 사람들, 나에게 애정이 있다고 판단되는 사람들에게 한 번쯤 진지하게 물어보는 것도 좋아요. "네가 보기에 나는 어떤 사람인 것 같냐? 솔직하게 얘기해줘 봐."하고 물어보면 처음에는 "뭐야?" 이러고 난감해 할 수도 있겠지만, 제 경험상 대부분의 사람들은 이런 질문을 싫어하지 않습니다. 왜냐면 누구나 남을 평가하고 싶은 마음이 있거든요. 평소에 속으로 나름 나에 대해 이런저런 판단을 했을 텐데, 서로 마음 상할까 봐 대놓고 말하긴 어려웠던 부분이 분명 있을 거란 말이에요. 그래서 내가 먼저 진지하게 물어보면 상대방 쪽에서도 대부분 그동안 생각해왔던 바를 진지하게 잘 대답해 주더라고요. 그런 과정을 치르고 나면 관계가 더욱 돈독해질 수도 있고요.

'그럼에도 불구하고'

정철학 | 저는 진짜 나를 찾기 위해서는 오히려 남들의 평가에 휘둘리지 말아야 한다고 봐요. 진정한 자아정체성은 가능성이거든요. 과거의 나, 현재의 나도 중요하지만, 더욱 중요한 것은 미래의 나에요. 그렇기 때문에 '나는 이러이러한 일을 했고(과거) 그러니까 저러저러한 사람이다(현재).' 라는 평가에서 그치지 말고 그 다음 말을 연결해 봐야 해요. 이때 문장과 문장 사이를 잇는 연결어가 중요합니다. 예를 들어 '나는 이러이러한 사람이다(정체성). 그러니까 저러저러한 일을 할 것이다(미래).' 여기서 연결어는 '그러니까', 말은 되지만 빤하죠. 단정을 짓는 거니까. 그런 생각도 의미는 있지만, 다른 연결어도 넣어보는 거예요. 단정을 짓지 말고, '나는 이러이러한 사람이다. 하지만 저러저러할 수도 있다.' 이렇게 '하지만' 또는 '그래도', '그런데', '반면' 이런 연결어들을 넣어서 생각해 보면 또 다른 생각을 해볼 수 있다는 거죠. 나의 가능성을 넓혀보는 거지. 우리 삶은 끝날 때까

지 끝난 게 아니잖아요? 비록 한 문장이 끝났어도 연결어로 다른 가능성을 생각해볼 수 있죠.

서상담 | 제가 참 좋아하는 연결어가 하나 있어요! '그럼에도 불구하고'.

김심리 | 맞아요, 저도 가능성은 정말 중요하다고 생각해요. 사실 저는 사람을 판단할 때 좀 단정하는 성향이기는 해요. 그 사람이 지금까지 어떻게 살아왔는지를 보면 앞날도 예측할 수 있다고 생각해요. 사람들은 본인이나 가까운 사람에 관해서는 낙관적으로 보는 경향이 큰데, 저는 그런 걸 경계하거든요. 그렇기는 하지만 저의 예상과 다른 상황이 벌어졌을 때 엄청 당황하거나, 자존심 상해하거나 그러지는 않아요. 그런데 주변에 보면 인생이나 사람을 대할 때 정답을 정해 놓고 계신 분들이 꽤 많아요. 의외로 어린 친구들도 그래요.

사람 일은 복잡다단해서 누구도 결과를 정확히 예상할 수 없어요. 거대한 심리학 통계도 사람 일을 100% 예측할 수 없는데, 자기가 뭔데 답을 정해 놓느냐고요. 그렇게 자기가 정해 놓은 답과 전혀 다른 현실과 마주했을 때, 너무나 당황하고 자존심이 상해서 어떻게든 그 사실을 인정하지 않으려고 왜곡된 해석을 하면서 자기 생각을 밀어붙이기도 해요. 이런 분들은 자기 인생에서 예기치 못한 상황을 마주쳤을 때 불행해지는 경우가 많아요. 그래서 저는 사람의 변화 가능성을, 비록 저처럼 보수적인 시각을 가진 사람조차도, 어쨌든 가능성은 열어 놓는 것이 좋다고 생각해요.

단점을 장점으로 바꾸는 가능성

서상담 | 상담할 때 자신을 찾기 위해 많이 쓰는 방법 중 하나인데요. 종이 한 장을 주고 한 쪽에는 자신의 장점을, 다른 한 쪽에는 단점을 쓰라고 하는 거예요. 그러면 대부분 자기 장점보다는 단점을 훨씬 더 많이 쓰거든요. 그런데 여기서 그치는 것이 아니라 자신이 쓴 단점을 좋은 말로, 그러니까 장점인 것처럼 바꿔서 다시 써 보라고 해요.

원PD | 아! 단점을 장점으로 바꿀 수 있는 가능성을 찾아보는 거군요.

정철학 | 그럼 예를 들어, '비판적이고 공격적이다'는 어떻게 좋은 말로 바꿀 수 있을까요? 그런 사람이 하나 있어가지고….

서상담 | 네, 저도 누군지 알 것 같네요.

원PD | 저 할 수 있어요! '전투력이 세고…'

정철학 | 그게 좋은 말인가?

서상담 | '비판적이다'는 '논리적이다' 어때요?

김심리 | '공격적이다'는 '자기감정에 솔직하다'.

정철학 | 아! 그거 좋은데요. 자기감정에 솔직하다.

원PD | 맞아, 정철학 선생님이 공격적인 건 아니에요. 자기감정에 솔직할 뿐이지.

서상담 | 이런 식으로 단점을 장점으로 바꿔서 바라보는 연습을 하면 자신의 가능성을 발견하고, 스스로를 새롭게, 긍정적으로 보는 계기가 생길 수 있죠.

가끔은 '멍 때리기'도 필요해

원PD | 저는 멍 때리는 시간을 잘 활용하면 자기 정체성 찾기에 많은 도움이 된다는 말을 하고 싶어요.

다같이 | 맞아, 맞아!

원PD | 어디 이동하거나, 기다려야 할 때 남는 시간들 있잖아요. 아니면 잠자리에 들었는데 잠이 금방 안 들 때라든가. 그럴 때 시간을 때우기 위해 대개 핸드폰을 보게 되는데, 어차피 핸드폰 봐 봤자 별 거 없잖아요? 잠시 넣어두고 내 마음속을 잘 들여다보는 거예요. '나는 어떤 사람인가? 내가 그때 무엇을 느꼈나? 내가 앞으로 어떻게 살아야 행복할 것인가?' 이런 생각들을 늘 마음 한 구석에 두고 짬날 때마다 곱씹다 보면, 어느 순간 딱!

머리를 맞은 것처럼 영감이 올 때가 있어요. 그거 한 번 해보면 재밌어서 계속 하게 됩니다.

김심리 | 정말 요즘은 핸드폰 때문에 정체성 찾기가 더 어려워진 것 같아요. 사람이 멍~ 뜬 시간이 있어야 깊은 생각을 할 수가 있는데, 핸드폰 때문에 쓸데없는 정보들이 쉬지 않고 들어오니까 그럴 틈이 없어요. 잠시 핸드폰을 놓는 습관을 들였으면 좋겠어요.

정철학 | 느낌표(!:깨달음)는 항상 물음표(?:의문)에서 시작돼요. 마침표(.:단정)를 찍어버리면 느낌표는 올 수가 없어요. 자기 자신에 대해서도 주변 상황에 대해서도 늘 단정 지어 버리지 말고 의문을 가져 보세요. 그렇게 물음표와 느낌표가 쌓이다 보면 진정한 나 자신, 자기정체성을 찾을 수 있을거예요.

성격을 표현하는 말들

아래 빈 칸도 생각나는 대로 채워 보세요!

	성격특성	긍정적인 표현	부정적인 표현
1	외향적인	적극적인, 의욕적인	나서기 좋아하는, 설치는
2	내향적인	차분한, 자기세계가 뚜렷한	소극적인, 사교성 떨어지는
3	낙천적인	긍정적인, 만족하는	대책 없는, 편하게만 생각하는
4	말이 많은	언변이 좋은, 활동적인	수다스러운, 잔소리 많은
5	독립적인	자신감 있는, 자립심이 강한	독단적인, 자기중심적인
6	눈치 빠른	센스 있는, 영리한	약삭빠른, 간사한
7	이성적인	합리적인, 객관적인	냉정한, 따지는
8	감성적인	감수성이 뛰어난, 감성이 예리한	정서가 불안한, 기복이 심한
9	목표지향적인	목표가 분명한, 생산적인	일 중심적인, 욕심 많은
10	공동체지향적인	협조적인, 남을 배려하는	줏대가 없는, 의존적인
11	지배적인	소신 있는, 리더십 있는	고집불통인, 남을 휘두르는
12	복종적인	규범을 잘 지키는, 협조적인	수동적인, 의존적인
13	신경이 무딘	대범한, 관대한	둔감한, 무신경한
14	신경이 예민한	주의가 깊은, 꼼꼼한	과민한, 불안이 심한
15	경쟁적인	의욕적인, 적극적인	전투적인, 과욕적인
16	이상적인	이상이 높은, 고상한	비현실적인, 몽상적인
17	현실적인	적응 잘하는, 현실감각이 뛰어난	저속한, 속물적인
18	의사결정이 빠른	신속한, 시원시원한	경솔한, 성질이 급한
19	외모에 신경 쓰는	용모 단정한, 센스 있는	겉치장하는, 남의 눈 의식하는
20	자신감 있는	소신 있는, 주관이 뚜렷한	오만한, 잘난 척하는
21	생각이 많은	신중한, 생각이 깊은	행동력 없는, 답답한
22	느긋한	여유 있는, 진중한	행동이 느린, 게으른

나의 성격특성 분석

앞 페이지의 '성격을 분석하는 말들' 표를 이용하여 나의 성격을 표현해 봅니다. 나의 성격의 부정적인 면을 어떻게 긍정적인 면으로 이해하거나 발전시킬 수 있을지 생각해 봅니다.

성격특성	긍정적인 표현	부정적인 표현	나의 분석
ex) 내향적인	차분한, 자기세계가 뚜렷한	소극적인, 사교성 떨어지는	사교성이 부족한 면이 있긴 하지만 남들의 시선에 흔들리지 않는 것은 나의 장점이다.

너의 성격특성 분석

앞 페이지의 '성격을 분석하는 말들' 표를 이용하여 친구의 성격을 표현해 봅니다. 부정적이라고 생각했던 친구의 성격특성을 어떻게 긍정적으로 이해할 수 있을지 생각해 봅니다.

성격특성	긍정적인 표현	부정적인 표현	나의 분석
ex) 경쟁적인	의욕적인, 적극적인	전투적인, 과욕적인	경쟁을 좋아하는 친구의 성격이 조금 피곤하긴 하지만, 의욕적이고 적극적인 성향을 존중하고 나도 조금은 배워야겠다.

나의 생애곡선 그리기

아래 표에 따라 나의 생애곡선을 그리고, 그 내용을 함께 나누어 봅시다. 특히 나빴던 일이나 불행했던 일에서 나를 회복하게 해준 동기 또는 자원이 무엇이었는지 찾아봅시다.

사회문제가 된 '부운노'

원PD | 오늘의 주제는 화, 그러니까 '분노'입니다. 이 주제를 잡게 된 계기는 제가 얼마 전에 뉴스를 봤는데, 최근 우리나라에서 20대 화병 환자가 늘어나고 있다는 보도였어요. 그리고 이 화병이라는 게 세계 질병 분류에도 우리말 그대로 등재가 되어 있대요. 영어로 'H-W-A, B-Y-U-N-G' 이렇게요. 우리나라 고유의 문화적 현상이 정식 병명이 된 거죠.

화병

억울한 마음을 삭이지 못하여 통증, 답답함, 불면 등의 신체적 문제로 나타나는 증세를 통틀어 이르는 말로, 대한민국, 말레이시아, 인도네시아 등의 국가에서 주로 나타나는 문화고유 장애로 알려져 있다. 미국정신의학협회에서 출판한 정신질환 진단 및 통계 편람 DSM-4에서는 한국의 문화에 관련된 특유한 질환으로 이를 Hwa-Byung(화병)이라는 한국식 표기로 등재한 적이 있으나, 현재 사용되고 있는 진단기준 DSM-5에서는 삭제되었다. 세계보건기구(WHO)가 편찬한 ICD(국제 질병 분류)에서는 '기타 장기적 정서 장애'의 한 종류로 서술되어 있다.

원PD | 이 화병의 정의에 대해서 찾아보니 자신의 분노가 사회적으로 용인되지 않기 때문에 억누르다 보니 내면화되고, 그게 신체 증상으로 나타나는 현상이래요. 예전에 화병은 40~50대 주부들에게서 주로 나타났어요. 우리 전통적인 문화에서 여성들의 욕구가 많이 억압되었잖아요. 평생을 집안에서 강요된 헌신을 하며 살다 보니 스트레스가 쌓일 수밖에 없었죠. 그런데 이게 20대로 내려왔다는 것은 뭔가 사회적으로 큰 문제적 변화가 있다는 징후거든요.

김심리 │ 되게 무섭네요. 화병은 화가 쌓여서 생기는 건데, 20대에 화병이 생긴다는 건 10대, 그보다 더 어릴 때부터 쌓여 왔다는 거잖아요.

원PD │ 생각해보면 그럴 법도 해요. 우리나라는 대학입시 때문에 초등학교, 중학교에서부터 스트레스를 많이 받잖아요. 그래도 예전에는 이게 대학생활에서 분출되고 풀릴 기회가 있었거든요. 그런데 요즘은 대학에 들어가서도 취업 걱정에 학점 관리에 쉴 틈이 없잖아요.
연령대를 떠나서 화병이 우리나라의 문화 현상이라고 한다면, 우리 사회가 화를 제대로 표현하고 해소하기 어려운 분위기가 아닌가 하는 생각도 들었어요. 화 자체를 무조건 껄끄럽게만 여기는 것이 아닌가, 여기에 대해 진지하게 생각해볼 필요가 있는 것 같아요.

김심리 │ 일단 화라는 것에 대해 좀 더 깊이 살펴보도록 하죠. 제가 질문 하나 드릴게요. 화, 분노가 감정의 영역에 속한다고 생각하시는지? 과연 화가 감정일까요?

원PD │ 당연히 감정 아니에요?

서상담 │ 감정인데, 부정적인 감정.

정철학 │ 글쎄, 화는 그 자체로는 부정적인 것도 긍정적인 것도 아니고…. 감정이라기보다 전 인간의 본성이라고 생각하는데요. 본능이랄까?

'화'라고 다 같은 화가 아니다

김심리 | 화, 분노라는 것이 감정인가? 어찌 보면 당연한 얘긴 것 같기도 한데, 제가 이 질문부터 드린 이유가 있어요. 또 다른 질문을 해볼게요. 그렇다면 사람이 아닌 동물도 감정이 있을까요? 동물도 화를 낼까요?

원PD | 화내죠! 화나면 물잖아요.

서상담 | 으르렁거리고….

정철학 | 당연히 내지. 누가 봐도 화라고.

김심리 | 맞아요, 동물도 화를 내는 것은 확실하죠. 동물은 인간에 비해 뇌 구조가 덜 발달되어 있어요. 그러니까 인간만이 갖고 있는 고차원적인 감정의 영역은 사실 동물에겐 없어요. 그런 동물도 화는 내죠. 그러니까 화, 분노라는 것은 인간적인 감정 이하 더 원초적인 영역에 속해 있다는 얘기를 하는 거예요. 자, 그럼 동물이 화를 내는 건 어떤 경우죠?

원PD | 배고플 때!

정철학 | 지가 원하는 대로 뭔가 안 됐을 때.

서상담 | 누가 건드렸을 때.

김심리 그렇죠. 동물이 화를 내는 경우는 크게 보면 딱 두 가지예요. 자신의 욕구가 충족되지 않았을 때나, 자신의 영역이 침범 당했을 때, 즉 위험을 느꼈을 때. 분노라는 것은 나의 생존과 안전을 위협하는 무언가에 대해 본능적으로 대처하기 위한 반응이에요. 어떻게 보면 감정이라고도 할 수 없는 '본능'의 영역이죠. 그러니까 동물이나 아주 어린아이도 이런 본능적인 화는 낼 수 있어요.

이보다 좀 더 고차원적인, 인간만이 갖고 있는 진정한 '감정'이라는 것은 말하자면 '관계에 대한 감각'이에요. 예를 들어 볼게요. 동물이 아니라 인간만이 느낄 수 있는 분노라 하면, '내 마음이 거절당했어. 쟤가 나를 몰라줘. 나를 인정해 주지 않아. 서운해.' 서운해서 되게 화가 날 수 있어요. 그것도 우리는 화났다고 표현하죠. 하지만 이런 감정은 먹을 걸 뺏겼다든지 안전을 위협당해서 화가 나는 것과는 차원이 다른 화란 말이에요. 그러니까 화, 분노라는 감정에는 다양한 종류가 있다는 거예요. 심지어 '이성'의 영역에 속한 화도 있어요. 어떤 것일까요?

원PD 그건 사회적인 문제에 관련된 거 아닐까요? 예를 들어 유리천장 같은 거 있잖아요. 내가 객관적으로 충분히 능력이 있음에도 불구하고, 보이지 않는 제약이나 차별 때문에 승진이 안 된다.

김심리 정확해요. 공동체 안의 규칙이라든가, 약속, 정의에 관한 것. 지켜져야 하는 것들인데 지켜지지 않으니 부당하다, 이런 생각에서 일어나는 분노. 이건 정말 동물에게서는 볼 수 없는 분노죠. 동물은 그냥 먹고 싶은 것을 못 먹으니까 화를 내는 거지, '왜 내 차례인데 쟤가 먼저…' 이렇게 분노하는 것은 아니죠. 설령 그런 것처럼 보인다 해도 보는 사람이 "그래, 네 차례인데 쟤를 먼저 줘서 화났어?" 이렇게 생각하는 것뿐이지 동물 입장에서는 그런 게 아니거든요. 이런 것은 인간만이 가질 수 있는 이성의 영역에서 일어나는 분노이고. 이렇게 분노에는 여러 종류와 차원이 있어요. 화도 다 같은 화가 아니라는 거죠. 크게 보면 본능의 영역, 감정의 영역, 이성의 영역 이렇게 세 가지로 나눌 수 있고요.

'화'에도 '개취'가 있다?

김심리 | 그런데 문제는 사람마다 이 중에서 유독 민감한 부분이 다르다는 거예요. 물론 누구나 다양한 종류의 분노를 다 갖고 있지만, 잘 생각해 보면 "난 이런 경우에 있어서는 화가 많이 나는데, 저런 경우에 있어선 크게 화나지 않는다."는 경향이 각자 다를 거예요. 따라서 사람마다 화가 나는 포인트가 다르고, 대처방식도 다 다르기 때문에 문제가 생기죠.

원PD | 화도 개취(개인 취향)라는 거네요.

김심리 | 그렇죠. 화도 개취이기 때문에 대처하기가 더 어려운 거예요. 사람마다 화나는 포인트가 다르고 화내는 방식도 다른데, 상대방이 화를 낼 때 "왜 저런 데 화를 내지? 화난다고 왜 저렇게 행동하지?"라고 이해하지 못하면 갈등을 풀기가 더욱 어려워지죠. 똑같이 화를 내고 싸우더라도 서로 화난 포인트가 비슷하고, 화내는 양상이 비슷하면 풀기가 쉽거든요. 그렇

지 못하면 화를 내도 풀리지 않고 오히려 점점 더 화가 나고, 갈등이 쌓이기 쉽죠. 그런데 많은 사람들이 다른 사람은 물론 자기 자신의 분노 패턴에 대해서도 잘 알지 못합니다.

원PD | 화라는 게 단순해 보이는데, 의외로 복잡한 현상이네요!

화내면 나쁜 건가요?

원PD | 사람마다 무엇 때문에 화를 내는지, 어떻게 화를 내는지 다르다는 사실을 살펴봤습니다. 그런데 화를 낼 때 누구나 언제나 부딪치는 근본적인 고민이 있어요. 내가 화내면 나쁜 사람 되는 거 아닌가? 화낸다는 건 나쁜 게 아닐까? 이제 윤리적인 판단을 해볼 차례입니다. 자, 철학이 답을 주세요! 화내는 게 윤리적으로 나쁜 겁니까?

정철학 | 일단 화가 나든지 말든지, 윤리학에서 그런 건 신경도 안 써요. 앞서 얘기했듯이 화라는 것은 인간의 본성이에요. 인간의 내면에서 일어나는 일에 대해서 윤리는 어떤 판단도 내리지 않아요. 좋은 것도 아니고 나쁜 것도 아니죠. 화가 나는 걸 어떡해? 감정이 일어나는 것 자체는 인간의 의지로 어떻게 할 수 없는 일이기 때문에 윤리적 판단의 대상이 되지 않아요. 그러나 그 감정을 행동으로 옮기는 순간 윤리적 판단의 대상이 됩니다. 예를 들어서 화가 나서 누군가한테 욕을 했든지 한 대 쳤다, 그럼 상대방에게 정신적, 신체적 피해를 준 것이죠. 그렇다면 그건 윤리적으로 나쁜 거죠.

원PD | 그럼 윤리적으로 괜찮게 화를 표현할 수 있는 방법으론 무엇이 있을까요?

정철학 | 일단 철학에서는 기본적으로 화는 밖으로 표출하지 않는 것이 가

장 좋다고 봅니다. 분노의 문제를 다룬 유명한 철학자가 있어요. 일단 문제 하나 낼게요. 인류 역사상 가장 화를 많이 낸 사람이 누굴까요?

원PD | 정답! 정철학!

정철학 | 아니, 무슨 소리야. 우리 중에서 말고요, 인류 역사 전체에서 화를 제일 많이 낸 사람이요.

원PD | 그러니까, 정철학.

정철학 | 아이~ 참!

서상담 | 알겠어요. 누구예요? 화내지 말고 알려주세요. (크크)

정철학 | 전설적인 폭군이죠. 로마의 네로 황제! 이 사람은 자기 맘에 안 들면 그냥 막 다 죽이고, 결국엔 도시 전체를 불태워 버렸답니다. 그러니 인류 역사상 이렇게 화를 많이 낸 사람도 없을 거라는 거지. 그런데 중요한 건, 네로에게 스승님이 있었어요. 어릴 적부터 황제의 교육을 책임 진 사람이지. 이 사람도 유명한 로마의 철학자예요. 세네카라는 분입니다.

네로 황제

로마 제국의 5대 황제(재위 AD54~68년). 폭군, 독재자의 대명사로 일컬어진다. 어머니가 아버지를 독살함으로써 16세의 나이에 제위에 오른 뒤 문화생활과 유흥에 재정을 퍼부었다.

어머니를 암살하고 스승 세네카와 황후를 죽이는 등 폭정을 일삼았고, 64년 로마의 대 화재 사건으로 민심이 폭발하자 기독교도를 방화범으로 몰아 학살하였다. (당시 방화범이 네로 황제라는 소문도 떠돌았으나 이는 증명된 바 없다.) 결국 반란이 일어나자 포로로 잡히기 직전 자결하였다.

세네카
로마 제국의 정치가이자 철학자, 작가(BC 4년 추정~AD 65년). 네로 황제의 스승으로, 폭정에 맞서 황제를 선도하려 하였으나 성공하지 못했고, 은퇴 후 친척이 황제 암살 기도 사건에 연루되자 자결을 명 받고 죽는다.

세네카의 '분노에 관하여'

정철학 | 이 세네카 선생님이 자기가 가르쳤던 네로 황제가 폭정을 하고 사람들을 학살하니까 그걸 어떻게든 막아보려고 노력했어요. 황제를 쫓아다니면서 계속 설득했어. "제발 화내지 마라, 화내지 마라. 제발 사람 죽이지 마라, 죽이지 마라." 그리고 네로가 잡아 가두고, 죽인 사람들과 그 가족들 곁에 가서 함께 울고 슬퍼했어요. 대박이지? 그러고선 다시 네로에게 와서 "제발 그러지 마라, 그러지 마라." 계속 잔소리를 하니까 네로가 좋았겠어요? 네로는 맘에 안 들면 막 다 죽여 버리는 사람이었어요. 그래도 스승이라 좀 참았는데, 도저히 못 참겠으니까 자결하라고 명령을 내려요. 그러자 시키는 대로 칼로 자신을 찔렀어요. 노인네라 힘이 없어 한 번에 못 죽고, 자기 가슴을 여러 번 찔러서 과다출혈로 죽었어요. 정말 끔찍하죠.

이렇게 살다 간 세네카가 쓴 유명한 책이 있는데, 제목이 〈인생에 관하여〉입니다. 이중 3장, 4장, 5장이 '분노에 관하여'에요. 분량이 그리 많지 않은 책인데, 3챕터나 분노에 대해 이야기했어요. 이 책은 에세이거든요. 자신이 네로에게 했던 충고들을 정리해 쓴 거죠.

원PD | 역사상 제일 많이 화낸 사람을 옆에서 본 사람이 쓴 간증이네.

정철학 | 그렇지, 정말 대단한 사람이지. 그렇게 화를 잘 내는 무서운 권력자 앞에서 같이 화를 낸 것도 아니고 겁먹어서 수그린 것도 아니고, 끝까지 바른 말로 설득하려 했던 사람이니까. 이 '분노에 관하여'에 이런 말이 있어요. "분노는 순간의 광기이며, 그 어떤 몹쓸 병보다도 인간에게 큰 해를 끼친다. 분노에 사로잡히지 말아야 할 것이다." 또 "분노는 부정(올바르지 못한 것)에 대해 복수하고자 하는 욕망이다."

사실 네로가 그런 분노에 미친 사람이 된 것도 이유가 있어. 네로의 어머니가 자식을 왕으로 만들 욕심에 남편을 암살했거든. 그러니까 어머니가 아버지를 죽인 거야. 암살이었지만 온 나라에 소문이 퍼졌고 네로도 어린 시절 그 사실을 알고 자랐어요. 정신적 충격이 얼마나 컸겠어. 잘못된 세상에 복수하고 싶은 욕구가 비뚤어진 형태로 나타난 게 그 광기 어린 분노에요. 또 네로에게 부당한 탄압을 받고, 가족을 잃은 로마 시민들 또한 미친 듯이 분노했겠죠. 시민들이 분노하니까 네로는 더 열 받고. 그래서 계속 사람을 죽이고. 세네카는 그 가운데 뛰어들어 이야기한 거예요. "이렇게 분노를 마구 폭발시키면 악순환이 일어난다. 점점 다 같이 열 받는다. 그럼 결국 다 죽는다. 참자, 제발 참자. 제발 분노를 억누르자. 그게 살 길이다." 라고.

서상담 | 그럼 결론적으로 분노는 일단 참아야 한다는 건가요?

정철학 | 철학에서는 그게 기본 입장입니다. 화가 나는 건 자연스러운 일이지만 그걸 남에게 표출하면 피해를 줄 수 있잖아요. 그럼 그건 도덕적으로 옳지 못한 거예요. 어떻게든 화를 풀어야겠지만, 적어도 남에게 피해는 주지 마라.

김심리 | 이해가 안 가는데요. 정당한 분노라는 것도 있잖아요? 분노란 자신의 영역을 침범 당했을 때 일어나는 본능적인 감정인데, 예를 들어 누군가 나의 권리를 부당하게 침해했다. 더 극단적인 예로 나를 해코지하고, 죽이려고 한다. 그럼 여기 맞서서 분노하는 게 당연한 거잖아요. 이런 것도 나쁘다고 철학에서는 보는 건가요? 맞서지 않으면 호구가 되거나, 희생자가 되는데도?

정철학 | 글쎄, 행동을 하는 게 무조건 나쁘다는 건 아니에요. 행동을 하는 순간 윤리적 판단의 대상이 된다는 거지. 판단은 칸트의 '보편화 가능성의 원리'에 따라 하면 돼요. 내가 한 행동을 다른 모든 사람의 경우에 적용해 봐도 받아들여질 수 있다면 괜찮을 거라는 거죠.

임마누엘 칸트(1724~1804)
독일의 철학자. 유럽 철학의 전통인 합리주의와 경험주의를 종합하고 비판하여 근대 철학의 기반을 닦았으며, 오늘날의 윤리학에도 절대적인 영향력을 미치고 있다.

정당한 분노? '보편화 가능성'!

정철학 | 예를 들어 역사적인 사건들, 프랑스 대혁명 같은 사건 있잖아요. 수백 년 동안 지배층들에게 억압받고 차별당한 민중들의 분노가 폭발해서 엄청난 폭동이 있었죠. 그때 사람 굉장히 많이 죽었어요. 개인적으로 보면 그다지 죄가 없는 사람들도 많이 죽었어. 워낙 민중들의 분노가 컸기 때문에…. 바스티유 감옥 경비대장이 항복했는데도 목을 쳐서 창끝에 꽂고 다니고 그랬지. 끔찍한 폭력이 많았지만, 오랜 시간이 흐른 뒤 우리가 역사적으로 볼 때 가치 있는 '혁명'으로 평가 받고 있죠. 왜냐하면 당시 민중들의 분노가 폭발할 만했다, 상황적으로 정당했다고 보고, 또한 그 일을 계기로 인권과 인간 존엄성에 대한 의식이 자라나고, 자유, 평등과 같은 오늘날 민주주의의 원리가 뿌리내렸기 때문에.

하지만 이 결론도 절대적인 것은 아니겠죠. 시대가 바뀌면 또 어떻게 평가가 달라질지 모르지. 의미를 남겼다고 해서 모두가 옳은 행동이었다고 볼 수도 없고. 그래서 철학자들이 이 복잡한 문제를 수 천 년 연구를 하다 보니, 그냥 언제나 옳다고 할 수 있는 건 남을 해하지 않고 참아라, 밖에는 없다는 결론이 난 거예요.

서상담 | 저도 질문이 있는데요. 화가 났을 때 남에게 분출하는 사람들도 있지만, 자신에게 분출해서 스스로를 해하는 사람들도 있잖아요. 그것도 잘못된 건가요?

정철학 | 나 자신도 한 사람이기 때문에 자해도 엄연한 폭력입니다. 어쨌든 사람을 해치면 안 돼요. 화를 풀고 싶으면 뭐 벽을 때리든지, 유리를 깨든지 해야지. 그것도 하다가 다치지 않게끔 주의해서 잘 해야지.

김심리 | 그럼 만약에 화를 내지 않으려고 참다가 스트레스 받아서 위경련이 났다고 하면, 그건 자해인가요? 윤리적으로 잘못된 건가요?

정철학 | 죄송한데, 철학은 관념적인 거라서 현실의 다양한 상황들에 대해 일일이 답을 주기는 힘들어요. 그저 가장 기본적인 판단의 근거, 최소한의 기준을 제공할 뿐이에요. 모두가 따라야 하는 법률이나 규칙 같은 것들이 그걸 바탕으로 해서 만들어지는 거죠. 어쨌든 철학에서는 화가 나도 기본적으로 남한테, 크게 봐서 나 자신도 포함되어 있는, 그러니까 사람에게 무슨 행동을 하지는 말라는 거예요.

웬만하면 참아야 하는 이유

김심리 | 하긴 생각해 보니 법에도 정당방위라는 게 있지만, 그 범위가 되게 제한적이잖아요. 조금만 넘어가도 과잉 대응이 되죠. 상대가 나를 다치게

하려는 걸 막으려는 행위까지는 용납되어도, 화가 난다고 막 받아치면 쌍방폭행이 되어 버리거든요. 그러니까 좀 억울하지만 법률이나 윤리적으로는 보수적으로 볼 수밖에 없다.

정철학 | 그러니까 애들한테 주의 줄 때도 하는 말 있잖아요. 누가 때리면 그냥 맞아라. 한 대라도 받아치면 쌍방폭행 되기 십상이니까. 철학에서도 하는 말이 그 말이에요. 내가 뭔가 행동을 하는 순간 법적으로, 윤리적으로 문제가 될 수밖에 없어요. 그러니까 웬만하면 그냥 참으라는 거지.

원PD | 방금 말씀해 주신 그런 보편적인 판단 기준은, 분노뿐 아니라 모든 감정의 영역에 다 적용해볼 수 있을 것 같네요.

화가 난 진짜 이유가 뭐야?

원PD | 지금까지 '화'라는 감정에 관해 근본적인 고찰을 해보았다면, 이제는 좀 실용적인 이야기를 해볼까 해요. 어떻게 하면 화에 잘 대처할 수 있을까? 그리고 바람직한 방법으로 해소할 수 있을까? 구체적으로 실천할 수 있는 방법들이 없을까요?

김심리 | 화를 잘 다루고 싶다는 생각은 누구나 할 거예요. 그런데 앞서 말했듯이 특별히 화를 잘 내는 포인트, 또 화를 내는 방식과 참는 방식, 그 이유도 사람마다 각자 다 다릅니다. 그러니까 일단은 내가 화가 났으면 무엇 때문에 화가 났는지 정확하게 아는 것이 중요하고 모든 해결책은 거기서부터 시작돼야 해요. 너무 당연한 얘기 같은데, 의외로 많은 사람들이 자기가 정말로 무엇 때문에 화가 났는지 잘 모릅니다. 어떤 한 가지 이유 때문에 화가 난 것이 아니라 그동안 쌓였던 게 그걸 계기로 폭발한 경우도 많고, 또 실은 어떤 이유 때문에 화가 났는데 본인이 그것을 인정하기 싫어서 다른 핑계를 대면서 화를 내는 경우도 많아요. 그리고 아예 자신이 화가 났다는 사실을 모르는 경우도 있고요. 주변 사람들도 모를 수 있지만, 다들 아는데 본인만 모르는 경우도 있고.

그래서 전 화를 잘 다루기 위해 가장 중요한 일은 자기성찰, 자기 자신을 잘 관찰해서 내가 지금 화가 난 진짜 이유가 무엇인지, 또는 평소 내가 특별히 화가 나는 포인트가 무엇인지 파악하는 것이 우선이라고 보구요. 그런데 물론 스스로 돌아보는 것이 가장 중요하지만, 내가 나 자신을 객관적으로 파악하는 것이 어려울 수 있어요. 그러니까 허심탄회하게 주변 사람들의 이야기를 들어보는 것도 좋아요. 물론 평소에 화를 잘 내고 인정을 잘 안 하는 성격이라면 물어봐도 사람들이 대답을 잘 안 해줄 테긴 하지만…. 하하하! 그래도 한 번 마음먹고 진지하게 정색하고 물어보면 대개 정확한 답이 나옵니다. '남의 말이 다 맞다'는 말도 있잖아요.

이렇게 자신의 분노 패턴을 일단 파악하는 것이 중요해요. 왜냐면 화를 내도 엉뚱한 데서 엉뚱한 이유로 내면, 아무리 화를 내도 잘 안 풀리거든요. 문제를 해결할 수 없는 건 당연하고. 오히려 더 엉망이 되기 십상이죠.

원PD | 남한테 나에 대한 이야기를 들어보는 태도가 관건인 것 같아요. "내가 언제, 어떻게 화를 내는 것 같아?" 이런 질문을 할 때는 조건을 붙여야 해요. 뭐라고 대답해도 화 안 내기! 그리고 변명도 하지 말고. 그래야 진솔한 이야기를 들을 수 있을 거예요.

서상담 | 그런데 그게 말처럼 쉽지는 않아요. 진솔한 이야기는 말하는 사람도 용기가 필요하지만, 듣는 사람도 용기가 필요해요. 나에 대한 남의 적나라한 평가를 들으면 마음이 아플 수 있거든요. 변명도 화내는 것도 자신을 보호하기 위해서죠. 많은 분노가 실은 자신의 약점을 보호하려는 본능에서 비롯될 거예요.

화를 잘 내도 문제, 못 내도 문제

김심리 | 그리고 분노 조절 솔루션은 크게 두 가지가 있어요. 화를 잘 내서 그걸 조절해야 하는 게 관건인 분들이 있고, 반대로 화를 낼 때는 내야 하는데 너무 못 내서 그게 문제인 분들이 있어요.

정철학 | 아, 화를 너무 못 내서 문제인 사람들도 있구나. 나는 화를 잘 내는 사람이라 그런 생각은 못했어요. 하하하….

김심리 | 네, 문제의 양상이 많이 달라요. 화를 못 내서 문제인 사람들의 경우에는, 이게 쌓이다 보니 신체적인 문제로 나타나는 경우가 있어요. 실제 신체기능에는 별 이상이 없는데, 계속해서 몸이 아픈 증상이 실제로 나타나는 거예요. 정신과에서 '신체화 증후군'이라고 이야기하는데, 처음에 이야기했던 화병이 전형적이고 극단적인 예죠.
또 인간관계에도 문제가 생겨요. 관계에서 솔직하게 "난 이러이러한 게 기분이 나빠. 그러니까 배려해 줬으면 좋겠어." 라고 말하면 풀릴 수 있는 문제인데, 어떤 이유인지 그걸 제대로 표현하지 못하니까 상대방은 전혀 모르고, 때로는 나 자신도 모른 채 그냥 기분이 상하고 삐쳐 있는 거예요. 그러면 해결할 기회도 없이 관계는 점점 망가지게 되죠.
윤리적으로는 화는 무조건 참는 게 좋다고 하지만 그것은 이상적인 얘기이고, 화를 잘 못 내서 문제가 생기는 사람들은 오히려 화를 내는 연습을 해야 해요. 우선 자신의 문제가 화에서 비롯되었다는 사실을 깨닫고, 나도 화가 나는 사람이라는 사실을 인정하고, 화가 난 이유가 무엇인지 잘 관찰하고, 그것을 표현하는 연습을 해야 합니다. 어차피 이런 사람들은 화를 막 폭발시키려고 해도 그렇게 되지가 않아요. 엉뚱한 데서 피식피식 폭발하면 모를까. 화를 내는 양상은 성격이고 습관적인 거라서 일부러 노력하지 않으면 쉽게 고쳐지지 않거든요.

그러니까 화를 잘 못 내는 사람들이 화 잘 내는 사람들처럼 화가 나는 즉시 막 폭발시키고 그렇게 해야 한다는 얘기가 아니고요. 그렇게는 되지도 않을뿐더러, 그게 좋은 방식도 아니니까요. 일단 화가 나는 것 같으면 내가 무엇에 화가 났는지 잘 생각해본 다음에 그 상대방에게 가서 그 사실을 솔직하게 이야기하면 됩니다. 화 잘 내는 사람들이 보기에 그건 화내는 것도 아니겠지만, 실은 많은 사람들이 누가 막 소리 지르고 하는 것보다도 정색하고 분명하게 문제를 이야기하는 것을 더 진지하게 받아들여요. 특히 그렇게 이야기하는 사람이 평소에 좀처럼 화를 내지 않는 사람이라면, 대부분 그걸 심각한 문제 제기로 받아들일 겁니다.

서상담 │ 상담에서 관계의 갈등을 해결하고자 할 때 권유하는 대화법 '아이메시지'와 비슷하다는 생각이 드네요.

아이메시지 (I-message)

갈등을 해결하려 할 때 상대방인 '너(you)'를 주어로 하지 않고 당사자인 '나(I)'를 주어로 하여 상대를 자극하지 않고 나의 감정과 상황을 정확하게 전달하는 대화법. '나의 상황 → 나의 감정 → 상대방에 대한 기대' 순으로 이야기한다.

ex) "네가 약속을 어겼잖아! 다음부터 나한테 만나자고 하지 마!"(×)

　"내가 바쁜 일정이 있는데, 네가 약속을 안 지키는 바람에 일정이 꼬여 굉장히 곤란해졌어.(나의 상황) 솔직히 이 상황에 화가 나고, 너에게 무시당했다는 생각이 들어.(나의 감

정) 다음부터는 약속을 지킬 수 없다면 꼭 미리 이야기해 주면 좋겠어.(상대방에 대한 기대)"(○)

김심리 | 반대로 화를 잘 내는 성향들은 화가 나는 즉시 앞뒤 안 재보고 폭발해서 문제가 되는 경우가 많죠. 이런 분들은 일단 화가 나는 순간 표출하지 말고 한 템포 쉬어가는 연습을 하라고 해요. 화나는 순간 표현을 안 하면 안 풀릴 것 같은 기분이 들지만, 사실 순간적인 기분은 기분일 뿐이고, 일단 흥분이 가라앉고 나면 아무것도 아닌 부분이 있거든요. 분노 에너지가 충만할 때 터뜨리면 너무 파괴력이 크니까 주변 사람들에게 안 좋은 영향을 주고, 오히려 상황을 꼬이게 만들어 나중에 후회하기도 하고. 그러니까 일단 폭발하려 할 때 참고 딱 5분만 쉬고 나서 봐도 상황이 다르게 보인다고 합니다.

서상담 | 상담에서도 딱 100만 세라고 하거든요. 폭발하려 할 때 벽 잡고 속으로 딱 100까지만 세라고. 벽을 잡으라고 하는 이유는 감정을 참는 것도 에너지가 많이 소모되기 때문에, 홀몸으로는 잘 안 돼요. 가벼운 걸 잡으면 집어던져 버릴 수 있으니까(흐흐...) 벽이나 기둥이나 큰 가구 같은 것이 좋죠. 그걸 붙잡고 몸을 의지하면서 폭발하려는 에너지를 흘려보낸다고 생각하면 도움이 돼요.

올바른 화내기 습관을 만들자!

김심리 | 그런 대처를 습관으로 만들어야 해요. 이게 처음이 어렵지, 일단 한 번만 그렇게 해보고 나면 내 원래 하던 대로 하는 것보다 결과가 좋다는 걸 알게 될 거란 말예요. 그러면 또 그렇게 해볼 동기가 생기고, 습관이 되면서 점점 더 쉽게 할 수 있게 돼요.

정철학 | 듣다 보니까 중세의 철학자 토마스 아퀴나스가 떠오르네. 아퀴나스가 한 말이 "모든 좋은 마음은 반복된 연습에 의해 생긴다"고.

김심리 | 아, 그리고 물건을 깨는 것도 나쁘지만은 않아요. 어쨌든 사람을 치는 것보다는 나으니까요. 정 파괴적인 행동으로 분을 풀어야겠다면 사람이 다치지 않는 선에서, 실질적인 피해를 최대한 줄이는 선에서 물건을 부수는 요령도 익혀두면 좋겠죠.

실제로 제가 아는 분 중에 정말 화가 많으신 분이 있어요. 젊은 시절에는 사고도 많이 치셨는데, 그분이 얼마 전에 너무 화가 나서 한 행동이 뭐냐면, 집에서 쓰는 그릇들을 가져다가 욕조 안에 하나하나 집어던져서 깨버렸대요. 그 장면을 상상하면 우습기도 하고 아깝기도 하지만, 그분도 나이가 드시면서 최대한 안전하게 화를 해소하는 요령을 나름 찾아낸 거죠. 그릇도 막 깨버리면 날카로워서 위험하잖아요? 그렇게 하면 누가 다치지도 않고 나중에 치우기도 편하니까, 비교적 나쁘지 않은 방법이란 생각이 들었어요.

원PD | 지금까지 화를 다루는 방법들을 쭉 살펴보면서 제가 한 생각이 뭐냐면, 이건 요령이 통하지 않는 분야다. 왜냐면 화를 잘 다루기 위해서는 반드시 자신에 대한 성찰이 있어야 하니까요. 내가 어떤 사람인지 잘 관찰하고 인정하는 과정을 거쳐야 하기 때문에, 단순히 행동만 바꾸려고 해서는 어렵다.

분노조절 체크리스트

다음 질문 중 내가 해당하는 것이 몇 개가 되는지 세어 보세요.

1 성격이 급하고 쉽게 흥분하는 편이다. ☐

2 내가 잘한 일이 꼭 인정받아야 하며 그러지 못하면 화가 난다. ☐

3 내 생각대로 일이 풀리지 않으면 화가 난다. ☐

4 남들의 잘못을 그냥 넘기지 못해 싸움이 자주 난다. ☐

5 다른 사람이 나를 무시하는 것 같고 억울하다는 생각이 자주 든다. ☐

6 화가 나면 다른 사람에게 거친 말을 자주 한다. ☐

7 일이 내 뜻대로 되지 않으면 쉽게 좌절감을 느끼고 포기하게 된다. ☐

8 화가 나서 물건을 집어던진 적이 있다. ☐

9 분이 쉽게 풀리지 않게 우는 적이 종종 있다. ☐

10 내가 잘못했어도 다른 사람 탓을 하면서 화를 내곤 한다. ☐

11 중요한 일을 앞두고 화를 내는 바람에 일을 망친 적이 있다. ☐

12 경쟁에서 지면 몹시 화가 난다. ☐

♡ 1~3개 해당 : 분노 조절이 가능한 단계

♡ 4~8개 해당 : 분노 조절이 다소 부족한 단계

♡ 9개 이상 : 분노 조절이 힘들고, 특별한 노력이나 도움이 필요한 단계

화나는 내 마음속 들여다보기

아래 질문에 대한 답을 찬찬히 생각해보고, 생각나는 대로 모두 적어 봅니다.

질문·1 요즘 나를 화나게 하는 사람이나 문제가 있나요?

질문·2 그 사람이나 문제를 떠올리면 어떤 기분이 드나요?

질문·3 그 문제에 대한 나의 책임은 어느 정도 있다고 생각하나요?

질문·4 그 문제에 진정한 책임이 있는 사람은 누구라고 생각하나요?

질문·5 그 문제가 어떻게 해결되기를 바라나요?

질문·6 그 문제를 해결하기 위해 내가 할 수 있는 일은 무엇이 있을까요?

질문·7 그 문제에 대한 나의 마음을 가라앉히기 위해 할 수 있는 일은 무엇이 있을까요?

의지

존버! 버티기의
미학

'존버' 왜 중요할까?

원PD | 오늘의 주제는 '존버'! 그 뜻은 알고 계십니까?

김심리 | 알죠. 비속어라서 좀 그렇긴 하지만, 이젠 워낙 널리 쓰이는 유행어가 되었으니.

원PD | 'X나게 버텨라'라는 말의 줄임말이죠. 소설가 이외수 씨가 유행어로 만들었다고 알고 있어요.

제가 오늘 '존버'를 주제로 잡은 이유가 있어요. 우리가 처음에는 나의 꿈(네가 진짜로 원하는 게 뭐야?), 정체성(나는 누구?)을 주제로 진정한 나 자신을 찾아보는 시간을 가졌습니다. 그렇게 해서 내 삶의 목표와 방향을 설정한 다음에는 분노 조절(화! 내? 말어?)이라는 주제를 통해 나의 감정을 다루는 법을 배워 보았죠. 그리고 이제는 목표를 향해 끝까지 밀고 나갈 수 있는 역량인 '의지'를 다져볼 차례가 아닐까 합니다. 어때요?

김심리 | 정확한 파악이시라고 봐요. 3장 〈화! 내? 말어?〉 편에서 말씀드렸듯이 사람을 움직이는 힘은 크게 이성, 감정, 본능 세 가지로 나눌 수 있는데요. 세 가지 다 중요한 힘이고 균형을 이루는 것이 바람직하지만, 순서를 본다면 이성→감정→본능 순으로 가는 것이 맞아요. 왜냐면 삶을 하나의 여정으로 봤을 때 올바른 목적지를 설정하는 것이 가장 우선이니까요. 아무리 열심히 간다고 해도 목적지가 틀리면 아무 소용없잖아요? 우선 진

정한 나 자신에 대해 잘 생각해서 목표를 설정한 뒤에는(이성), 거기까지 가기 위한 마음의 준비를 단단히 해야겠죠(감정). 심적으로 위축되거나 흔들리면 긴 여정을 버텨내기 어려울뿐더러, 마음의 건강과 인간관계를 잃으면 삶의 진정한 가치를 잃는 거니까요. 그리고 말씀하신 것처럼 마지막까지 목표를 향해 나가는 의지는 본능의 영역에 해당하죠.

이성, 감정, 본능의 작동원리와 관계는 제가 쓴 책 〈7가지 인간 행복 사용설명서〉(2015, M&K)를 보시면 좀 더 자세히 아실 수 있답니다.^^

서상담 | 제가 주변에서 보면 일반적으로 성공하셨다고 하는 분들, 그러니까 자기 삶의 목표를 분명히 알고 성취해서 본인도 만족스럽게 살면서 다른 이들에게 존경받는 분들은 하나같이 자기 분야에서 끝까지 버티신 분들이더라고요. 성공적인 삶을 위해 버티기는 반드시 필요한 요소이고, 이제쯤 짚고 넘어가야 할 가치가 맞는 것 같아요.

'노오력'이 전부는 아니지만

원PD | 그런데 제가 이 주제를 정한 또 다른 이유가 뭐냐면요. 제가 대학 강단에서 학생들을 가르치다 보니까, 요즘 대학생들 그러니까 젊은 친구들이 이 가치에 대해 강한 저항의식이 있다고 느꼈어요. '노오오오력'이란 말 있잖아요, 노력의 가치를 비꼬는 말이죠. 요즘 세상에 워낙 불공정한 일이 많고, 젊은 사람들이 열심히 노력해도 전 세대만큼 성취하기 어려운 조건이다 보니, 당연한 현상이라고 봐요. 하지만 그렇다고 노력의 가치를 아예

무시해버리는 건 해결책이 아니라고 전 보거든요.

정철학 | 무조건 버티기만 한다고 다가 아니지요. '노오력'한다고 모든 것이 해결되는 것도 아니고. 이럴 때일수록 진정한 버티기가 뭔지, 어떻게 해야 잘 버티는 것인지, 잘 생각해봐야겠습니다.

김심리 | 연령대를 떠나서 버티기, 노력이란 가치에 저항심을 갖는 분들을 보면 진정한 목표가 없기 때문인 경우도 많아요. 목표가 있어야, 버틸 이유가 있어야 버틸 것 아니겠어요? 그런데 버티면서 목표를 향해 가다 보면 그 목표가 내가 원래 생각했던 것과 다르다는 사실을 깨닫기도 해요. 또 내가 예상했던 것보다 훨씬 더 많은 노력이 필요하다는 걸 알게 될 수도 있고, 그럼 갈등이 되죠. 내가 계속 버티면서 이 길을 가는 것이 맞는지…. 사실 우리가 정말 버티기에 대해 고민하게 될 때는 이런 경우잖아요? 이럴 때 답을 찾기 위해선 진정한 버티기의 의미가 무엇인지부터 생각해 봐야 겠죠.

원PD | 자, 그럼 일단 버티기란 무엇인가? 어떻게들 생각하세요?

김심리 | 일단 우리가 실생활에서 가장 흔히 부딪치게 되는 버티기의 상황! 러닝머신을 한다든가, 근력운동을 할 때. 운동 코치하시는 분들이 항상 하는 말이 있죠. '나 진짜 더 이상 못하겠다.' 싶을 때 한 번만 더 하라고, 그게 운동이라고요. 안 힘들 때까지만 하는 건 운동이 안 되잖아요. 정말 힘들어서 더 이상 못 버틸 것 같은데 조금 더 버틸 때마다 내 체력과 운동 능

력이 향상되는 거죠. 내 한계에 부딪쳐 한계점을 올리는 것, 그것이 진정한 버티기라고 생각해요.

성공하는 노력의 조건, '그릿(GRIT)'

서상담 | 저는 요즘 핫한 '그릿(GRIT)'이라는 키워드를 가지고 버티기에 대해 이야기해 볼게요. 그릿이란 말하자면 성공하는 노력의 조건인데요. 네 가지 요소, 즉 성장(Growth), 회복력(Resilience), 내재적 동기(Intrinsic Motivation), 끈기(Tenacity)의 약자로 G.R.I.T 그릿이라고 해요.

이 용어를 만들어낸 사람은 앤젤라 더크워스라는 미국의 심리학자인데요. 이 사람이 교사로 일했던 적이 있는데, 어떻게 하면 학생들을 잘 가르칠 수 있을까? 고민하다가 성공하는 사람들의 조건을 연구하게 된 거예요. 보통 사람들은 IQ가 높고 머리가 좋은 학생들이 학업성취도가 높을 거라고 여기지만, 현장에서 보니 그렇지 않았다는 거예요. 그래서 과연 성공하는 사람들의 공통적인 특징이 뭘까? 이걸 연구하기 위해 웨스트포인트(West Point), 미국 최상위권 육군 사관학교 졸업생들을 대상으로 여러 가지 조사를 했어요. 웨스트포인트는 훈련이 아주 강도 높기로 이름난 학교라 그 모든 과정을 통과하고 졸업한 사람들은 뛰어난 성취 능력을 가진 사람들로 평가할 수 있거든요.

그래서 이 사람들이 중도 탈락한 사람들과 어떤 역량에서 차이가 있는지를 보니까, 결국 성장, 회복력, 내재적 동기, 끈기 이 네 가지로 정리할 수 있었다는 것이에요. 성취에는 타고난 재능이나 외적 조건보다도 끈기 있게 버티는 능력, 실패와 좌절의 경험을 잘 극복할 수 있는 회복력, 그리고 남에게 보이기 위한 것이 아니라 스스로 한계를 넘어서고 성장하고자 하는 주체적인 자세가 중요하다는 사실을 증명했죠. 그리고 이런 역량들은 의도적으로 단련할 수도 있다는 것을 증명했어요.

원PD | 그런데 저런 사례만 봐도 버티기라는 가치가 기본적으로 '꼰대'스러울 수밖에 없는 이유가 있어요. 왜냐면 성공의 필수 조건이 버티기이니까, 이것을 증명하기 위해서는 이미 성공한 사람들을 예로 놓고 이야기할 수밖에 없는데, 그러다 보니 아직 이것을 경험해보지 못한 사람들 입장에서는 와 닿지 않는 이야기가 될 수밖에 없죠. 사람이 버티기의 진정한 가치를 알게 되려면 일정한 경험치가 필요한데, 그러니까 세대 간의 격차가 좀 있을 수밖에 없는 단어인 거죠.

김심리 | 또 이런 문제도 있어요. 우리가 버티기의 좋은 예로 드는 사람들이 대부분 사회적으로 눈에 띄는 성취를 한 사람들이잖아요. 돈이니 명예, 지위, 이런 것들을 얻은 사람들을 주로 예로 들다 보니 젊은 층의 반감이 더 생길 수밖에 없어요. 하지만 사실 꼭 이름 날리고 돈을 엄청 벌고, 이래야만 성공한 인생인 것은 절대 아니거든요. 겉보기엔 평범하거나 심지어 초라해 보여도 내가 좋아하는 일을 열심히 하면서, 주변 사람들과 좋은 관계를 유지하면서 행복하게 사는 것이 진정한 성공인데, 실은 이런 삶을 위해서도 엄청난 버티기의 능력은 필수에요. 인생이란 게 절대 만만하지 않으니까요.

버티기는 필요조건일 뿐, 충분조건은 아니다

김심리 | 또 하나, 버티기는 어디까지나 성공의 필요조건이지 충분조건은 아니라는 사실이에요. 성공하기 위해서는 반드시 버티기가 필요하지만, 버틴다고 무조건 성공할 수 있는 것은 아닙니다. 현실적으로 운도 많은 부분 작용하고, 나 혼자 잘한다고 되는 있는 일도 별로 없어요. 그런데 마치 노력만 충분히 하면 무조건 다 된다는 것처럼, 실패한 사람들은 노력하지 않았기 때문인 것처럼 이야기하는 사람들이 많으니 그에 대한 반감이 생기는 것이에요. 노력해도 실패할 수 있다는 사실을 인정하는 것은 굉장히 두려운 일이지만, 이 사실을 직시해야만 진정한 버티기를 할 수 있는 힘이 생기죠.

정철학 | 인간이 버티는 데는 크게 두 가지 이유가 있어요. 첫 번째는 살아남기 위해서, 이것은 동물적인 본성이죠. 모든 동물이 갖고 있는 생존하고자 하는 본능. 인간도 인간이기 이전에 동물이니까요. 살아남기 위해서만도 버티기는 필요하죠. 그리고 두 번째는 행복하기 위해서 버티죠. 행복은 인간만이 추구하는 가치예요. 그런데 이것은 일단 첫 번째 생존 본능이 충족되고 나서 추구할 수 있죠.

김심리 | 대부분은 그렇지만, 인간은 인간이기 때문에 행복을 추구하기 위해 때로는 생명을 버리는 선택도 하잖아요? 남을 위해 희생한다거나, 또는 행복하지 않은 인생은 살 가치가 없다고 판단해서 스스로 목숨을 버리기도 하고. 불행으로 인해 자살하는 행위에 대해 간단히 평가할 수는 없지만,

어쨌든 분명한 것은 그런 죽음은 인간만이 택할 수 있다는 사실이죠. 동물은 아무리 힘들고 괴로워도 목숨이 끊어지기 전까진 최선을 다해 살아남으려고 노력하거든요.

정철학 | 바로 그거예요. 무조건 오래 버틴다고 좋은 건 아니라는 얘기죠. 인간의 행복에는 두 가지 조건이 있어요. 물질적인 조건과 정신적인 조건. 물질적인 조건을 위한 버티기에는 아까 생존을 위해 버티기가 포함되죠. 하지만 인간은 정신적인 조건을 우선 선택할 수도 있어요. 오늘 행복하기 위해 내일 죽을 수도 있다는 거야. 어떨 때는 버티는 것보다 더 이상 버티지 않겠다고 결정하는 것이 더 가치 있는 결정일 수 있고, 얻기 위해 버티는 것보다 버리는 것이 오히려 더 의미 있다고 판단할 수 있는 거예요. 이 판단을 잘 해야 돼.

때로는 버티기보다 버리기가 낫다

김심리 | 맞아요. 이게 버티느냐, 그만 버티느냐 둘 중의 한 길을 선택하는 것 자체는 아무 문제가 되지 않아요. 문제는 내가 버텨야지만 가질 수 있는 것을 원하는데, 버틸 의지는 없는 상황이죠. '힘들어, 난 못 버티겠어.' 그럼 포기하면 돼요! '난 저거 갖고 싶지만 그만큼 못 버티겠으니까 관둘래.' 이러면 아무 문제가 없거든요. 그런데 이게 안 되는 사람들이 많아요. 갖고는 싶어, 근데 노력하기는 싫어. 그런데 '나는 왜 저걸 못 가지지?'라고 투덜투덜 불평을 하면서 자신을 불행으로 몰아가고, 그걸 버텨서 얻어 낸

사람들을 미워하고. 이게 문제죠. 깨끗이 포기하는 것은 문제가 되지 않아요. 오히려 훌륭한 선택일 수 있습니다.

원PD | 그러게, 그러니까 토익 900점을 맞고 싶으면 단어를 외우라고!

나머지 | 맞아요, 맞아!

원PD | 내가 보면 외국어 공부할 때 단어를 외우는 것이 제일 빡세거든요. (원PD는 영어교육과 교수입니다^^) 이건 꼼수가 안 통해. 아무리 시험 잘 보는 요령을 익혀도 단어를 많이 못 외우면 최상위 점수는 얻을 수가 없어요. 그런데 사람들이 토익 900점 맞고 싶다고 하면서, 단어 외우는 건 너무 힘드니까 열심히 안 하고 좋은 학원, 비싼 학원 알아보는 데 에너지를 낭비한단 말이에요. 근데 아무리 좋은 학원 다녀도 단어 안 외우면 절대 토익 900점 못 넘거든요.

김심리 | 그럴 거면 차라리 900점이라는 목표를 포기를 하면 돼요.

원PD | 그러니까, 포기를 하든가! 그리고 다른 길을 찾든가. 그게 훨씬 낫죠.

서상담 | 그런데 사실 전 학생들과 상담한 경험이 많기 때문에, 그런 영향일까요? 저도 '버티기'란 단어가 그리 긍정적인 느낌이 아니에요. 버티라는 말은 약간 독기를 부린다? 악을 쓴다? 그런 느낌이 들거든요. 그래서 바꿔서 할 수 있는 말이 뭐가 있을까 생각해 보니까, '꾸준함'이라는 단어가 가

장 적당한 것 같아요. 학생들과 이야기할 때도 "버티세요." 이렇게 말하면 '힘든데 버티라고?' 하는 식으로 부담과 거부감을 가지거든요. 그런데 "꾸준함을 가지고 견디세요." 라고 말하면 훨씬 낫죠. 있는 자리에서 꾸준하게 자기 일을 하고 있는 성실한 태도가 중요한 것이 아닌가.

김심리 | 제자리에 가만히 있는 것은 쉬울 것 같지만 그렇지가 않잖아요. 물살이 거세면 제자리에 있기 위해서만도 끊임없이 물장구를 쳐야 하는 것처럼…. 버틴다는 단어에서 독기, 악 이런 느낌이 든다고 하셨는데, 그건 단거리 경주의 느낌이고, 실상 우리 인생은 장거리 경주잖아요? 당장 눈앞에 있는 것을 위해 독하게 남들을 떨쳐내고 성취하는 사람보다, 주변에 휩쓸리지 않고 자신의 중심을 지키면서 꾸준히 가는 사람으로 사는 것이 더 어렵거든요. 그게 실은 진짜 독한 거죠.

서상담 | 맞아요. 그러고 보니 사람들이 잘 버티지 못하는 이유 중의 하나가 멀리 보지 못해서…, 눈앞의 것만 보기 때문이라는 생각도 드네요.

진정한 목표가 올바른 '존버'의 조건

정철학 | 영어로 의지를 뜻하는 단어가 'will'이잖아요. 근데 이 will에는 '~할 것이다'라는 미래형의 뜻도 같이 있죠. 결국 미래를 내다보는 태도와 버티고자 하는 태도는 일맥상통한다는 거죠. 목표가 있어야 의지가 생기는 거니까요.

그런데 제가 또 하나 하고 싶은 얘기는, 요즘은 '존버'의 목표를 돈에만 두는 사람들이 너무 많다는 거예요. '존버'를 끝까지 하든 못 하든 목표는 오로지 돈이야. 돈만 있으면 행복해질 수 있을 거라 믿는 사람들이 너무 많아요. 그런 사람들을 보면 안타까워요. 돈은 어디까지나 수단일 뿐인데, 그 자체로 목표가 될 수 없는데 말이죠. 돈을 벌어서 그걸로 뭘 할 순 있겠지만, 돈을 번다고 그 자체로 행복해질 수는 없거든요. 그 순간 만족스러울 순 있겠지만 그건 얼마 못 가죠.

김심리 | 그러니까 결국 진정한 목표를 찾지 못한 이들이 돈을 목표로 삼을 수밖에 없는 거예요. 돈은 그 자체로 가치 있는 것은 아니지만 다른 무언가를 할 수 있는 수단이 되잖아요? 요즘 세상엔 돈만 있으면 할 수 있는 일들이 점점 많아지기도 하고. 그러니까 '일단 돈이 있으면 뭐라도 하겠지.'란 생각을 하게 되죠. 그게 제일 간단하잖아요. 일단 돈이 많으면 주변에서 "와~~" 해주니까. 삶의 목표가 돈이라는 얘기는 결국 목표가 없다는 말이에요.

버티자, 후회 없을 때까지

원PD | 자, 그럼 이제 버티기에서 실질적으로 제일 고민이 되는 부분! 목표 찾았어, OK. 버티자. 언제까지? 세상 끝날까지 버티는 것이 답은 아니잖아요. 언제까지 버티고 언제쯤 포기할 것인지, 이 판단은 어떻게 해야 할까요?

정철학 | 사실 이게 제일 어려운 부분이죠. 하하하….

김심리 | 그건 진짜 정답은 없는 것 같아요. 개인의 판단이니까. 다만 저의 경우에는 더 버티든지 그만두든지 그 결과에 대해서 후회하지 않겠다는 결심이 들 때가 기준이에요. 사실 버티기 위해서는 버려야 할 것, 잃는 것들이 많잖아요. 내 시간과 에너지, 고통 이런 기회비용 때문에 고민이 되는 것인데, 그렇지만 어느 때는 '난 좀 더 버텨볼 거야. 그래서 잃는 것들에 대해서는 후회 않겠어.'란 생각이 들 때가 있고, 어느 때는 '여기서 한 발짝만 더 나가면 된다 해도 그만둘래. 나는 진짜 할 만큼 했으니 후회가 없다.'라는 생각이 들 때가 있어요. 남들 보는 눈을 의식하지 말고 스스로의 속마음을 잘 들여다봐야 해요.

물론 이런 생각들이 무슨 계시처럼 확실히 오면 좋겠지만, 실은 결심이란 내가 마음먹기에 달린 것이거든요. 그래서 결과에 대해서 후회하지 않겠다는 마음을 확실히 먹고 나서 무엇이든 결정하는 것이 좋다고 생각해요.

원PD | 그러니까 결과를 수용할 수 있을 때?

김심리 | 그렇죠. 지긋지긋해질 때가 있거든요. '더 이상 뒤돌아보지 않을 래.' 이런 마음이 들 때 그만두면 후회가 없어요.

사랑한다면 마지막까지

정철학 | 저는 좀 반대에요. 무조건 끝까지 버텨야 된다고 봐요. 지금 말씀 하신 것처럼 중간에 '할 만큼 해 봤다, 그러니까 이젠 포기하고 다른 길로 바꾼다.' 이런 생각이 들었다면 그건 처음부터 목표가 잘못되어 있었기 때 문이라고 생각해요. 목표가 제대로 되어 있으면 죽을 때까지 갈 수 있어요. 목표가 제대로 되어 있고 자기 의지가 있으면 죽을 때까지 버틸 수 있는 건데, 결론적으로 말씀드려 그럴 수 있는 목표가 무엇이냐면, 바로 사랑입 니다.

원PD | 헐…! (띠로리~)

정철학 | 무언가를 사랑하면 끝까지 버틸 수 있어요. 그냥 좋아하는 것이 아 니라 사랑하는 것이라면…. 부모님이 자식을 사랑하기 때문에 목숨까지 버리죠? 사랑은 궁극적인 목표니까요.

원PD | 음, 그건 우리가 제 1장 〈네가 진짜로 원하는 게 뭐야?〉 편에서 이야

기했던 '60년 동안, 매일매일, 365일 할 수 있는가?' 이 질문을 적용해 보면 나올 수 있을 것 같아요. 수단이 아니라 그 자체로서 내가 추구하는 가치가 무엇인가?

정철학 | 그렇죠. 물론 사랑하는 대상은 사람마다 달라요. 어떤 사람은 돈을 사랑할 수도 있고, 권력이나 지위를 사랑할 수도 있고. 그보다 더 큰 가치인 선, 윤리, 정의 같은 것도 있고. 이런 정신적인 가치는 딱 마음속에 자리 잡으면 목숨까지 바칠 수 있게 돼요. 절대 안 변합니다. 그런데 돈이나 권력과 같은 물질적 가치는 영원한 게 아니라 살살 변해요. 그래서 저의 결론은 정신적인 가치 중에서도 최고는 사랑이다. 일단 사랑이 있으면 그 무엇도 버텨낼 수가 있게 된다. 더 버틸까 말까 고민이 된다면 그것은 사랑이 없기 때문이고, 결국 진정한 가치가 아니기 때문이다.

원PD | 그러니까 꼭 사랑이라는 것 자체가 목표라기보다는 어떤 목표를 사랑하는 마음이 있으면 버틸 수 있게 된다는 얘기죠?

정철학 | 그렇죠.

김심리 | 하지만 우리가 살다 보면 그런 원대하고 궁극적인 목표 말고도 현실의 작은 목표들을 달성해야 할 때가 있잖아요. 수단으로서 세부적인 목표들인 거죠. 예를 들어서 '고시를 패스하기 위해 버티자.' 사랑에 비해서야 작은 목표이지만 실제로 이것을 위해서도 많은 것들을 걸어야 하고, 그러니까 언제까지 버텨야 할지 말아야 할지 결정을 해야 될 때가 있죠. 우

리가 진짜 고민되는 건 이런 거지.

서상담 | 사랑은 좀 너무 추상적인 얘기가 아닌가 싶어요. 물론 맞는 말씀이긴 하지만….

김심리 | 그리고 또 저는 작은 현실적인 목표를 달성하는 경험을 하고 성취감을 쌓아야 보다 큰 목표를 위해 버티는 힘도 강해진다고 봐요. 그래야만 자신감, 스스로를 믿는 마음이 생기거든요. 그래서 저는 작은 목표를 달성하기 위해 노력하는 일도 꼭 필요하다고 봐요.

정철학 | 그건 당연하죠. 맞아요. 하지만 또 더 큰 목표를 보는 안목이 있어야 작은 목표들을 달성할 힘이 생기기도 합니다.

진짜 목표를 잊지 말기

김심리 | 그것도 그래요. 예를 들어서 다이어트 할 때. 사실 다이어트가 힘들잖아요. 그런데 무작정 '몇 kg을 빼야겠다' 이런 생각만 갖고 있으면 흔들리기 쉬워요. '체중을 줄여서 무슨 옷을 입고 누구한테 잘 보여야지' 이런 생각도 힘들어지면 이게 다 무슨 소용인가 싶고 짜증이 나죠. 그런데 보다 크고 중요한 이유, 그러니까 내가 체중조절을 하는 것은 '내 몸을 사랑하기 때문에. 건강을 위해서'라는 생각을 확실히 갖고 있으면 훨씬 잘 버틸 수 있는 힘이 생기죠.

정철학 | 제가 말씀드린 게 바로 그거에요. 근본적인 목표가 있어야 거기 맞는 작은 목표들을 단계별로 세워서 수행해나갈 수 있게 되는 거죠.

김심리 | 맞아요. '고시 폐인'이라고 하는 거 있잖아요. 요즘 문제가 많이 되는 일인데, 물론 고시 패스하기 어려우니까 몇 년씩 걸릴 수 있지만, 옆에서 보다 보면 '쟤는 아무래도 저거 그만해야 될 것 같은데…' 싶은 경우가 있어요. 그냥 고시생 생활 자체가 관성이 되어 버린 느낌? 지금까지 버린 시간이 아깝고 이제 와 다른 길을 찾으려니 막막하니까 그만두지는 못하고, 그렇다고 공부를 열심히 하는 것도 아니고, 지치고 실망했기 때문인지…, 정말 폐인이 되어버린 것 같은 사람들 있잖아요.

나는 할 만큼 했고 더 이상은 아니다 싶으면 과감히 그만두는 결정도 필요한 건데, 저는 고시 폐인들이 그렇게 하지 못하는 이유가 더 큰 목표를 잊었기 때문이라고 생각해요. 고시 패스 왜 하려고 하는데? 결국 내가 행복하고, 소중한 사람들과 행복하게 살기 위해서가 아닌가? 고시는 그것을 위한 수단일 뿐인데, 그걸 잊어버리고 고시 자체가 목표가 되었기 때문에 거기에만 매달리게 되는 것이죠. 저는 그런 것은 좋은 버티기가 아니라고 생각해요. 버티기의 안 좋은 예 중 대표적인 예죠.

'존버' 어떻게 하면 잘할까?

원PD | 그럼 버티기를 잘하려면 어떻게 해야 할까요?

김심리 | 현실적인 실천 요령을 이야기하기 전에 사람의 버티기 능력, 즉 의지력의 일반적인 속성에 대해 먼저 살펴보는 것이 좋겠습니다. 혹시 마시멜로 실험이라고 아세요?

원PD | 〈마시멜로 이야기〉에 나오는 그 실험 말인가요?

김심리 | 맞아요. 그 베스트셀러 책에 나온 이야기로 유명해진 실험인데요. 내용은 이래요. 미국의 한 대학에서 아직 학교에 가지 않은 아이들 몇 백 명을 대상으로 실험을 했어요. 마시멜로 과자가 달달하잖아요. 아이들이 아주 좋아하죠. 그걸 하나씩 주고, 아무도 없는 방에 놔두고 15분 동안 마시멜로를 안 먹고 참으면 한 개를 더 주기로 약속해요. 참아서 상을 받은 아이들도 있고, 못 참고 먹어버린 아이들도 있었겠죠?

그런데 몇 십 년 뒤 그 아이들의 삶을 추적조사해 보니, 그때 15분을 참았던 아이들이 참지 못했던 아이들보다 대부분 학업 성적이나 직업 성취도가 더 높고, 대인관계도 원만하고, 한 마디로 더 성공적인 삶을 살고 있었대요. 그래서 이 실험 결과는 성공적인 삶의 결정적인 요소가 바로 미래의 보상을 위해 당장의 만족을 미룰 수 있는 능력, 즉 오늘 우리가 이야기하는 의지, 버티기 능력이라는 점을 증명하는 근거로 널리 쓰였어요.

그런데 전 이 실험의 정말 중요한 의미는 다른 점이라고 봐요. 의지력은 아주 어린 나이부터 사람마다 차이가 나는, 타고나는 능력이라는 거죠. 우리는 보통 의지력을 본인의 책임으로 여기는 경향이 있지만, 실제로는 타고나는 기질적인 면이 커요. 성격심리학에서는 충동을 조절하는 능력을 성격의 한 특성으로 보는데, 성격은 50% 이상이 유전적으로 결정된다는 사실이 과학적으로 증명되었거든요.

서상담 | 그렇다면 좀 불공평한데요? 성공적인 삶을 사는데 의지력이 그렇게 중요한데, 그것도 다 타고나는 거라면….

'존버력'도 타고난다는데…

김심리 | 맞아요. 하지만 성격심리학은 다른 가능성도 이야기해요. 유전적인 성질은 생존에 유리한 방향으로 진화하거든요. 의지력이 강할수록 유리한 점만 있다면, 그렇지 못한 유전자가 지금까지 살아남은 것을 설명할 수 없죠. 실은 인내심이 약하고 충동적인 성격이 유리한 상황도 있어요. 만약 그 실험에서 15분 동안 참으면 마시멜로 하나를 더 주겠다는 약속이 지켜지지 않고, 오히려 먹지 않은 마시멜로를 빼앗아가 버렸다면 어떨까요? 오히려 마시멜로를 냉큼 먹어버린 아이들이 유리한 선택을 한 것이 되죠. 인내심이 강한 사람이 유리한 것은 예측할 수 있는 환경에서예요. 불안정하고 변동이 많은 환경에서는 오히려 가능할 때마다 즉시 자신의 욕구를 충족하는 충동적인 사람이 유리할 수 있어요. 그래서 불안정한 환경에서

자란 아이들일수록 충동적인 성향을 보인다고 합니다.

자, 이 얘기는 타고난 의지력도 어느 정도 후천적인 영향을 받는다는 겁니다. 노력으로 단련할 수 있는 여지도 분명 있다는 거예요. 실제로 의지력은 성격의 다른 특성들에 비해서는 변화시킬 수 있는 여지가 큰 편이에요. 의지력을 '마음의 근육'으로 비유하는 말이 있는데요, 작동 원리가 몸의 근육계와 비슷하거든요. 우리는 운동으로 근육을 발달시킬 수 있다고 생각하지만, 실은 몸의 근육량이나 구조도 유전의 영향을 많이 받아요. 타고난 근력부터 사람마다 차이가 있고, 똑같이 운동해도 근육이 더 쉽게 발달하는 사람이 있거든요. 또 선천적으로 상체가 더 발달한 사람이 있고 하체가 더 발달한 사람도 있고. 그렇긴 하지만 근육은 다른 기관에 비해서는 우리가 의도적으로 단련할 수 있는 여지가 많죠. 소화기를 튼튼하게 만드는 것보다는 다리 근육을 튼튼히 만들기가 훨씬 쉬워요. 왜 그럴까요?

원PD │ 근육은 일단 눈으로 보이니까.

김심리 │ 맞아요. 근육은 겉으로 드러나 있고, 움직이는 원리나 단련하는 방식이 비교적 단순하기 때문이에요. 의지력도 이와 비슷해요. 감정을 조절하는 것보다는 의지력을 조절하는 편이 훨씬 쉽죠. 내가 우울한지 아닌지, 화가 났는지 아닌지는 본인도 잘 깨닫지 못하는 수가 있어요. 깨달아도 감정을 누르기는 힘들고요. 눌렀다고 생각했는데, 쌓여 있다가 불시에 폭발하기도 하고. 하지만 의지력은 행동으로 드러나기 때문에, 누구나 분명히 알고 컨트롤할 수 있죠.

'마음의 근육'을 키우는 법

김심리 | 이 마음의 근육을 키우기 위한 비결로 증명된 것이 몇 가지 있습니다. 첫째, 자발적인 의지가 가장 중요해요. 누가 시켜서 의지력을 발휘할 수 있는 사람은 없어요. 물론 다른 사람이 제안을 하거나 설계를 해 줄 수는 있지만, 반드시 스스로의 뜻이 있어야만 해요.

요즘 학생들이, 어린 친구들이…, 전 이런 표현 자체를 싫어하지만, 어쨌든 요즘 친구들이 의지가 약한 것처럼 보이는 데는 그 이유가 크다고 봐요. 부모님들이 어려서부터 너무 모든 일을 다 결정해 주시고 판을 다 깔아 주시고, 시키는 것만 잘하면 된다는 식으로 키우시는 경우가 많아요. 이렇게 자란 친구들은 매사에 의지가 없을 수밖에 없는 거예요. 그들 잘못이 아니죠.

둘째, 현실적이고 구체적인 목표를 세워야 해요. 몸의 근육처럼 마음의 근육도 하루아침에 클 수는 없고 오랜 시간 꾸준히 단련해야 하거든요. 그러려면 힘든 과정 속에서도 의욕을 잃지 않도록 쉽게 성취감과 재미를 느낄 수 있어야 해요. 처음부터 너무 무리하거나 장기적인 목표를 설정하는 것은 좋지 않아요. 쉽고 단기적인 목표를 우선 세우고, 한 걸음씩 꾸준히 올라가는 편이 나아요.

예를 들어 다이어트를 할 때 '내가 이번에 10kg 뺀다!' 이런 식의 목표는 좋지 않아요. 왜냐면 한 번에 성취하기가 너무 어려운 목표잖아요. 그러면 쉽게 지치고 실망해서 포기하게 되기가 쉬워요. 무리하게 달성했다 해도 반작용이 크죠. 요요현상이 오게 되어 있어요. 그러니까 '이번 달엔 2kg를 빼고, 한 달은 유지하고 그 다음 달에 2kg를 빼고…' 이런 식의 계획이 훨씬 좋습니다. 작은 목표를 달성했을 때의 성취감과 자신감이 쌓여야 또 다음 단계를 실행할 수 있는 힘이 생기거든요.

셋째, 마음의 근육도 몸의 근육과 마찬가지로 한 부분을 키우면 다른 부분까지 효과를 볼 수 있다. 어린 학생들에게 스스로 방을 정리하는 버릇을 들였더니, 학교 성적이 오르는 효과까지 생겼다는 보고가 있어요. 또 스스로 노력해서 업무 성과를 올리는 데 성공한 사람들은 건강 관리나 돈 관리 등 다른 습관까지 절로 좋아지는 경향이 있었대요.

물론 사람마다 적성이 다르기 때문에 다 그렇다고 말할 수는 없어요. 방은 엉망이지만 성적이 좋은 학생도 얼마든지 있지요.^^ 하지만 복근 운동과 다리 근육 운동이 다르긴 해도, 복근 운동을 하면서 다리 근육을 안 쓰는 것도 불가능하잖아요? 어느 한 부위든 근육을 발달시키면 자연스럽게 몸 전체의 순환이 좋아지고 체력이 증진되는 것과 같은 이치죠.

아무리 의지가 강해도 한계는 있다

김심리 | 다만 근력과 마찬가지로 의지력도 전체 에너지에 한계가 있다는 점을 염두에 두어야 해요. 마시멜로 실험의 뒤집어보기라 할 수 있는 한 실험을 소개할게요. 몇 십 명의 대학생들을 두 편으로 나누어 한 편에는 달콤한 과자를 먹게 하고, 다른 편은 그걸 보기만 하고 참으라고 했대요. 그 다음에 양쪽에 다 복잡한 문제를 풀라고 주었더니, 어느 편이 문제를 더 잘 풀었을까요?

서상담 | 마시멜로 실험이랑 비슷한 답이라면 참은 애들이 더 잘 풀었을 테

지만….

원PD | 그건 장기적인 결과였고, 이건 당장 또 인내심을 시험한 결과니까 반대일 것 같아요.

김심리 | 맞아요. 과자를 먹은 편이 못 먹은 편에 비해 훨씬 참을성 있게 풀었다고 합니다. 과자 못 먹고 참은 사람들은 이미 인내심이 바닥나버려서 문제를 풀 때 쓸 힘이 없었던 거죠. 언뜻 생각하기엔 문제를 푸는 의지와 식욕을 참는 의지는 분명 다른 종류일 것 같은데도 그랬대요. 그러니까 의지력이 아무리 강하더라도 한계가 있으니까, 중요한 일이 있으면 그전에 다른 일에 무리하지 않는 게 좋다는 이야기죠.

원PD | 자, 그럼 우리 실생활에 바로 적용할 수 있는 '존버력' 키우기 꿀팁! 뭐가 있을까요?

서상담 | 처음부터 계속 나온 얘기지만 일단 목표를 제대로 세우는 것이 중요할 것 같아요. 내 마음속을 정직하게 들여다보면서, 나의 진정한 목적, 가장 큰 목표는 무엇이고, 그걸 위한 수단으로서의 목표들은 무엇인가 분간을 해 봐야죠.

원PD | 그러기 위해서는 우리 〈인성역전〉의 1장, 2장이 도움이 될 것 같습니다. 제가 말씀드리고 싶은 버티기 요령은요, '올인하면 안 된다!' 좀 뜻밖의 이야기일 수도 있는데, 끝까지 잘 버티기 위해서는 내 몸과 마음을 버

티기에 올인하면 안 된다고 봐요. 그럼 감당이 안 돼요. 금세 번아웃(burn-out;탈진) 돼버립니다.

올인(all-in)하면 번아웃(burn-out)된다

원PD | 실제 저의 예를 들어서, 제가 지금 출신 고교 동문회장을 맡고 있는데요. 한 5년이 넘었는데 이게 보통 귀찮고 골치 아픈 일이 아니거든요. 사람이 많으니까 말도 많고, 더럽게 말들도 안 들어요. 열심히 한다고 뭐 나한테 이득 생기는 것도 아니고, 오히려 제 돈이 많이 나가요. 하지만 저는 이거 누가 시켜서 하는 일 아니고, 전 제가 나온 고등학교를 너무 좋아하기 때문에 봉사하는 마음으로 자발적으로 하고 있는 겁니다. 버티기에 자발성이 가장 중요하다면서요. 그러니까 버티고는 있지만, 제가 만약 '이 동문회를 정말 최선을 다해서 잘 키워봐야겠다.' 이런 생각을 했으면 진짜 얼마 못 버텼을 거예요. 예전에 실망하고 좌절하고 떠나 버렸을 거예요. 하지만 저는 그런 생각을 내려놓았어요. 저는 동문회를 유지하고 싶을 뿐이지 감투 욕심이 있는 게 아니에요. 마음 같아선 믿을 만한 후계자 나오면 동문회장 자리 넘기고 은퇴하고 싶습니다. 하지만 전 향후 10년간은 후계자 안 나올 것이라 각오하고 있어요. 우리 나이에 동문회장 누가 해요. 한창 바쁠 땐데….

김심리 | 제가 같은 동문회 후배라서 아는데요. 종신 집권 이야기도 나오고 있습니다. 하하!

원PD | 그래서 제가 적어도 10년은 앞으로도 버텨야 할 것이라고 예상하고 있기 때문에…, 10년을 더 버티려면 이걸 너무 열심히 하면 안 되죠. 그럼 힘들어서 못 버티죠. 최대한 대충 하고 있습니다. 큰 기대 안 하고, 뭐 나중에 동문회에 나 혼자 나오게 되더라도 어쨌든 명맥만은 유지해야 되겠다, 이런 생각으로. 그러니까 어찌 됐든 지금까지 꾸역꾸역 굴러가고 있는 것 같아요.

이뿐 아니라 제 인생에서 존버해야 했던 일들이 많은데요. 지금 이 인성역전 방송도 그렇고, 하하하…! 전 오히려 제가 그다지 성실하지 않아서 잘 버틸 수 있지 않았나 하는 생각이 들어요. 저는 중요한 일이 있고 놀 일이 있고 하면, 노는 걸 먼저 놉니다. 그래야 에너지가 채워져서 중요한 일들을 해나갈 수 있거든요. 그러니까 항상 마감에 시달리긴 하는데, 그래도 이 버티는 걸 1, 2년 할 것도 아니고 쭉 길게 해나가려면, 오히려 여유를 찾아가면서 내 페이스 유지하면서, 그렇게 가는 것이 좋은 것 같아요.

정철학 | 적당히 내려놓아야, 비워야 채워지거든. 그릇에 물이 꽉 차 있으면 더 담을 수가 없잖아요. 머리도 마음도 적당히 비워놔야 뭘 더 채울 수 있죠.

안 되면 말고!

김심리 | 저도 버티기에 대한 신념을 하나 갖고 있는데, 좀 비슷한 것 같아요. '안 되면 말고!' 이거에요. 언론인 김어준 씨가 유행시킨 말인데요. 그 분이 항상 하는 말이 "일단 해 보는데, 안 되면 말고!" 이게 어떻게 보면 버

티기의 태도와는 반대되는 것 같기도 한데, 실은 저도 '안 되면 말고' 이 자세가 지금까지 존버의 비결이거든요. 이것은 노력이란 성공의 필요조건이지, 충분조건은 아니라는 사실을 인정하는 거예요.

'내가 최선을 다해. 그런데 그러면 돼야 해.' 이런 생각을 갖고 있으면 결국 좌절하게 돼요. 왜냐면 현실이 그렇게 되지 않거든요. '내가 최선을 다할 건데, 그래도 안 되면 말고. 되면 좋고.' 이런 마음가짐이어야 오히려 '올인'도 할 수 있어요. '안 되면 안 돼'라고 생각하면 오히려 올인을 못해요. 그러다 안 되면 어떡할 거야? 불안해서 못해요. '안 되면 말고!'라는 담대한 마음이 있어야 모든 것을 던져볼 수 있고, 더 큰 그림도 그릴 수 있고, 만약 실패했을 경우에도 빨리 털고 일어설 수 있죠. 아까 'GRIT' 4가지 조건 중에도 회복력이 있었잖아요. 정신적 회복력 이것이 굉장히 중요하거든요.

원PD | 맞아. "안 되면 말고!" 하는 사람이 "이거 안 되면 안 돼…" 하는 사람보다 여유가 있기 때문에 훨씬 다양한 전략을 쓸 수도 있고, 실제로 결정적인 순간에 그 사람을 빛나게 하는 것은 '여유'라고 봐요. 제가 이것을 어디서 느꼈냐면 M.net 〈프로듀스 101〉이라는 프로그램에서, 연예인 지망생들을 대상으로 한 서바이벌 프로그램이죠. 제가 이 프로그램의 굉장한 애청자였거든요. 모든 회차를 생방송으로 다 봤는데, 매번 탈락자가 생기잖아요. 꼭 실력 순으로만 선발되는 것은 아니란 말예요. 그래서 어떤 친구들이 붙고 떨어지는지를 잘 봤는데, 아무리 꿈을 향한 절박한 순간이라고 해도 막 떨어질까 봐 불안해하고, 아등바등하고 울고 짜고 하는 친구들은 매력이 없어요. 그런데 불안한 와중에도 웃고 있고, 여유를 잃지 않고

차분하게 자기 해오던 것을 꾸준히 하고 있는 친구들이 결정적인 순간에 빛나요. 그리고 실제로 그런 친구들이 오랫동안 남더라고요.

버티다 보면 위기가 찾아오고, 내 계획이나 예상대로 되지 않는 순간도 오고 그러잖아요. 그럴 때도 여유를 잃지 않고 페이스를 유지할 수 있는 능력. 그게 정말 중요한 것 같아요.

실패의 경험도 중요하다

김심리 | 그러기 위해서는 실패의 경험도 중요해요. 성공한 경험만 중요한 것이 아니에요. 스스로 선택해서 그 결과에 책임져 보는 모든 경험이 중요한 거예요. 이거 실패하면 큰일 날 줄 알았는데, 생각보다 큰일 나지 않거든. 살다 보면 오히려 그때 실패한 것이 다행이라는 생각이 들 때도 있잖아요? 덕분에 더 좋은 기회를 찾기도 하고, 그 과정에서 내 역량도 성장하고. 그런 경험이 쌓이다 보면 '아, 실패해도 되는구나.' 두려워하지 않고 도전해보는 용기가 생기죠.

원PD | 맞아요. 버티는 시간을 단순히 목표를 위해 투자하는 시간이라고만 생각하지 말고, 그 과정 자체에서 또 얻는 것들이 있거든요. 영웅 이야기를 보면 항상 그렇잖아요? 광야를 헤매는 시간에 능력도 쌓고, 인맥도 쌓고, 깨달음도 얻고…. 버티는 시간을 그렇게 활용할 수 있다면, 우리 보통 사람들도 영웅만큼 위대한 거예요.

그런데 아무래도 마음가짐이란 것도 좀 추상적인 것이니까…, 뭔가 더 구체적인 실천 요령 이런 거 없을까요?

100일의 법칙

김심리 | 제가 책에서 읽은 내용인데요. 어떤 행동을 습관으로 만들기 위해서는 평균 100일 동안 매일 반복하는 것이 필요하다는 연구 결과가 있어요. 그 이론을 바탕으로 무엇이든 좋은 습관을 만드는 계획을 한 번씩 세워 봤으면 좋겠어요. 운동이든, 식습관이든, 공부든…. 그래서 100일 동안 매일 하는 것을 목표로 계획을 지킬 때마다 체크를 해서 100칸을 채우는 거예요. 그런데 여기서 중요한 점은 중간에 무슨 일이 있어 지키지 못하더라도, 다음날부터 다시 시작해서 마저 100칸을 채우는 거예요. 예를 들어 만약 내가 12일까지 매일 계획을 지키다가 못하게 되었다. 그때 처음부터 다시 100칸을 채워야 한다고 하면 사람이 지쳐서 포기하게 되거든요. 어쨌든 12일 했으면 잘한 거고 그건 인정을 받아야 되는 거예요. 그러니까 며칠을 쉬었어도 다시 시작했다면, 그때부터 13일째 체크를 하는 거죠. 앞서 이야기했던 것처럼 여유를 가지고, 작은 성취감 챙기면서…, 이렇게 쭉 100칸까지 채우고 나면 연속 100일까지는 하지 못했더라도 어느 정도 습관이 몸에 붙게 돼요.

이게 꽤 효과적인 요령이라고 할 수 있는 것이, 제가 증인입니다. 저도 이 방식으로 운동하는 습관을 몸에 붙였거든요. 제가 원래 운동을 굉장히 싫어해서, 건강을 위해 운동해야 하는 것 알면서도 통 습관을 붙이지 못했는데, 최근에 나이가 들다보니 정말 이대로는 안 되겠다는 위기감이 느껴지더라고요. 그래서 운동을 시작하게 되었는데, 이게 며칠 꾸준히 하다가도 또 바빠지고 피곤하고 하면 한동안 못하게 되잖아요. 예전에는 그럼 "에이 ~ 내가 그렇지 뭐."하고 포기를 했었는데, 그러지 않고 며칠을 쉬었더라도 생각날 때마다 부담 없이 다시 시작해 보는 거예요. 그렇게 가다보니 이제는 운동을 하는 게 크게 부담이 되지 않고, 3년째 매일 빠짐없이는 아니라도 제법 꾸준히 하는 습관이 붙었어요. 무엇이든 좋으니, 처음엔 작은 것일수록 좋아요. 이 100칸 체크하기를 실천해 보면 좋은 습관을 만드는 요령도 생기고 자신감도 붙으실 거예요.

멘토가 필요해

정철학 | 제가 여기 덧붙이고 싶은 말은, 스스로 체크하는 건 좋은데 혼자 하는 건 아무래도 힘들어요. 누군가 보는 사람이 있어야 해. 멘토라고 하죠? 근데 뭐 대단한 멘토가 아니라도, 부모님 아니면 친구들, "야, 너 요즘 운동한다더니 꾸준히 하고 있냐?" 이렇게 한 번씩 물어봐 주면 정신이 확 들거든. 사람 심리가 그래요. 꼭 누가 뭐라 하지 않아도 남들이 보고 있는 것과 아닌 것과는 달라요.

그 무인 판매기 실험 있잖아요. 각자 알아서 돈을 내고 물건을 가져가는 가게인데, 아무것도 없는 경우와 벽에 눈 그림을 그려놓은 경우와 비교를 해봤더니 눈 그림이 있을 때가 계산이 더 정확하게 맞았다는 거야. CCTV도 아니고 아무런 기능도 없이 그냥 그림일 뿐인데도, 눈 그림을 보면 누군가 자기를 지켜보고 있다는 기분이 드니까 사람들이 좀 더 정직해졌다는 거지.

김심리 | 좋은 지적을 해주셨어요. 이거 진짜 효과 있어요. 그래서 무슨 결심을 했으면 되도록 주변에 소문을 내야 합니다.

긍정적인 마음으로

서상담 | 저는 부정적인 생각을 긍정적으로 바꿔라. 부정적인 마음보다 긍정적인 마음이 결심을 실천하는 데 훨씬 도움이 되거든요.

원PD | 구체적으로 어떻게요?

서상담 | 예를 들어 보통 "안 될 것 같아."라고 얘기하잖아요. 이런 건 "좀 어려울 것 같아." 이런 식으로 부정적인 단계를 내리는 거죠. 저도 저희 아이들을 키우면서 배운 점이 있는데, 제가 어느 날 아이한테 "넌 왜 매일 늦게 일어나니?"라고 했더니 아이가 "내가 매일매일, 365일 늦게 일어났어?"라고 대꾸하는 거예요. 그때 한 방 맞은 기분이었거든요. 그 후로는 "오늘은 늦게 일어났네."라고 말하는 걸로 바뀌었어요. 말 한 마디가 중요하거든요. 저도 모르게 저희 아이를 '매일 늦게 일어나는 애'로 낙인찍어 버린 거예요.
그런데 그런 식으로 자기 자신을 낙인찍는 사람도 많다는 거예요. "난 못 해. 난 다 안 돼."라는 식으로요. 무조건 긍정적으로 "난 다 할 수 있어." 이것까진 아니더라도 부정적인 단계를 조금 내리는 것만 해도 도움이 돼요.

김심리 | "내가 이 정도는 할 수 있지." 작은 걸 해냈더라도.

서상담 | 네, 그렇게 말버릇을 바꾸는 것도 연습이 필요해요. 말이 사람의 정신에 엄청난 영향력을 미치거든요. 긍정적인 말을 자꾸 하면 긍정적인 사람이 되어요. 중요한 건 희망, 그리고 자신감!

'존버'의 비결은 여유와 자신감!

정철학 | 조금 어려운 얘기일 수도 있는데, 모든 물질은 입자이면서 동시에 파동을 갖는다는 사실을 최근 과학자들이 밝혀냈어요. 이에 대한 이론을 '양자역학'이라 합니다. 파동이 뭔지 알죠? 파도처럼 올라갔다 내려갔다 하는 운동성 말이에요. 빛을 포함해 세상 모든 물질이 이 성질을 갖고 있다는 거예요. 세상의 이치란 말이지. 그러니까 올라갈 때도 있고 내려갈 때도 있고, 좋을 때도 있고 나쁠 때도 있고 이것이 정상인 것이에요. 올라간다고 너무 마음 놓아서도 안 되고 내려간다고 너무 실망할 것도 없고, 가끔 흔들려도 방향만 잃지 않고 간다면 언젠가는 목적지에 도달할 수 있을 거예요. 이렇게 믿는 마음이 있으면 됩니다.

김심리 | 실패하는 것이 정상이다. 그리고 실패의 경험도 필요하다. 그리고 요즘 인생이 길어요. 점점 길어져요. 강한 자가 살아남는 것이 아니라 살아

남는 자가 강한 자라는 말이 있잖아요. 눈앞의 일에 일희일비(一喜一悲)하지 말고, 좀 더 길게 보고 마지막까지 포기하지 말자고요.

원PD | 결론은 다 비슷하게 나오네요. 버티기가 중요한 건 맞는데, 너무 빡세게 생각하면 오히려 못 버티니까, 좀 대충 가자. 여유를 갖고 대충 버티자, 이렇게 생각하면 또 버텨지니까요. 포인트는 역시 긍정적인 마인드와 여유!

좋은 습관 만들기 100일 프로젝트

1단계 내가 고치고 싶은 나쁜 습관과 만들고 싶은 좋은 습관을 생각나는 대로 적어 봅시다.

고치고 싶은 습관	
만들고 싶은 습관	

2단계 위의 목록에서 가장 우선적으로 고치거나 만들고 싶은 습관 한 개만 골라 100일 동안 실천하기를 결심해 봅시다. 매일 실천에 성공할 때마다 아래 100칸에 체크 표시를 채워갑니다. 중간에 지키지 못하게 되더라도 포기하지 말고 그 다음날부터 다시 다음 칸을 채우면 됩니다.

첫째날! 시작!									
									백일째! 끝!

3단계 일단 100일의 여정을 끝난 자신을 스스로 격려하고 칭찬해 주도록 합시다. 과정이 완벽하지 못했더라도 노력을 했다면 어떤 식으로든 성과가 남았을 것입니다. 이 도전이 나의 삶에 가져다준 변화는 무엇이 있을까요? 그로 인해 나의 삶이 얼마나 더 행복해졌나요?

人性逆轉

제 2장

너와
함께 하는
인성

인맥

호구인가?
호인인가?

인맥, 좋은 거 맞아?

원PD | 인생은 혼자서 사는 것이 아니지요. 나에게 도움을 주는 누군가가 필요하기도 하고, 내가 또 누군가에게 도움을 주기도 하며 살아갑니다. 좋든 싫든 우리 모두는 다른 사람들과 여러 가지 형태의 관계를 맺게 됩니다. 잘 활용하면 이처럼 좋은 것도 없는 반면, 이처럼 피곤하고 신경 쓸 일이 많은 것도 별로 없습니다. 무엇일까요? 오늘의 주제는 바로 '인맥'입니다. 인맥이란 무엇일까요? 인맥은 얼마나 중요할까요? 인맥을 잘 맺고 활용하기 위해서는 어떻게 해야 할까요? 등등에 관해 살펴보겠습니다.

저는 인맥은 삶에서 굉장히 소중한 자산이라고 생각하는데요. 인맥을 활용하는 걸 부정적으로 보는 시선도 많더라고요. 왜 그럴까요?

정철학 | 일단 인맥의 어원을 통해 그 참된 의미를 살펴보도록 하죠. 우선 한자로 인맥(人脈)의 맥(脈) 자가 무슨 뜻일까요? 수맥, 산맥 할 때 쓰이는 글자인데, 이어지는 한 줄기라는 의미가 있죠. 수맥이나 산맥을 보면 여러 갈래로 퍼지면서도 연결되어 있어서 결국 한 줄기로 모이고, 다시 또 퍼져 나가죠. 인맥 역시 그렇습니다. 또 우리가 한방에서 맥 짚는다는 표현을 하잖아요. 맥을 짚을 때 어디를 짚죠?

서상담 | 손목을 짚죠. 거기가 맥이 잘 뛰니까….

정철학 | 맞아요. 한의학에서는 손목의 맥만 짚어보고도 신체의 여러 가지

상태를 기가 막히게 진단하잖아요? 그러니까 인맥이라는 것은 인간관계의 줄기, 흐름을 의미하는데, 맥을 짚을 때처럼 그 사람의 인맥만 가지고도 그 사람의 인생과 인격을 진단해볼 수 있는 성질을 갖고 있어요. 이제 영어 어원을 살펴볼까요? 인맥이 영어로 뭐죠?

원PD | 영어 전공이 대답하겠습니다. connection.

정철학 | 그 단어에서 앞에 붙는 'con-'은 '함께'를 의미해요. 그리고 뒤의 '-nection'은 우리가 '네트워크'라고 할 때와 같은 어원으로 연결, 관계를 의미하죠. 그러니까 영어로 인맥, connection은 함께 하는 관계를 의미하는 거예요. 그런데 우리가 한국말로 커넥션, 하면 왠지 좀 부정적인 의미로 많이 쓰이죠?

김심리 | 비리나 유착, 이런 것들이 떠오르는 단어죠.

정철학 | 그렇죠. 그것은 인맥의 서양적 의미가 우리 동양에 들어와서 변질되었기 때문이라고 봅니다. 서양에서 인맥의 의미는 'con-'이 '함께'라는 뜻이니까, 수평적이고 동등한 관계를 뜻하거든요. 그런데 동양에서 인간관계는 수직적인 면이 많잖아요. 그러다 보니 커넥션의 의미가 윗사람에게 잘 보이기 위해서 로비를 한다든지, 선후배간에 라인을 만들어 자기네끼리 해먹는다든지 하는 의미 쪽으로 변질이 되어 버렸어요.

어쩌다 인맥이 찜찜한 뜻이 되었나

김심리 | 아까 원PD님께서 우리나라에선 인맥을 부정적으로 보는 시선이 많다고 말씀하셨는데, 그 부분부터 짚어보고 싶어요. 저도 개인적으로 인맥을 굉장히 중요하다고 생각하거든요. 왜냐면 사람이 혼자서 할 수 있는 일이 없어요. 무슨 일이든 다른 사람과 함께 해야 하니까. 어떤 사람을 만나 함께 일하는지가 굉장히 중요하고, 또 사람 관리하는 것처럼 어려운 일도 없단 말이에요. 모든 사람들이 어떤 형태로든 자신이 원하는 파트너를 구하고 있어요.

그런데 처음 보는 다른 사람에 대해 자세히 알 수 없기 때문에, 그 사람을 나의 파트너로 선택할 것인가를 결정하기 위해 여러 가지를 보죠. 이력도 보고, 대화도 해 보고. 그래도 잘 모른단 말예요. 그럴 때 제일 쉽고 정확하게 그 사람에 대해 알 수 있는 방법이 그 사람을 잘 아는 누군가의 이야기를 들어보는 것이거든요. 내가 잘 알고 신뢰하는 누군가가 그 사람의 실력과 인격에 대해 보증을 서준다, 그것만큼 믿을 수 있는 게 없지요. 맛집 관련 정보들이 많지만 나랑 입맛이 비슷한 친구가 "그 집 맛있어."라고 추천하는 것만큼 정확한 정보가 없잖아요? 그런 의미에서 저는 인맥이 정말 중요하다고 생각해요. 나를 알아주는 누군가가 있는 것이죠.

그런데 이것이 우리나라에선 어떻게 변질이 됐느냐면, 그 사람에 대해 잘 알아서 그 사람을 추천하는 것이 아니야. 그냥 그 사람이 나의 친척이야. 나랑 같은 학교 나왔어. 나랑 같은 지방 사람이야. 이런 식으로 혈연, 학연, 지연 등으로 연결되어 있기 때문에 무조건 좋은 자리에 넣으려 하고, 나와 같이 가려는 식의 태도가 많단 말이에요.

물론 나와 가까운 사람을 추천하는 것이 잘못되었다는 얘긴 아니에요. 아무래도 내가 잘 아는 사람은 그런 식으로 연결되어 있는 경우가 많을 것이고, 또 기왕이면 다홍치마라고 역량이 된다면 나와 가까운 있는 사람을 뽑는 것을 선호하겠죠. 그런데 그게 아니라 그 사람의 역량은 상관없이 '묻지마' 식으로 인맥을 활용하는 것. 나도 나와 같은 학교 나온 사람이 뽑아줘서 올라왔어. 그러니까 나도 같은 학교 나온 사람 뽑아줘야지. 그런데 내가 그 사람의 역량과 됨됨이에 대해서 잘 알고 있느냐? 그건 알지도 못하고. 이런 식의 태도는 잘못되었다는 것이죠.

인맥의 진정한 가치는 '정보'

김심리 | 우리나라가 너무 인맥을 따진다고 말이 많은데, 사실 선진국에서도 인맥을 굉장히 많이 활용합니다. 그런데 그들은 혈연, 지연 같은 것이 아니라 추천서를 중요하게 봐요. 나를 잘 아는 사람, 특히 영향력 있고 역량을 인정받은 사람이 써준 추천서는 큰 힘이 돼요. 추천서는 아무렇게나 써줄 수 없죠. 책임지고 그 사람에 대해 보증하는 거니까요. 만약 내가 추천서를 써 줘서 취업이 되었는데, 그 사람이 가서 일을 엉망으로 한다. 그럼 나의 신뢰도가 깎일 것 아니에요?

그러니까 저는 그냥 끼리끼리, 우리 학교 나온 사람끼리, 우리 지방 출신끼리, 서로 정말 어떤 사람인지 잘 알지도 못하면서 그런 공통점만 가지고 모이는 인맥이 아니라, 서로 누군가에 대한 신뢰도 있는 정보를 교환할 수 있는 그런 인맥, 정보 공유 차원에서 인맥이 중요하다고 보는 거예요. 내가 잘 아는 사람이라 해도 사람이 별로거나, 적당한 인재가 아니라는 판단이 들면 소개시켜 주지 말아야죠. 이런 것들을 잘 판단해서 인맥이 잘 활용될 수 있는 세상을 만들어야 한다고 생각해요.

원PD | 그런데 왜 유독 우리나라에서는 인맥이 그런 식으로 변질이 많이 되었을까요?

정철학 | 우리나라 특유의 강한 가족주의 때문에 공과 사의 구분이 희미한 탓도 있다고 봅니다. 예를 들어 나의 학연, 지연이라는 이유만으로 사람을 뽑아 놓으면, 일을 막 시키기 편하지요. 어차피 실력만 가지고는 뽑힐 수 없었다는 걸 서로 알기 때문에 공적인 관계와 사적인 관계의 경계가 애매해집니다. "내가 내 맘대로 너 뽑아줬다? 그러니 알아서 해." 하면 그 사람은 이제 집에 못 가죠. 부르면 달려와야 해. 그러니까 실은 자기 이익을 위해서 제일 편한 게 사적인 인연으로 사람 뽑는 거예요.

원PD | 사적인 관계가 사실 편하잖아요. 이런저런 것 따지지 않고 내 편 되어줄 사람이 누군가 찾다 보니까 가장 쉽게 찾을 수 있는 사람이 친인척, 같은 학교 나온 사람 이런 거지.

공사 구분 못할 때 인맥의 의미 변질

김심리 | 그렇긴 하지만 다들 그렇게 생각해서 나는 내 고향 사람만 챙기고

너는 네 고향 사람만 챙기고 하다보면 결국에는 편 가르기가 될 수밖에 없어요. 누군가 능력이 있고 그 자리에 적합한 인재인데도 불구하고, 그쪽 편에 속하지 않았다는 이유만으로 들어갈 수 없게 된다면 결국 조직 전체에 피해가 되는 거죠. 그런 조직에서는 각자 능력을 계발하기보다는 줄을 잘서는 데만 에너지를 쓰게 될 테고. 사람에 대한 정보를 공유해서 인재가 적재적소에 활용될 수 있도록 하는 것이 원래 인맥의 기능인데, 그렇게 되면 가장 비효율적인 방식이 되는 거죠. 또한 내 맘대로 뽑은 사람 내 맘대로 부려먹는 일이 예전에는 효율적인 방식이었을지 모르지만, 현대 산업에서는 혁신이 중요한데 오히려 방해가 될 수 있어요.

원PD | 그래서 요즘은 기업체에서 그런 일을 없애려고 노력을 많이 해요. 사내 동호회를 만들 때 동향, 동창 이런 모임을 만들면 인사고과에서 감점을 준대요. 아예 그런 라인이 형성되지 못하게 하는 거죠. 그리고 사람을 뽑을 때도 '블라인드 채용'이라고 해서 업무에 무관한 조건은 모두 가리고 철저히 객관적인 이력이나 경력만 놓고 뽑기도 하고요.
하지만 저의 경험상 그런 채용방식이 공정하다고는 할 수 있어도 적합한 인재를 뽑는데 꼭 효과적이지만은 않다고 봐요. 왜냐면 함께 일하는 데 있어서 실력보다도 손발이 맞고 마음이 통하는 것이 더 중요할 수 있거든요.

김심리 | 그 말씀이 맞아요. 하지만 객관적인 이력에 드러나지 않는 그 사람의 성향, 인품, 가능성 이런 걸 파악하려면 그 사람을 잘 아는 누군가의 이야기를 들어봐야지, 그 사람의 출신 학교나 지역 등을 본다는 것은 말이 안 되는 일이죠.

인재 평가를 위한 새로운 방식, SNS

원PD | 그래서 요즘은 어떤 사람을 평가하기 위한 방법으로 그 사람의 SNS를 살펴보기도 한대요. 이 SNS라는 것은 한 사람이 오랫동안 의식적 · 무의식적으로 노출한 값들이 모인 거잖아요. 그래서 그 데이터가 상당히 신뢰할 만하대요. 일시적으로 면접관들에게 보여주는 꾸며진 모습보다 훨씬 그 사람의 실제 모습에 가까운 것이죠.

김심리 | 그렇겠네요! SNS는 대개 생각 없이 툭툭 하게 되니까요.

서상담 | 그 사람의 댓글만 모아 보아도 성향을 대강 알 수 있지요.

원PD | 실제로 SNS를 가지고 사람의 성향을 얼마나 정확히 파악할 수 있는지에 관한 연구 결과가 있어요. 미국 조지아 대학의 로라 버파르디와 케이스 켐벨이란 학자가 2008년 발표한 〈나르시시즘과 소셜네트워크 사이트〉란 논문을 보면, 여러 사람들이 전혀 알지 못하는 한 사람의 SNS만 보고도 그 사람의 성향을 실제 아는 사람들만큼 거의 일관되게 추정해낸다는 사실이 증명되었다고 합니다. 또 SNS에 직접 올린 게시물 말고도 그 사람의 SNS 인맥이 있잖아요? 친구라든지, 팔로어라고 부르는, 그들이 얼마나 되고 어떤 사람들인지 분석을 해보면 그 사람의 성향을 알 수 있다고 해요. 그러니까 누군가의 인맥을 통해서 그 사람을 파악할 수 있는 방법은 크게 2가지가 있는 것이네요. 실제 그 사람을 잘 알고 있는 누군가를 통해 정보를 얻는 방법. 또 그 사람이 누구와 친하게 지내고, 자주 어울려 다니는지

그 인맥 자체를 분석해서 파악하는 방법. 어쨌든 인맥이란 잘만 활용하면 내가 남을 쓰기 위해서든, 나를 쓰이도록 하기 위해서든 아주 유용한 수단임에 틀림없습니다.

인맥, 실제로 얼마나 중요할까? – 인맥에 관한 연구들

김심리 | 제가 인맥에 대한 연구 결과를 몇 가지 조사해 왔어요. 우리가 모두 인맥이 중요하다고 생각은 하는데, 과연 실제로 얼마나 중요한 건지? 그리고 인맥은 어떤 특성들을 갖고 있는지 연구로 증명된 사실들부터 살펴보면 답을 찾아갈 수 있지 않을까요.

우선 인맥이라는 것이 실제로 얼마나 중요한가? 인맥이란 말하자면 인간관계니까, 개인의 행복에 있어서 인간관계가 중요하다는 것은 너무 당연한 사실이죠. 그런데 주관적인 행복 말고, 한 사람이 객관적인 성취를 이루는 데 있어서 인맥이 얼마나 중요한가? 이것에 대한 연구가 있어요.

첫 번째는 미국 카네기 연구소의 연구인데, 직업적 · 사회적으로 성공했다고 볼 수 있는 많은 사람들에게 "당신의 성공의 비결이 무엇이라고 생각하십니까?"라고 설문조사를 했더니, 가장 많은 사람들이 인간관계, 인맥이라고 대답했는데, 이 비율이 무려 85%나 되었대요. 자신의 기술이나 지식이 성공의 비결이라고 답한 사람은 15%밖에 되지 않았다고 합니다.

두 번째는 스탠포드 대학의 연구인데, 한 사람의 몸값. 예를 들어 연봉 같은 것이겠죠? 한 사람이 창출해내는 수익, 이것이 어떤 요소들로 구성되어 있는가 분석을 해 봤더니, 무려 87.5%가 그 사람의 인맥에서 비롯된 것이더래요. 그 나머지인 12.5%만 그 사람의 지식이나 기술에서 비롯된 가치라고 계산되었어요.

정철학 | 숫자가 비슷하게 나왔네요?

김심리 | 그렇죠, 그러니 그 통계에 더욱 신뢰가 가죠. 또 다른 재미있는 연구도 있는데, 한 사람의 몸값은 그 사람과 친한 친구 15명의 몸값의 평균과 같다는 연구 결과가 있습니다.

원PD | 오, 그럼 나 이재용이랑 친구할래!

서상담 | 이재용이랑 친구가 되면 원PD 님의 몸값이 확실히 올라가겠죠. 하지만 달리 생각해보면 원PD 님의 몸값이 훨씬 더 올라야 이재용이 친구해줄 가능성이 높아지겠죠?

김심리 | 이렇게 인맥이 중요한 것이기 때문에 유명한 사람, 잘 나가는 사람들은 친하게 지내고 싶어 하고, 친한 척 하려는 사람들이 주위에 우글우글하죠. 그런데 요즘은 세상이 바뀌어서 예전에는 말 한 마디 나눌 기회도 없었을 유명인들과 직접 소통할 수도 있는 방법이 생겼어요. 바로 SNS죠. 이 SNS를 통해 누군가는 수십만 명의 사람들과 관계를 맺습니다. 오프라인에서는 얼굴도 모르는 관계지만 SNS 상에서는 마음만 먹으면 직접 소통이 가능하죠. 주변에 사람들이 몰려드는 유명인이 아니라도 SNS 활동을 열심히 하고 잘하면 그에 못잖은 인맥을 만들 수 있어요. 이런 사람들이 새로운 형태의 '셀럽'이 되기도 하고요. 그래서 SNS 친구 숫자 늘리기에 목숨 거는 사람들이 요즘 많이 나타나요. 특히 어린 학생들이 그러는 경우가 많고요.

어디까지가 진정한 인맥일까? - 던바의 법칙

김심리 | 그런데 의문 또한 생깁니다. SNS 인맥이 과연 진짜 인맥인가? 나와 SNS 친구를 맺었다고 해서 실제로 내가 어려울 때 도움을 받거나 믿고 활용할 수 있는, 즉 의미 있는 관계인 것은 아니잖아요. SNS로 인해 사람이 맺을 수 있는 의미 있는 인간관계의 숫자가 늘어났을까? 한 사람이 맺을 수 있는 의미 있는 인간관계의 숫자에 한계가 있을까? 이에 대한 연구 결과가 또 있습니다. 영국의 문화인류학자인 던바 교수의 연구인데요. 이분이 '한 사람이 맺을 수 있는 의미 있는 인간관계의 수는 최대한 몇 명일 것이다.'라고 추정했습니다. 몇 명일지 맞춰 보실래요?

서상담 | 글쎄요…, 100명 안쪽이 아닐까요?

김심리 | 최대한 150명일 거라고 했어요. 한 사람이 아무리 발이 넓고 인간관계에 에너지를 쏟는다 해도 진정한 인간관계는 150명을 넘지 못한다는 것이죠. 이것을 '던바의 법칙'이라고 해요. 그런데 던바가 이 숫자를 추정한 근거가 재미있어요. 전 세계에 아직 남아있는 원시부족들 있잖아요. 문명화되지 않고 인류 태초의 모습을 그대로 유지하고 있는 원시부족 공동체들을 살펴보니, 그 규모가 평균 150명이라는 것이에요. 그 공동체는 SNS 같은 것도 없고 복잡한 사회구조도 없고, 한 마디로 서로 다 알고 지내야 유지되는 사이잖아요.

원PD | 그러니까 복잡한 조직화가 되어 있지 않은 원시 공동체의 경우 인

구가 150명 정도에서 끊긴다는 거죠?

김심리 | 그렇죠. 그 숫자가 넘어가면 서로 다 알고 지낼 수가 없으니까, 역할로만 맺어지는 관계가 되는 거죠.

서상담 | 원시부족의 경우는 숫자가 넘어가면 다른 공동체로 나눠지겠죠.

김심리 | 이 던바의 법칙이 요즘 SNS 시대에도 적용되나 봤대요. 그랬더니 SNS 친구가 뭐 천 명, 만 명을 넘어가도 그중 정기적으로 연락을 하는 사람의 숫자를 세어봤더니 역시 150명이 넘는 사람이 없었다는 거예요. 그래서 여기까지가 인간의 한계다. 인간의 본성상 의미 있는 인간관계의 수는 최대 150명이라고 결론지을 수가 있겠는데요. 여기서 중요한 교훈이 무엇이냐 하면, 좋은 인맥을 만들고 싶으면 쓸데없는 관계를 쳐내는 것도 중요하다는 사실이에요.

정철학 | 선택과 집중이 중요하다는 말이네.

선택과 집중이 중요해 – 파레토의 법칙

김심리 | 그렇죠. 이 선택과 집중에 대한 연구 결과도 있는데, '파레토의 법칙'이라고 들어보셨어요?

원PD | 그거는 인간관계뿐만 아니라 모든 분야에 적용되는 법칙 아닌가요? '2대 8의 원리' 맞죠?

김심리 | 맞아요! 이게 원래는 경제학의 논리에요. '2대 8의 원리'는 대부분의 분야에 핵심 소수인 20%와 사소한 다수인 80%가 나타난다. 그리고 전체 결과의 80%가 20%의 원인에서 나온다는 원리죠. 예를 들어서 어떤 사업체든 매출이 모든 사업 분야에서 고루 나오는 것이 아니라, 핵심 사업 20%에서 매출 80% 정도가 나온대요. 또 인구 전체의 20%가 전체 소득의 80%를 창출해낸다. 일상에서 적용되는 예를 보면, 보통 사람들은 옷장 안의 옷 중 20%를 80%의 횟수로 입는다. 생각해 보면 정말 대충 그렇지 않나요? 인맥에서도 이러한 원리에 따라 내 인맥의 20%가 내가 얻을 수 있는 이익의 80%를 만들어낸대요. 그러니까 그 핵심 소수 20%와의 관계에 집중하는 것이 유리하다는 얘기죠.

그럼 이 인간관계 핵심 소수 20%의 조건으로 무엇이 있을까요? 첫 번째로 좀 냉정한 얘기지만, 사회적 지위. 사회적 지위가 어느 정도 있는 사람이어야 나에게 유리한 인맥이 된다는 거죠. 두 번째는 인맥이 넓은 사람. 그 사람 자체는 가지고 있는 게 많지 않더라도 다른 사람을 많이 알고 있다면 내가 그를 통해 그 인맥을 활용할 수 있으니까요. 세 번째는 나에게 의미가 있고 존재 가치가 있는 사람. 다시 말해서 나를 좋아하고 나와 신뢰 관계가 있는 사람.

내가 알고 지내는 사람이 최대 150명 있다고 해서 그 사람들이 모두 나와 똑같은 관계를 갖고 있는 게 아니잖아요? 내게 좀 더 유익한 핵심 20% 인맥에 집중해야 할 텐데, 이것이 인맥 관리, 정리의 핵심이라 볼 수 있죠.

그런데 많은 분들이 잘 생각을 못하는 게 있는데, 무엇이든 정리를 하려고 하면 가장 먼저 해야 하는 일이 바로 버리는 일이에요.

서상담 | 요즘 정리 전문가라는 직업도 있는데, 그분들 말씀이 방 정리, 집 정리를 하려고 해도 제일 먼저 해야 할 일이 쓸데없는 걸 버리는 일이래요. 그게 제일 중요해요.

건강한 관계를 위해서는 버릴 줄도 알아야

김심리 | 학생들이나 사회 초년생들이 인간관계에 대해 고민하고 상담하는 내용을 보면 다름 아닌 이 버리기가 관건인 경우가 많더라고요. 어떤 관계에서 갈등이 있고 괴로움이 있을 때, 그 관계를 잘 이어가는 것도 중요하지만 실은 그 관계에서 벗어나는 것, 정리하는 것 말고는 답이 없을 때도 많아요. 왜냐면 건강한 관계란 기본적으로 상호적이어야 하거든요. 서로 도움을 주고받는 데 있어서 100% 정확히 계산할 수는 없어도 어느 정도 받는 만큼 돌려주려는 노력이 있어야 하고, 서로 그렇다는 믿음이 있어야 하는데, 사람에 따라서는 남한테 받아내기만 하고 그만큼 돌려주지 않으려는 성향의 사람들이 있거든요.

이에 대해서는 조금 뒤에 자세히 살펴볼 텐데, 아무튼 가까운 친구나 연인, 가족 관계라 해도 한쪽이 다른 쪽을 일방적으로 이용하고, 괴롭히고, 정서적으로 착취하는 관계가 분명히 있습니다. 권력이나 지위, 돈을 이용해 누군가를 억압하는 명백한 갑을 관계와는 다른 거예요. 힘이 아니라 상대방의 호의를 이용하는 것이죠. 나와 인간적인 관계를 맺고 있는 누군가가 나의 호의를 이용하여 나를 착취하고 괴롭힌다면, 이런 관계는 어떻게 해야 할까요?

원PD | 안 만나야지.

김심리 | 그렇죠! 이런 관계는 사실 안 만나는 것만이 답이에요. 나의 호의를 이용하는 것이기 때문에 내가 호의를 거둬버리는 것밖에는 해결책이 없거든요. 호의를 거둔다는 것이 어찌 보면 간단한 일인데, 실제로는 그리 쉽지만은 않습니다. 많은 사람들이 분명히 나를 이용하고 괴롭히는 상대인데도 불구하고 관계를 끊는 일을 매우 주저해요. 어린 친구들이 이런 문제로 고민하는 경우가 많지만, 실은 어른들에게도 쉬운 일은 아닙니다. 왜 그럴까요?

정철학 | 미안해서 그런 것 같아요. 내가 먼저 관계를 끊는 게 미안한 거죠.

김심리 | 맞아요. 상대방이 분명히 내게 큰 피해를 주고 있음에도 불구하고 관계를 끊는 걸 미안하게 여기는 경우가 많더라고요. 자신이 냉정하고 매몰찬 사람이 되는 것 같아서 그게 싫은 거죠. 하지만 실제로는 그보다도 이 사람과 관계를 끊으면 자신이 외로워질 것 같아서 주저하는 경우가 많아요. 이 친구가 별로고 나에게 피해만 주는 건 알겠는데, 당장 그 사람과 관계가 끝나면 허전하고 외로워질 것 같아 두려운 거예요. 그 말인즉 새로운 사람을 사귈 자신이 없는 거지. 말로는 그 친구한테 미안해서, 그 친구가 상처

받을까 봐, 라고 하지만 실은 스스로가 감당할 자신이 없는 거예요.

이런 식의 관계는 결코 건강해질 수가 없고요. 게다가 이렇게 나쁜 친구를 붙잡고 있는 사람은 다른 좋은 친구를 사귀기가 힘들어요. 왜냐면 거기에 너무 에너지를 많이 빨릴뿐더러, 괜찮은 친구는 그런 불건강한 관계에서 구르고 있는 사람들에게 가까이 오지 않거든요. 끼리끼리 논다는 말이 있잖아요. 좋은 사람은 이상한 사람한테 매달려 지지고 볶고 괴로워하는 사람에게 먼저 "내가 친구해 줄게."하며 천사처럼 다가오지 않아요. 그런 건 영화나 드라마에서나 나오는 얘기죠. 실제로 좋은 사람은 주변에 친구가 되고 싶어 하는 사람들이 많을 것이고, 그런 사람을 잡으려면 내가 먼저 가야 해요. 그런데 내가 그런 이상한 인맥에 시간과 에너지를 뺏기고 있으면 그럴 여력이 줄어들죠. 아까 버리지 않으면 정리를 할 수가 없다는 것이 이 말이에요.

서상담 | 채우기 위해 비워라.

김심리 | 특히 '평생친구' 따위의 말에 너무 집착하지 마세요. 물론 어릴 적 친구 영원히 가면 좋죠. 하지만 사람은 변해요. 나이를 먹어 가며 넓어지고 성장하는 사람이 있는가 하면, 점점 편협해지고 불건강해지는 사람도 있어요. 그리고 사실 어릴 적엔 뭣도 모르고 우연히 자주 보게 된 친구와 친해지는 경우가 많잖아요. 어른이 되어 진정한 자신을 찾게 된 뒤 만난 친구가 함께 한 시간은 짧아도 훨씬 더 서로를 잘 이해하고 성장시킬 수 있는 친구인 경우도 많아요. 내 수준과 내 성향에 맞는 친구를 새로 사귀는 것을 두려워하지 말아야 해요. 이것을 꼭 당부하고 싶습니다.

원PD | 맞아요. 저는 그것을 '시간의 밀도' 라고 부릅니다. 시간의 길이도 중요하지만, 밀도로 그것을 커버할 수 있죠.

김심리 | 아까도 얘기가 나왔지만, 요즘 SNS의 발달로 인간관계의 양상이 달라지고 있잖아요. 그런데 흔히들 하는 생각이 'SNS 친구는 진정한 친구가 아니다. 직접 만나본 적도 없고, SNS에서 보여주는 모습은 꾸며내기 쉬운데 어떻게 진정한 관계가 맺어질 수 있겠냐?' 하지만 저는 꼭 그렇지만은 않다고 생각해요. SNS에선 가짜 모습을 꾸며내기도 쉽지만, 실제로는 솔직한 모습도 많이 드러난다는 연구 결과를 아까 봤잖아요?
제 경험상 SNS를 통해 친해진 사이는 우연히 같은 학교를 다녀서, 같은 동네에 살아서 친해진 것이 아니라 취향이나 사고방식이 비슷해서 친해졌기 때문에, 서로 얼굴 한 번 보지 못했어도 어릴 적 친구들보다 오히려 더 잘 통한다는 생각이 들기도 하고요. 그런 사람과는 "오프라인에서 한 번 보자." 해서 만났을 때 신기하게도 오래 알던 사이 같고, 금방 친해지더라고요. 저는 이런 인연으로 만나서 정말 서로 솔직하고, 믿을 수 있고, 배울 것이 있는 좋은 관계로 발전한 경우가 많기 때문에, SNS도 잘 활용하면 충분히 좋은 인맥을 만드는 수단이 될 수 있다고 봐요. 이것이 바로 방금 말씀하신 '시간의 밀도'라는 것이겠죠?

좋은 인맥을 만드는 비법

원PD | 그럼 이제 좋은 인맥을 만들고 관리하기 위한 보다 구체적인 방법들을 알아볼까요? 저는 제가 강단에서 만나는 학생들에게도 늘 드리는 말씀, 가장 먼저 강조하고 싶은 얘기가 바로 '확률의 힘을 믿어라!'입니다. 이건 제가 경험으로 직접 확인해 보았기 때문에 자신 있게 드릴 수 있는 말씀입니다. 제가 예전에 다단계를 빡세게 했었거든요? 피라미드라고도 하죠. 대학 졸업하고서….

정철학 | 헐…, 충격 고백!

서상담 | 교수님, 왜 그러셨어요….

김심리 | 돈은 좀 버셨어요?

원PD | 아픈 데를 찌르고 그래. 돈은 못 벌었지만 인생에 대해 많이 배웠어요. 다단계를 하려면 일단 사람을 많이 끌어들이는 것이 관건이거든요. 그래서 아는 사람이란 아는 사람은 전부 다 꼬셔봤는데, 까이기도 많이 까이고, 전혀 뜻밖에 별로 친한 사이도 아니었는데 나를 믿어준 사람도 있고. 어쨌거나 아는 사람 리스트는 한계가 있으니까 금방 다 동나고, 이제 생판 모르는 사람들을 대상으로 영업을 하러 나가게 된 거예요. 명함을 인당 천 장씩 맞춰가지고, 거리로 나갔죠. 당시 다단계의 메카가 강남역, 사당역 이

런 데였거든요. 거기 나가서 아무나 붙들고 명함 천 장을 다 나눠줘야 하는 거예요. 다짜고짜 "안녕하십니까? 저희는 이런 사업을 하고 있습니다. 관심 있으면 연락 주십시오."하고.

처음에는 진짜 입도 안 떨어지고 절대 못할 것 같은데, 하다 보면 또 할 만해요. 거절당하는 것도 처음엔 엄청 머쓱한데, 한 30번 당하고 나면 아무렇지 않아집니다. 그렇게 천 장을 다 나눠줘야 일단 일이 끝나는 거예요. 그러고 나면 누군가한테 연락 올 것 같아요?

정철학 | 누가 그런 걸 받고 연락을 해?

김심리 | 연락을 하는 사람이 있긴 있겠죠? 그러니까 명함을 뿌리겠죠.

원PD | 정말 신기한 게, 연락이 온다니까요. 명함 천 장을 뿌리잖아요? 그럼 평균 세 명 정도에게 연락이 옵니다. 두 명이나 세 명, 그 숫자가 거의 일정해요. 그게 참 신기해. 천 장을 다 뿌리고 나면 바로 다음날은 아니고, 약 일 주일 정도 시차를 두고 반드시 두세 명 정도에게 연락이 옵니다.

김심리 | 확률이 매번 비슷하다는 얘기죠?

원PD | 그렇죠. 전혀 연관 있는 사람들이 아니고, 나는 무작위로 명함을 천 장 뿌렸을 뿐인데 그중의 평균 두세 명은 관심을 가진다는 거예요. 그 사람들을 붙들고 꼬셔서 사업을 하게 만드는 것은 나의 역량이에요. 내가 얘기를 잘 해야 해요. 하지만 우리 사업에 관심 있는 사람을 만나게 되는 것

은 오로지 확률의 힘이에요. 무조건 명함 천 장을 뿌려야 두세 명을 만날 수 있게 되는 것이죠. 저는 이때 확률의 힘을 확실히 실감했어요. 그래서 결심했죠. 내가 원하는 상대를 만나려면, 무조건 많이 만나봐야 한다. 그래야 만날 확률이 올라간다.

일단 많이 만나라 – 확률의 힘

원PD | 제가 이 확률의 힘을 깨닫고 나서는 세상사에 두려움이 많이 없어졌어요. 제가 대학교수 임용을 준비할 때도 그랬어요. 저는 영어 전공인데 유학을 다녀오지 않았거든요. 영어 전공에 국내박사는 아무래도 경쟁력이 떨어진단 말이에요. 그래서 제가 생각한 것이 '유학파 박사는 원서를 몇 군데 정도 쓸까? 많이 쓰면 한 30군데 쓰겠지. 그럼 난 무조건 곱하기 3으로 간다.' 이렇게 결심하고 진짜 남들 세 배, 원서 90개까지는 쓸 각오하고 채용공고 나는 데마다 다 넣었어요. 떨어지고 또 떨어지고, 무려 78번을 떨어지다가 79번째 지금 저희 학교에 채용이 된 거예요.

정철학 | 와, 저도 교수임용 굉장히 여러 번 떨어졌다고 생각했는데…. 정말 저의 세 배 숫자네요. 79번 도전하신 것 자체로 정말 대단하신 거라고 생각해요.

원PD | 네, 제가 확률의 힘을 믿게 되고 나니까 확실히 도전하는 데 있어서도 여유가 생기고, 인간관계에 있어서도 전전긍긍하지 않고 누구 하나 떠

나간다 해도 또 새로운 사람 만나면 되고, 새로 만나는 사람들 중에 더 좋은 사람이 있을 것이라는 희망이 있기 때문에 자신감이 생기고 그렇게 되었어요.

김심리 | 또 하나 중요한 게 뭐냐면, 지금 계속 기존의 관계에만 연연하지 말고 새로운 사람을 만나는 것이 중요하다, 그런 얘기를 하고 있잖아요? 그런데 새로운 사람을 만나면 그중에 더 좋은 사람이 있을 수 있다는 사실도 중요하지만, 그보다 새로운 사람 만나는 것을 두려워하고 이미 맺은 관계에만 매달려 있으려고 하는 사람은 주변에서 점점 소홀히 여기게 되더라고요. 그 주변 사람들이 특별히 나쁜 사람들이 아니라도 그렇게 돼요. 어떻게 보면 웃긴 건데, 사람 마음이 간사한 게 슬프지만, 어쩔 수 없는 현실이잖아요? '얘는 어차피 우리 아니면 놀아줄 사람 없어. 우리가 어떻게 대해도 관계를 끊을 수 없어.'란 생각이 들면 점점 함부로 대하게 돼요.
그런데 어떤 친구가 나에게 정말 신의 있게 대하지만, 보면 항상 새로운 사람들 만나고 있고, 어디서 또 새로운 친구 사귀었고, 그중의 어떤 친구가 못되게 굴었더니 단호하게 끊어 버렸다. 그런 일들을 보게 되면 긴장감이 생겨서, 더욱 그 친구에게 신경 쓰고 잘해주게 됩니다. 이런 태도 자체가 나의 값어치를 높여 주는 것이죠. 이미 맺어진 관계에만 집착하는 태도는 나를 알고 잘해주는 사람에게도 좋은 영향을 주지 못해요. 그러니까 저는 새로운 사람을 자꾸 만나려는 태도가 중요하다고 다시 한 번 강조하고 싶습니다.

새로운 사람을 만나라 – 고인 물이 썩는다

원PD | 건강하지 못한 관계는 과감히 정리해야 한다. 그러기 위해서는 새로운 사람을 적극적으로 만나야 한다. 새로운 만남은 두려운 일이지만 확률의 힘을 믿어라! 또 좋은 인맥을 만들고 유지하기 위한 실천 요령은 무엇이 있을까요?

서상담 | 제가 인맥 관리에 성공하는 사람들과 실패하는 사람들의 공통된 특징을 정리한 자료를 구해 왔어요. 인맥 관리에 성공하는 사람들의 특징을 먼저 살펴볼게요. 첫 번째, 약속을 잘 지킨다. 큰 약속은 물론이고, 작은 약속까지도. 신의를 지켜야 하는 것은 인간관계의 기본이죠? 그리고 두 번째는 모임을 주재한다. 누가 만나자고 할 때까지 기다리는 것이 아니라 스스로 먼저 만남을 청하고, 주도적으로 사람들을 모이게 하는 사람이 인맥 관리에 성공한대요. 셋째는 윗사람들과 잘 어울린다.

정철학 | 그건 참 힘든 일인데….

서상담 | 그렇죠. 하지만 윗사람이라 할 수 있는 분들은 아무래도 가진 것이 비교적 많은 분들이니까, 좋은 관계를 맺을 수 있다면 인맥 관리에 큰 도움이 될 수 있겠죠. 네 번째 특징은 베풀기를 즐긴다. 베푸는 사람 곁에 사람들이 모여드는 것은 당연한 일이겠죠?
반대로 인맥 관리에 실패하는 사람들의 특징을 볼게요. 첫 번째는 작은 일을 무시한다. 두 번째, 절대 남에게 먼저 만나자고 하지 않는다. 셋째, 자기 말만 하고 상대방의 말을 주의 깊게 듣지 않는다. 넷째, 남의 약점을 지적하기 좋아한다. 이런 사람은 주변에 사람들이 없죠. 다섯 번째, 아는 척, 있는 척을 많이 한다. '척'을 잘하면 처음엔 사람들이 모여들지 몰라도 오래는 못 가죠. 금세 들통나게 돼 있거든요. 신용도 무너지고.

김심리 | 지금 서상담 님께서 말씀해주신 내용을 쭉 분석해 보니까 결국 키워드는 두 가지인 것 같네요. 첫 번째는 자기중심적으로 굴어서는 인맥 관리를 할 수 없다. 너무 당연한 얘기죠? 나보다 다른 사람의 입장을 배려해야 좋은 관계를 맺을 수 있죠. 그리고 두 번째는 인맥 관리를 위해서는 투자를 해야 한다. 첫 번째는 많은 사람들이 신경 쓰는데, 두 번째 투자의 필요성을 놓치는 경우가 많은 것 같아요.

인맥에도 '투자'가 필요해

김심리 | 인맥을 관리하는 데는 투자가 필요하다. 내가 먼저 내 시간과 에너지를 쏟아야 한다. 다른 사람들과 관계를 맺으려면 꼭 무슨 도움을 주고 그런 게 아니라도 그냥 만나는 일 자체로 돈과 시간이 들거든요. 돈 제일 아끼려면 매일 혼자 집에서 밥 해먹고 지내면 돼요. 일단 나가서 누굴 만나고 하려면 돈을 쓰게 되어 있어요. 그러니까 실제로 금전적 여유가 없는 사람은 인맥을 쌓기가 힘들어요. 사회 초년생들의 경우 여유가 없기 때문에 인맥 쌓기가 어렵다는 점을 우리가 이해를 해야 하고, 그들의 여가 생활이나 사교 활동이 단순히 노는 게 아니라 사회적 자산을 쌓기 위한 활동

으로 인정하고 지원을 해 줘야 해요.

그러나 어쨌든 기본적인 생계를 유지하고 남는 여유가 얼마라도 있는 사람들이라면 그걸 어디다 지출할지는 본인의 선택이거든요. 내가 삶에서 무엇에 가치를 두는가에 따라 지출의 우선순위가 정해지죠. 제가 주변에서 보면 사람 만나고 다니는 데 돈 쓰는 걸 아깝다고 여기는 분들이 많아요. 그런데 또 그런 분들이 인맥 좋은 친구들을 부러워하면서 자기 주변에 사람 별로 없고, 외롭고, 무슨 일 있을 때 도움 받을 사람도 없고 하면서 고민을 해요. 그건 자기 선택의 당연한 결과인데 말이죠.

물론 투자라는 것은 반드시 그 이상 돌려받을 수 있다는 보장이 없는 것이니까, 대박이 난다 해도 언제 날지 기약이 없고, 최악의 경우 완전히 날릴 수도 있는 것이기 때문에 고민이 되는 것은 당연하죠. 하지만 투자 없이는 아무것도 건질 수 없습니다. 그것은 확실해요.

서상담 | 인맥에 투자의 측면이 있기는 하지만, 꼭 거기서 무엇을 얻어내야 겠다는 생각보다는 관계 자체를 소중히 여겨야겠죠. 좋은 관계에서 오는 행복은 계산할 수 없는 것이잖아요?

원PD | 그렇기는 하지만 앞서도 이야기가 나왔듯이 세상에는 남의 호의를 이용해 먹기만 하는 사람들이 꽤 있잖아요. 누구나 한 번씩은 당해 보셨을 거예요. 그러니까 인간관계에 무작정 투자하다 보면 '호인'이 아니라 '호구'가 되어버리는 것 아닌가 하는 두려움이 앞서는 것도 당연하겠죠. 남에게 퍼주기만 한다고 관계가 좋아지는 것도 아니에요. 그리고 나의 에너지에는 한계가 있고요.

하지만 관계에 있어 일일이 계산하는 것도 피곤한 일일뿐더러, 그런 태도로는 진실한 관계를 맺을 수도 없습니다. 어떻게 하면 '호구'가 아닌 '호인'으로 살 수 있을까요? 많은 분들이 고민하는 문제일 겁니다.

호구인가, 호인인가? – GIVER 이론

원PD | 제가 여기 가이드를 줄 수 있는 연구 결과를 하나 소개할게요. 'GIVER 이론'이라고 합니다. 세계 최고의 경영대학 와튼 스쿨의 애덤 그랜트 교수가 쓴 〈GIVE AND TAKE〉라는 책에서 읽었어요. '기브 앤 테이크' 우리말로 하면 '주고받기', 좀 더 의역하면 '준만큼 받는다', '가는 게 있어야 오는 게 있다' 정도 되겠죠?

GIVER 이론에 의하면 인맥을 맺는 양상에 따라 사람을 3가지 성향으로 나눌 수 있대요. 첫째는 GIVER(기버), 주는 사람이란 뜻이죠. 이 사람들은 남에게 주는 것을 좋아하는 성향입니다. 그래서 먼저 남에게 잘해주고, 부탁을 받으면 상대가 누구든 최대한 도와주려 하고, 남에게 뭘 받으면 그 이상 돌려주려고 하는 사람들이죠. 반대로 TAKER(테이커)는 자신의 이익을 늘 우선시하고, 남에게 주는 것보다 더 받아내려고 하는 사람들입니다. 세 번째로 MATCHER(매처)가 있어요. 'MATCH'라는 단어는 '맞추다'란 뜻이 있잖아요? 남한테 준만큼 받고, 받은 만큼 주려고 하는 사람들입니다. 이 기준에 따라 성향을 분류한 수많은 영업사원들을 대상으로 직업적 성취도를 조사했습니다. 그랬더니 가장 낮은 실적을 올린 사람들이 어느 성향의 그룹에 있었게요?

서상담 | TAKER 아닐까요? 그런 사람들은 비호감이니까….

원PD | GIVER 였어요.

김심리 | 퍼주기만 하니까 실적이 안 났군요.

원PD | 그렇죠. 예를 들어 보험 판매원이다. 친구한테 보험 영업을 한다 하면 TAKER는 이런 식이에요. "야, 네가 든 보험 그거 별로야. 끊고 내 걸로 새로 계약해." 그런데 GIVER는 이렇게 말해. 상대방의 입장을 우선 고려해서 "네 보험도 좋은 거야. 내가 운영하는 상품이랑 성향은 비슷해. 그걸 계속 써도 좋은데, 만약 다른 도움이 필요하다면 연락 줘."

정철학 | 그건 영업사원의 자세가 아닌데.

원PD | 그러니까 실적이 안 날 수밖에 없는 거예요. GIVER는 호구 잡히기도 쉽죠. 남의 사정을 되도록 다 봐주려고 노력하니까 자기 이득을 챙길 여력이 없지. 그래서 영업사원 실적 하위 20% 중에 GIVER가 제일 많았대요. 그렇다면 실적이 좋은 상위 20% 중에는 어떤 성향의 사람들이 제일 많을까? 봤더니, 맞춰 보세요.

서상담 | MATCHER가 아닐까요?

김심리 | 그것도 GIVER일 거예요.

원PD | 네, 실적 상위 그룹 중에도 GIVER의 비율이 가장 높았어요.

김심리 | 왜냐면 아까 그 보험 영업사원 있잖아요. 내가 당시에는 그 사람한테 보험을 안 들지라도, 그 후에 어떤 보험이 필요하다 하면 그 사람한테 연락할 거거든. 다른 사람도 소개시켜 주고.

정철학 | 믿음이 가고, 도와주고 싶은 마음이 들잖아요.

원PD | 그러니까 이 GIVER들은 손해를 볼 가능성도 크지만 성공할 확률도 크다는 것이 증명된 것이죠. 이게 임계점이라는 게 있는 거지. 남에게 계속 퍼주니까 어느 선까지는 손해가 날 수밖에 없는데, 이것이 신용이 되고 호감이 되고 그래서 일단 터지기 시작하면 줄줄이 터지는 것이죠.

그리고 이 GIVER들은 자연스레 인맥도 넓어질 수밖에 없어요. 아주 친하고 잘 알고 지내는 사람들 말고 그냥 안면 정도 있는 사람들하고도 좋은 관계를 맺고, 필요할 때 서로 도움을 주고받는 관계가 되기 쉽다는 것이에요. 왜냐면 남에게 베풀기를 좋아하니까, 만약 한동안 연락이 끊겼대도 GIVER가 잘해준 기억이 마지막이었을 가능성이 높단 말예요. 그런 상황에서는 몇 년 만에 연락이 되어도 어색하지 않고, 상대가 반가워하게 되어 있죠.

정철학 | 우리 서상담 님이 GIVER라서 그렇게 주변에 사람이 많군요.

서상담 | 네, 저는 좀 GIVER에 가까운 것 같아요. 우리 정철학 님은요?

정철학 | 난…, TAKER인가?

김심리 | 에이, 아니에요. 우리 나머지는 다 MATCHER인 것 같아요. 정이 엄청 많은 사람들은 아니지만, 그래도 할 도리는 하는 사람들이죠.

원PD | 맞아요. MATCHER만 해도 주변에서 '할 도리는 하는 사람'이라고 생각하기 때문에 오랜만에 연락해도 말만 잘하면 도움을 받을 수도 있어요. 그런데 TAKER는 어떨까요? 늘 남에게 받아낼 궁리만 하는 사람은 주변에서 어떻게 생각하겠어요?

김심리 | 이기적인 사람. 얄밉고 얍삽한 사람.

정철학 | 이 인간 때문에 내가 손해 봤다.

원PD | 그렇죠. 그런 사람한테 몇 년 만에 갑자기 연락이 왔다고 해 봐요. 그럼 다들 이렇게 생각하겠지. '이 인간 다단계 하나? 아니면 결혼하니까 축의금 내라는 건가 보군.'

다 같이 | 맞아, 맞아!

원PD | 그런 연락을 받은 사람들은 그나마 남아 있던 TAKER의 연락처를 지워 버리겠지. 아니면 수신거부 설정하든가. 그러니 넓은 인맥, 좋은 인맥을 가질 수가 없는 거예요. 당장은 약삭빠른 TAKER가 이익을 볼 수 있

겠지만, 본인은 잘 몰라도 결국 공동체 안에서 평판이 안 좋아지기 때문에 장기적으로는 불리하다는 거예요.

물론 GIVER가 TAKER에게 딱 걸리면 장기적으로 쪽쪽 빨릴 가능성도 있어요. 그런데 여기 또 MATCHER라는 존재도 있죠. 받은 만큼 주고, 준만큼 받겠다는 사람들. 사실 이게 보통 사람들이잖아요. 실제로 MATCHER의 수가 가장 많대요. 그런데 이 MATCHER들이 바로 TAKER 잡는 선수들이라는 거! 이 사람들은 한두 번은 TAKER에게 당할지 몰라도 길게는 절대 당하고 있지 않습니다. 얄짤 없이 되돌려준다는 거예요. 반대로 GIVER를 확실히 챙겨주죠. 이런 사람들의 숫자가 많기 때문에 결국 GIVER가 크게 성공할 확률이 가장 높다는 거죠.

승자가 되는 법 – 먼저 주되, 받은 만큼 돌려줘라!

김심리 | 하지만 어쨌거나 GIVER 성향은 양날의 칼이에요. 성공하지 못할 확률도 제일 높죠. 그래서 추가 연구를 진행하여 성공한 GIVER들과 그렇지 못한 GIVER들 사이에 어떤 차이가 있는지 살펴봤대요. 그랬더니 성공한 GIVER들은 언제나 무조건 GIVER의 태도를 갖기보다는 TAKER를 만났을 때는 MATCHER의 자세로 대하고, MATCHER나 같은 GIVER를 만났을 때는 아낌없는 GIVER의 자세로 대하는 특성이 있더래요.

서상담 | 그게 성공의 비밀 열쇠군요!

김심리 | 네, GIVER 이론과는 별개로 이런 전략이 가장 효과적이라는 사실을 입증한 실험이 있는데요. '게임 이론'이라는 것이 있어요.

게임 이론

경쟁 상황에서 상대의 반응을 고려하여 자신에게 가장 유리한 선택을 내리는 의사결정 과정을 연구하는 경제학, 수학 이론.

게임 이론에는 여러 가지 있는데, 이중 '팃포탯(Tit for tat)' 전략이라는 것이 있어요. 어떤 상대와 협력 또는 배신을 선택할 수 있는 상황이 반복해서 오는 게임이에요. 상대는 계속 바뀌지만, 같은 상대를 다시 또 만날 수도 있어요. 양쪽이 다 협력을 선택하면 함께 작은 점수를 얻게 돼요. 내가 협력을 선택했는데 상대가 배신을 선택하면 나는 큰 감점을 당하고 상대는 큰 점수를 얻고요. 둘 다 배신을 선택하면 둘 다 점수를 얻지 못해요. 상대를 믿고 함께 협력을 선택하는 것이 가장 안전한 선택이겠지만, 상대가 자기 이익을 노리고 배신할 가능성도 있으니까 불안하죠.

이 게임을 여러 번 반복하면서 어떤 전략이 최종적으로 가장 높은 점수를 받는지 실험해 봤대요. 그랬더니 가장 성공적인 전략은 '먼저 협력을 제안하되, 상대가 협력하면 계속해서 협력하고, 상대가 배신하면 곧바로 보복한다'는 전략이었대요. 사실 꽤나 단순한 전략인데, 많은 실험에서 가장 높은 승률을 기록했고, 이를 넘어서기 위해 수많은 복잡한 전략들이 고안되었지만 모두 그만한 승률을 내지 못했다고 해요.

그러니까 인간관계에서도 상대에게 먼저 호의를 베풀되, 그 호의를 이용한다고 판단되는 사람에게는 단호하게 대처하고, 호의를 호의로 갚는 상대와는 좋은 관계를 유지하는 것이 최종적으로 가장 성공하는 원칙이라 볼 수 있는 거죠.

원PD | 그것은 GIVER와 MATCHER의 중간쯤 되는 것 같은데요?

김심리 | 그렇죠. GIVER 성향은 타고나는 것이기 때문에 일부러 바꾸기는 어려워요. 하지만 우리 같은 보통 사람 MATCHER도 여기서 얻을 수 있는 교훈이 있죠. 아까 좋은 인맥을 쌓으려면 먼저 베풀어야 한다고 했잖아요? 나의 호의를 이용만 하는 게 분명한 사람에게도 계속 베풀기만 한다는 것은 좋은 전략이 아니에요. 하지만 돌려받지 못할까 봐 먼저 베풀지 못하는 것 또한 좋은 전략이 아니죠. 돌려받지 못하면 베풀기를 중단하는 한이 있더라도 내가 먼저 베풀어야 해요. 그래야 나에게 도움이 되는 좋은 사람들을 만날 수 있죠.

정철학 | 말만 봐도 그래요. 우리말로도 '주거니 받거니'지, '받거니 주거니'가 아니잖아요. 영어로도 'give and take'지 'take and give'가 아니고. 무조건 주는 게 먼저에요.

김심리 | 게다가 인간관계는 플러스 마이너스 제로로 딱 떨어지는 산수가 아니란 말예요. 누가 더 주고 덜 받고를 떠나 인간은 혼자 살 수 없는 존재이기 때문에, 남들과 다양하게 교류해야 나에게 필요한 것도 얻고 배움도 얻고, 나의 세계가 넓어지는 것이거든요. 그런데 손해 볼까 봐 먼저 베풀지 않는 사람은 결코 좋은 관계를 쌓을 수 없어요.

원PD | 베풀고 나서 쿨하게 잊어야 해. 베풀어 놓고 이게 언제 갚나 계속 지켜보고 있자면 그것도 피곤하고, 주변 사람들이 다 알아채요. 너무 안 돌아오면 그냥 다음엔 안 주는 한이 있더라도 이미 준 게 아까워서 동동거리고 있는 태도는 좋지 않아요. 저도 처음에는 잘 안 되었는데 베풀고 쿨하게 잊는 것, 이것도 연습하다 보면 됩니다.

김심리 | 그런데 이 팃포탯 전략을 현실에 적용할 때 좀 어려운 부분이 있긴 해요. 뭐냐면 배신한 상대에게 확실히 보복을 해준 다음에는 그 상대가 다시 협력하자고 할 경우 기꺼이 손을 잡아야 한다는 점이에요. 배신에 대한 대가를 치러 봤으니 내가 호구가 아니란 사실은 깨달았을 테고, 마음 고쳐먹고 다시 잘해봐야겠단 결심을 했을 수도 있잖아요? 하지만 현실에서는 배신과 보복이 있었던 관계를 회복하기란 쉽지가 않죠. 마음 상하고, 믿음 깨지고, 보복이 더 큰 보복으로 돌아올 수도 있으니까요.

하지만 실제로 뭐 그렇게 대단한 배신이 아니었다면, 그리고 상습적인 배신이 아니라면, 내가 '호구'가 아님을 분명히 보여준 뒤에는 넓은 마음으로 다시 한 번 기회를 주는 것도 내 인간관계를 넓고 단단하게 만드는 데 도움이 될 거예요. 이기주의자들에게 끌려 다니지만 않는다면 먼저 베푸는 게 길게 봐서 손해 볼 일 없다는 사실이 많은 연구를 통해 증명되었잖아요. 나의 성공적인 인맥 관리를 위해 이제 용기를 내 봐도 좋지 않을까요?

🎯 활동해보자!

나의 친구관계 분석해보기

친구의 단계

A단계 자주 연락하며 나의 비밀이나 고민을 터놓고 서로의 생각과 감정을 충분히 나눌 수 있는 친구

B단계 A단계만큼 가깝지는 않지만 공통된 관심사를 가지고 있으며 어느 정도 서로 마음을 털어놓을 수 있는 친구

C단계 평소 그리 가깝게 지내지는 않지만 상황이 맞으면 잘 어울릴 수 있는 친구

D단계 특별히 친근감은 없으며 그냥 아는 사이

생각나는 친구들을 모두 각 단계별로 분류하여 다음 표 안에 이름을 적어 봅시다.

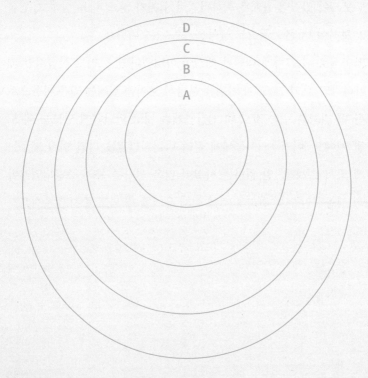

표를 보며 나의 친구관계에 대해 생각해 봅시다.

질문 1 나의 친구관계에 어느 정도 만족하나요?

전혀 만족하지 않는다	별로 만족하지 않는다	그저 그렇다	어느 정도 만족한다	매우 만족한다

질문 2 나의 친구관계에 대해 만족스럽지 않은 점이 있다면 어떤 점인가요?

질문 3 현재 A, B단계 친구들의 숫자에 만족하나요? 혹시 대부분의 친구들이 C, D단계에 머물러 있지는 않은가요?

질문 4 각 단계의 친구들을 내가 어떻게 대하고 있나요? 한두 명의 가까운 친구들에 너무 의존하고 있지는 않은가요? 혹은 가까운 친구들이 편하다고 소홀히 대하고 있지는 않나요? 반성할 점은 없는지 생각해 봅시다.

질문 5 단계를 바꾸고 싶은 친구가 있다면 누구인가요? 그러기 위해서 노력해야 할 점이 있다면 무엇일까요?

- -

- -

- -

질문 6 단계가 이전과 달라진 친구가 있다면 누구일까요? 그 과정에서 어떤 일들이 있었고, 어떤 마음이 들었나요? 내가 반성할 점이 있나요?

- -

- -

- -

질문 7 이밖에 내 친구관계의 특징은 무엇이 있나요?

- -

- -

- -

질문 8 나의 친구관계를 더 좋게 만들기 위해서는 어떤 노력을 해야 할까요?

- -

- -

- -

공감 못하는 사람들

원PD | 오늘의 주제는 '공감'입니다. 요즘 공감이 화두인 것 같아요. 사회적으로 심각한 문제가 되고 있는 갑질, 왕따, 성폭력부터 작게는 가정불화나 친구 사이의 갈등까지 공감 부재가 중요한 원인으로 지적되고 있거든요. 요즘 사람들이 점점 공감능력이 떨어져서 문제라는 이야기도 있고, 실제로 그런지는 모르겠지만, 어쨌든 우리 모두는 다른 사람과 어울려 살아야 하니까 공감능력이 중요한 것은 틀림없죠.

그래서 이 공감능력이란 어떤 특성을 갖고 있고, 이에 관련된 문제를 어떻게 해결해야 하는가? 본격적으로 살펴보기 전에 우선, 우리 인성역전 패널 여러분들은 스스로 공감능력이 뛰어나다고 생각하시나요?

서상담 | 전 아무래도 상담을 업으로 삼고 살아가는 사람이다 보니, 제가 공감능력이 뛰어나다고 자신 있게 말은 못하겠지만, 직업적으로 필요한 능력이다 보니 노력을 많이 하죠.

김심리 | 우리 서상담 님 소통과 공감의 아이콘 아니십니까. 공감 잘해주시죠. 남의 얘기도 잘 들어주시고.

정철학 | 저는 반대에요. 남의 말을 들으려고 하는 것보다 얘기해 주기를 좋아하는 성격이라. 누가 저한테 무슨 얘기를 하면 자꾸 말 끊고 "그게 그런 게 아니고~" 하면서 가르치려고 해요. 남의 말이 비논리적이거나 비약이

심하거나 하면 그걸 그냥 못 넘어가고 자꾸 지적하게 되는 거야. 그러다 보니까 공감대가 잘 형성이 안 되는 것 같아요.

김심리 | 저도 공감능력이 굉장히 떨어지는 편이에요. 옛날부터 스스로 알고 있었어요. 어릴 적부터 저는 감정이 굉장히 둔하고, 감정이 뭔지 사실 잘 몰랐다고 할 수 있을 정도로…. 지금도 머리로만 알지 실제로 느껴지지 않는 것들이 많아요. 다른 사람들이 감정적으로 행동하는 것이 전혀 이해가 되지 않았어요. 그러니 오해도 많이 사고, 갈등도 있었지만, 한편으로는 그게 무척 흥미롭고 신기하기도 했어요. 그래서 어릴 적부터 사람들을 관찰하는 버릇이 들었던 것 같아요. 심리학 같은 학문에 관심도 갖게 되고. 그렇게 공부를 한 덕분에 지금은 많이 이해를 했어요. 그냥 머리로 이해하고, 배운 대로 읽는 거죠. '보통 사람들은 이런 상황에서 이런 감정이 되지. 저런 행동을 하는 것은 저런 감정 때문이지.' 하지만 여전히 순간적으로 캐치는 잘 못해요. 느껴지진 않으니까.

원PD | 저도 비슷합니다. 공감을 진짜 못해요. 그래서 다른 사람이 어렵거나 힘든 일이 있어서 제가 위로를 한다고 해 줘도, 그 사람이 그걸 진심으로 느끼지 못한다는 경우가 많습니다. 공감을 하면 그 사람의 어려움이 어느 정도 나한테도 느껴질 텐데, 저는 솔직히 말로만 위로하지 속으로 '그게 그렇게 큰일이야?' 할 때가 많아서요.

김심리 | 여기 공감능력이 좋은 분은 한 분밖에 없네요.

원PD | 그러게요. 그럼 공감의 아이콘 서상담 님! 공감능력이 부족해서 문제가 되는 상담 사례가 많이 있나요?

서상담 | 굉장히 많죠. 사실 부부관계나 친구관계, 모든 인간관계에서 일어나는 문제들은 대부분 공감능력 결여에 주 원인이 있다고 보면 돼요. 그중에서도 굉장히 비극적인, 왕따로 인한 자살 사건에 대해 이야기해 드릴게요. 얼마 전 한 대학생이 스스로 생을 마감했는데요. 사실 심하게 따돌림이나 괴롭힘을 당한 일은 없었어요. 다만 그 친구가 심적으로 무척 힘든 일이 있어서 주변에 이야기를 했는데, 그 누구도 공감해 주고 지지해 주지 않았다는 거예요.

그 친구가 남긴 유서에 이런 내용들이 있었어요. 어떤 친구도 자신의 문제에 공감해주지 않았고, 심지어 교수님에게마저 "나도 네 나이 때 비슷한 일이 있었다. 하지만 잘 이겨냈으니까 내가 여기 있지 않겠냐?"라는 충고밖에 듣지 못했다는 거예요. 단 한 사람이라도 "힘들었겠구나. 괜찮아?"라고 말해줬다면 자신이 극단적인 생각을 하지 않았을 거라고 했대요.

원PD | 그런데 저는 그 얘기를 듣다 보니까 든 생각이, 그 누구도 자신의 얘기에 공감해주지 않았다고 한다면, 그 내용 자체가 남들의 공감을 받을 수 없는 내용이었거나, 아니면 공감 받을 수 없는 방식으로 전달한 것이 아닐까요?

서상담 | 그랬을 수도 있겠죠.

이런 게 바로 제가 공감능력이 떨어진다는 증거겠죠? 누가 공감을 못 받았다는 이야기를 들으면, '아, 힘들었겠다. 안 됐다.'란 생각보다는 '왜 공감을 못 받았을까? 이유가 있을 텐데.'라는 생각이 먼저 드는 거죠.

공감도 스킬(skill:기술)이다

김심리 | 저의 분석은 이래요. 그 사연의 주인공은 결국 극단적인 선택까지 했다니까, 아무래도 심각한 정신적 문제가 있었을 가능성이 높아요. 그런데 대학생 나이 때만 해도 사실 다들 대인관계 스킬이 서투르단 말이에요. 저도 제 대학생 때를 돌아보면, 친구가 고민이라고 이야기할 때 '참 별것도 아닌 것 가지고 징징대네.'라고 생각한 적이 많았거든요. 실제로 이 친구가 정신적인 문제가 있었다고 한다면, 그 친구가 고민이라고 얘기하는 내용들이 보통은 공감하기 어려운 부분들이 많았을 거예요.

물론 그렇다고 해도 고민의 비합리성을 지적하거나 해결책을 제시해 주는 것보다는 무조건 "그렇구나, 힘들겠다."라고 답해주는 것이 좋은 상담자의 태도이죠. 내가 전혀 공감할 수 없는 고민에 이렇게 답해주기는 참 힘들어요. 하지만 마음에 없어도 일단 이런 말을 먼저 던져주는 것만으로도 위로의 효과가 있고, 꼭 객관적인 충고를 해야겠다면 그 뒤에 하는 것이 대화가 훨씬 잘 풀립니다. 보통 자기 문제는 스스로가 가장 잘 알고 있어요. 해결책이 아니라 공감과 위로를 원하는 것이죠.

저도 공감능력이 떨어지다 보니 이런 말을 참 못하는 사람이긴 한데, 꼭 필요한 스킬이라는 것을 깨닫고 습관으로 만들려고 오랫동안 노력을 하다 보니 조금 나아졌어요. 공감 능력이 떨어지는 사람이 항상 마음에 새기고 있어야 하는 생각 중 하나가 '그 사람이 그렇다면 그런 줄 알아라.' 이거 거든요? 아무리 내 생각엔 이해가 안 가도 어차피 사람마다 성향도 사정도 다른 것이니까, '그렇다면 그런가 보다.'하고 "그렇구나."라고 맞장구 쳐주는 태도가 필요해요.

하지만 이것은 대인관계에 경험도 쌓이고 많은 시행착오도 겪고 하다보면 갖춰지는 것이죠. 대학생들은 아직 어려요. 자신이 공감하지도 못하는 문제에 대해서 따뜻하게 답해줄 수 있는 친구는 아마 드물 거예요. 만약 공감능력 뛰어나고 위로를 잘 해주는 친구가 있다면, 그런 친구는 이미 사연의 주인공에게 탈탈 털렸을 거예요. 아무리 공감을 잘하고 사랑이 많은 사람이라도 계속해서 남의 감정을 받아주다 보면 지치거든요.

그러니까 아마 그런 친구는 지쳐서 나가 떨어졌고, 다른 친구들도 질려서 다 쉴드를 치고, 그런 상태에서 결국 교수님에게까지 간 것이 아닐까 싶은데…. 저는 친구들은 나이와 경험의 한계 때문에 어쩔 수 없다고 보는데, 교수님의 대응은 좀 아쉬워요. 그래도 어른인데, 교수님이라도 거기서 말씀을 잘해주셨으면 좋았을 텐데. "야, 나도 힘들었는데 잘 이겨냈어." 이거야말로 정말 공감능력 떨어지는 꼰대의 전형 아닐까요.

원PD | 죄송합니다.

김심리 | 만약 이 친구가 주변에서 정서적으로 지지도 좀 받고, 비교적 건강한 친구였다면 교수님의 그런 따끔한 충고도 약이 되었을지 몰라요. 하지만 멘탈이 약하고 병들어 있는 사람에겐 그런 충고가 전혀 도움이 되지 않죠.

서상담 | 저도 사실 상담을 하다 보면 "그건 아닌데…" 이렇게 말하고 싶을 때가 많아요. 하지만 이 친구가 솔직한 마음을 털어놓도록 하기 위해선 먼저 제가 그 친구의 편이 되어줘야 하잖아요. 그러니까 일단 공감해 주는 것이 먼저죠.

원PD | 그러니까 공감을 잘하기 위해서는 듣는 사람 입장에서 귀를 여는 것도 필요한데, 말하는 사람 입장에서도 자기 생각을 잘 전달하기 위한 스킬도 필요한 것 아닌가요? 징징대기만 하면 누가 그런 사람과 대화하고 싶겠어요?

김심리 | 그런 스킬을 갖고 있는 사람은 이런 문제에 안 부딪치죠.

원PD | 또 공감에 실패했네.

김심리 | 제가 성격 분석을 주로 하잖아요. 그런데 이렇게 남에게 징징대는…, 막말로 자신의 감정적인 문제를 남에게 막 쏟아 붓는 사람이라면 굉장히 감정이 풍부할 것이라고 생각하기 쉽잖아요? 하지만 이런 친구들이 오히려 공감능력이 떨어지는 경우가 많아요. 남의 마음에 공감을 못하니까 '내가 이렇게 하면 저 사람이 지치고 힘들겠지.'란 생각을 못하고 자기 말만 하는 거죠. 또 공감을 못하기 때문에 대인관계에서 많은 문제에 부딪치기도 하고.

그러니까 결국 이 친구도 공감을 못하는 것이 문제인데, 이런 사람을 돌보기 위해서는 공감능력이 뛰어나고 엄청난 에너지와 애정을 가진 사람이 주변에 필요하거든요. 그런 존재가 없을 경우 비극적인 상황이 일어날 수 있죠.

감정에도 학습이 필요해

원PD | 그러니까 어쨌든 공감 능력이 떨어지는 것이 근본적인 문제가 되네요. 그렇다면 대체로 어떤 사람들이 공감을 잘하나요? 공감을 잘하고 못하게 만드는 조건 같은 것이 있나요?

서상담 | 일단 공감에는 스킬, 그러니까 기술적인 측면이 많다고 했잖아요? 부모님께서 공감을 잘해주시고, 어릴 적부터 부모님이 자녀들의 말에 귀기울여 주시는 환경에서 자란 친구들이 공감능력이 높아요.

원PD | 어릴 적부터 스킬이 몸에 배는 것이겠죠.

서상담 | 네, 그와 마찬가지로 사회문화적인 고정관념도 영향을 주죠. 우리 옛말에 뭐 "남자는 태어나서 세 번 울어야 한다." 이런 말이 있잖아요? 이렇게 감정 표현을 금기시하는 문화에서 남의 감정에 공감하는 기술을 배우기는 어렵죠. 우리 사회에서 남성들이 대체로 공감 능력이 떨어지는 것은 이런 사회문화적 영향이 있다고 봐요. 전통적 가부장제 문화권에서는 감정 노동의 역할을 여성에게만 기대하는 경향이 있어요. 그렇기 때문에 반대로 공감능력이 떨어지거나 감정 노동을 원치 않는 여성들에 대한 편

견도 있죠. '여자답지 못하다'는 비판을 듣기도 하고. 남자가 울면 남자답지 못하다고 흉보고, 여자가 울 만한 상황에서 울지 않으면 독하다고 흉보는 경우가 많더라고요.

김심리 │ 그러니 제가 얼마나 살기 힘들었겠습니까? 공감능력이 떨어지는 여자니까 말이에요. 나머지 두 분은 남자니까 저보단 나았을 거예요.

서상담 │ 이렇게 고정관념, 편견이 공감능력을 저해하기도 하고요. 또 감정에 대한 이해나 교육이 부족하다는 점. 우리말에서 감정을 표현하는 단어들이 정말 많거든요? 다 써보면 A4용지 한 장을 꽉 채울 정도로 많대요. 예를 들어 일반적으로 '슬프다'라고 표현되는 감정에 있어서도 세부적으로 '서글프다', '마음이 아프다', '심란하다', '속상하다', '먹먹하다' 등등 미묘하게 느낌이 다른 수많은 단어가 있잖아요. 그런데 우리가 일상에서 쓰는 단어들은 너무나 한정적이라는 거예요. 그리고 점점 더 그렇게 된다는 것. 여러분은 '먹먹하다'라는 단어의 뜻을 아세요?

원PD │ 너무 슬퍼서 가슴이 메어진다?

정철학 │ 너무 슬퍼서 가슴이 터질 것 같은데, 눈물은 안 나오는 상태.

김심리 │ 약간 슬픈 거랑 심란한 거랑 합쳐진 상태 아니에요?

서상담 │ 대충 다 맞게 표현하셨어요. 그런데 이 '먹먹하다'라는 단어를 모르는 사람들이 되게 많대요.

원PD | 소설에 많이 나오는 단어잖아요? 요즘 책을 많이 안 읽어서 그런가?

김심리 | 그러니까 감정도 학습되는 측면이 크다는 말씀이시죠?

서상담 | 그렇죠. 감정이란 것이 매우 다양하고 복잡 미묘한 것인데 그에 대한 경험도 부족하고, 학습이나 이해도 부족하다는 것이죠. 말씀하신 것처럼 소설을 읽는다든가 하는 식으로 직접 겪어보지 못한 감정이라도 간접 체험으로 배울 수 있잖아요. 그에 비추어 자신의 감정도 잘 들여다보고 이해를 해야 다른 사람의 감정도 이해할 수 있는 힘이 생기거든요. 그런데 이런 감정 자체를 부담스러워하는 사람들이 많아요. 누가 자신의 감정을 표현하고 설명하려고 하면, "쿨하지 못하게 왜 이래?"

김심리 | 아니면 "왜 이렇게 예민하게 굴어?" 복잡 미묘하고 다양한 감정을 느끼는 것이 말하자면 예민한 거잖아요. 예민하니까 남들이 못 느끼는 부분까지 느끼고 구별하는 건데, 요즘은 그런 사람들을 피곤하고 귀찮은 사람으로 치부해 버리는 풍조가 있어요.

서상담 | 맞아요. "너 왜 예민 떨어?"하면서 부정적인 피드백을 받으면 '내가 느낀 것이 잘못된 것인가?'하고 자신의 감정을 무시해 버리기 쉬워요. 하지만 같은 상황에서도 느끼는 감정은 다 다를 수 있는 것이거든요. 그걸 인정하지 못하면, 결국 남에게 공감할 수도 없게 되죠.

공감능력도 타고난다? - 성격심리학으로 본 공감능력

김심리 | 공감능력은 훈련으로 계발할 수 있는 부분도 있지만, 실은 타고난 부분도 큽니다. 성격심리학에서는 공감능력을 성격의 일부로 보는데, 성격이 만들어지는 원인 중 50% 이상이 유전이라는 사실이 증명되었거든요.

원PD | 저는 경험상 그게 정말 맞는 것 같아요. 성격은 타고난다는 것.

김심리 | 네. 현대 성격심리학에서 사람의 성격을 측정하는 기준이 5가지 정도로 정리되어 있습니다. 외향성, 신경성, 성실성, 친화성, 개방성 이렇게 5가지를 '5대 성격특성'이라고 하는데요. 이중 '친화성'이 바로 공감능력이에요.

우리가 아까도 이야기했지만, 보통 공감능력에 남자 여자 차이가 있다고 생각하잖아요. 그런데 성격특성 연구결과에 따르면 실제로 그렇대요. 5가지 중에서 다른 성격특성들은 남녀가 평균 차이가 없어요. 그런데 딱 하나 친화성, 공감능력만이 남녀 평균에 차이가 있어요. 그러니까 평균적으로 봐서 남자가 여자보다 공감능력이 떨어지는 것은 사실입니다.

그러나 주의할 점은 그것은 어디까지나 평균이라는 것이에요. 즉 전체적으로 보면 남자들이 여자들보다 다소 공감능력이 떨어지는 것은 사실이나, 개인적으로 보면 얼마든지 여자보다 공감능력이 뛰어난 남자도 있고, 남자보다 공감능력이 낮은 여자도 있는 거죠. 그러니까 '남자는 다 이래', '여자는 다 이래야 돼', 라는 식의 생각은 현실적으로 전혀 도움이 안돼요.

김심리 | 친화성이 높은 사람들의 특징을 알아볼까요? '다정하고 친절하며, 남을 잘 믿는다.' 우리가 언뜻 생각하면 친화성이 높다는 것이 '모르는 사람과 쉽게 친해지고, 아무하고나 잘 어울려 놀고' 이런 특성일 거라고 생각하기 쉽지만, 그런 것과는 달라요. 이건 친화성이 아니라 외향성의 특성이에요. 우리 원PD 님, 공감능력이 낮다지만 붙임성은 좋아서 아무한테나 말 잘 걸고 금방 친해지지 않습니까? 물론 깊이 친해지는 것은 아니지만 말이에요. 친화성은 낮지만 외향성이 높은 성격이라서 그래요.

다음으로 친화성이 낮은 사람의 특징을 알아볼게요. '냉담하고 적대적이며 남을 잘 믿지 않는다.'

원PD | 딱 나네.

정철학 | 우리 다 비슷하네요, 역시.

공감능력이 높다고 반드시 좋은 것만은 아니다

김심리 | 그런데 중요한 점은 친화성이 높다고 무조건 인간관계에서 유리한 것은 아니라는 사실이에요. 성격심리학에서는 사람의 성격을 환경에 적응하기 위한 수단으로 봐요. 그러니까 공감능력이 높은 것이 무조건 유리하다고 한다면, 지금까지 공감능력이 낮은 사람들이 이렇게 많이 살고 있는 것을 설명할 수 없어요.

친화성이 높으면 장점은 많은 사람들과 잘 어울리며 조화로운 사회생활을 할 수 있겠죠. 하지만 단점도 있어요. 인간관계나 감정에 휘둘리는 경향이 있죠.

원PD | 호구 잡히기 쉬울 거 같아.

김심리 | 남을 잘 믿고 배려하다 보니 손해 보기도 쉽고, 정신적으로 피곤한 일이 많죠. 반대로 친화성이 낮으면 인간관계가 조화롭지 못하기 쉽죠, 적이 많을 수 있고. 하지만 그에 별로 연연하지 않는 게 장점이죠. 남의 눈치 보지 않고 자신을 내세울 수 있기 때문에 실제로 이득을 더 챙길 수 있고요. 정신적 에너지 소모도 덜하고.

사실 모든 성격특성이 극단적으로 치우쳐 있지만 않다면 나름의 장단점이 있기 마련이죠. 그러니까 장점은 살리고 단점은 보완하고, 그러면 되는 거죠. 자, 이 친화성을 간단히 테스트할 수 있는 질문지가 있어요. 우리 다 같이 한 번 테스트를 해보도록 합시다.

공감 능력 테스트

아래 문항에 대한 자신의 답을 체크하라.

문항	내 용	평 가				
1	평소 다른 사람이 편안하고 행복한 상태인지 확인하는 편이다.	매우 그렇다	약간 그렇다	그저 그렇다	별로 아니다	전혀 아니다
	점 수	5	4	3	2	1
2	사람들을 잘 놀리거나 비꼰다.	매우 그렇다	약간 그렇다	그저 그렇다	별로 아니다	전혀 아니다
	점 수	1	2	3	4	5
3	다른 사람의 감정에 공감을 잘한다.	매우 그렇다	약간 그렇다	그저 그렇다	별로 아니다	전혀 아니다
	점 수	5	4	3	2	1

〈유의: 본인이 판단하기 힘들면, 타인들이 나를 어떻게 보는지로 판단할 것.〉

♥ 공감능력 총점 결과 분석

9점 이하 '낮음' / 10-11점 '중하' / 12-13점 '중상' / 14-15점 '높음'

김심리 | 자, 각자 합계를 공개합시다!

서상담 | 저는 12점이요.

김심리 | 생각보다 높게 안 나오셨네요? 저는 7점.

원PD | 전 8점 나왔어요.

정철학 | 난 6점!

김심리 | 역시 서상담 님 빼고 나머지는 다 '낮음' 나왔군요. 점수 차이가 커요.

정철학 | 더블 스코어도 있어. 하하하….

남의 마음을 읽는 능력과 공감하는 능력은 다르다

김심리 | 그런데 짚고 넘어가야 할 점이 하나 있어요. 공감능력에도 두 가지 다른 종류가 있다는 사실! 타인의 마음을 읽는 능력과 그 마음에 공감하는 능력이에요.

남의 마음을 읽는 능력, 즉 '저 사람이 지금 저런 기분이네? 저런 생각을 하고 있는 것 같네?' 이걸 알아채는 능력과, 실제로 그 마음에 공감하는 능력은 좀 다른 영역이에요. 남의 마음을 읽기만 하고 공감을 안 할 수도 있어요. '쟤가 지금 기분 나쁜가 보네. 왜 그러지? 내가 뭘 잘못했나? 어쩌지?' 하면 공감하는 거지만, '쟤는 기분 나쁜가 보네. 그러거나 말거나, 난 상관없어.' 하면 읽기만 하지 공감하지는 않는 거죠. 이 두 가지 영역의 기능이 다를 수 있는데, 어느 쪽이 더 높다고 보세요?

원PD | 저는 남의 마음을 읽는 것은 잘해요. 딱 보면 저 사람이 대충 어떤 기분이고 어떤 생각을 하는지, 이런 것은 다 읽혀요.

김심리 | 맞아. 원PD 님은 눈치는 빨라요.

서상담 | 하지만 남의 마음을 읽기만 하지, 그에 개의치 않는 것이죠.

원PD | 네, 머리로만 읽지 솔직히 마음으로 잘 느껴지진 않아요. 그래서 남들이 제가 진심이 없다고 느끼나 봐요. 저는 남의 마음에 진심으로 잘 공감하는 사람들이 너무 부러워요.

김심리 | 저는 반대에요. 저는 공감능력도 떨어지지만, 특히 남의 마음을 읽는 능력이 되게 떨어져요. 상대방이 저한테 기분 나빠해도 대놓고 말하지 않으면 저는 잘 몰라요. 여럿이 함께 있는 자리에서 누구랑 누구 사이에 뭔가 불편한 상황이 벌어지고, 미묘한 감정 대립이 오고가는 경우가 있잖아요. 남들은 다 눈치 챘는데 저만 모르고 있다가 나중에 얘기 듣고 나서야 깜짝 놀라는 적이 많아요. 눈치가 없다 보니 남들 곤란해지는 언행을 하기도 하고…. 정철학 님은 두 능력 중 뭐가 더 낮으세요?

정철학 | 모르겠어요. 둘 다 낮은 것 같아요.

원PD | 역시 최저점입니다.

정철학 | 공감 능력도 없지만 일단 눈치도 없어요. 눈치를 채야 뭐 공감을 할 것 아냐?

김심리 | 아녜요, 달라요. 저는 눈치가 없지만, 일단 알게 되면 잘 해결하는 편이에요.

서상담 | 맞아요. 저는 평소에 김심리 님과 이야기를 할 때 제 말을 잘 들어

주고, 저의 사정을 잘 배려해 준다고 느꼈거든요. 그래서 공감능력이 낮은 분이라고는 생각 못했어요. 오늘 얘기 듣고 좀 놀랐어요.

원PD | 난 아닌데? 김심리 님이 남의 말을 잘 들어주고 맞장구를 잘 쳐주긴 하지만, 뭔가 진심이라기보단 습관성 멘트 같다는 생각을 전부터 했어요.

김심리 | 두 분의 견해가 이렇게 엇갈리는 이유도 친화성으로 설명할 수 있어요. 서상담 님은 친화성이 높은 편이시잖아요? 그런 분들은 남의 행동을 호의적으로 받아들이는 경향이 있어요. 그렇다고 제가 서상담 님에게 가식적으로 행동했다는 얘기가 아니고요. 저는 남의 마음을 잘 읽지 못하기 때문에 상대가 무슨 말을 할 때 그걸 내 나름대로 판단하면 딴소리를 하게 되거든요. 그러니까 일단 "아, 그렇군요." 무조건 맞장구를 치자고 행동 지침을 정한 거예요. 상대의 마음을 배려하기 위해서요. 그런데 원PD 님은 친화성이 낮은 분이기 때문에 남들의 행동을 곧이곧대로 보지 않죠. 그러니까 저를 딱 보고 '쟤가 맞장구는 치지만, 정말 그렇게 생각해서가 아니라 습관적인 멘트인 것 같다.'라고 읽으신 것이죠.

그래서 저는 감정적으로 매우 둔하지만, 감정이 예민하고 풍부한 사람들과 오히려 잘 지내요. 그들이 감정적인 언행을 하면 저는 무조건 "그렇구나." 하고 넘어가거든요. 저는 아예 느낄 수도 없고 느껴본 적도 없는 감정들이기 때문에 '그게 이 상황에 맞네, 안 맞네' 따지지 않고 완전히 접고 들어가는 것이에요. 그리고 그런 감정에 휩쓸리고 흔들리지 않기 때문에, 제가 이해나 공감은 잘 못해줘도 감정적인 친구들이 저를 오히려 편하게 생각하더라고요.

물론 이것도 다 사회생활하면서 익힌 스킬이죠. 어렸을 땐 감정이라는 걸 전혀 이해 못했어요. 그래서 상처도 많이 주고, 받고 했죠. 그런 과정을 겪으면서 타인을 배려하기 위해 저 나름대로 많이 노력한 결과에요. 그렇기 때문에 제가 남의 마음을 읽는 능력은 떨어지지만 그래도 공감하는 능력은 비교적 나은 편이라고 보는 거예요.

자기 편의를 위해서 다른 사람을 냉혹하게 이용해 먹는 사이코패스 있잖아요? 그런 사람들은 반대로 공감능력은 제로에 가까워도 남의 마음을 읽는 능력은 뛰어난 경우가 많아요. 남을 읽을 수 없으면 이용할 수도 없잖아요?

정철학 | 그렇지, 그러니까 나는 남을 이용해먹는 사이코패스가 될 수도 없어. 그렇다면 원PD는…?

원PD | 이제야 깨달았어? 크크…. 여기 모두 나에게 이용당하고 있지!

김심리 | 반대로 읽는 능력이 극히 떨어지지만 공감능력이 그에 비해 높은 경우는 자폐 쪽에서 많이 볼 수 있어요. 자폐와 사이코패스는 공감능력이 비정상적으로 낮다는 점에서는 같지만, 양상은 완전히 다르죠. 자폐아들은 남의 마음을 거의 읽지 못하고, 감정 교류를 이해하지 못하기 때문에 의사소통이 힘들어요. 하지만 의식적으로 남에게 해를 끼치지는 않죠. 순수한 사람들이에요. 남이 어렵다는 것을 몰라서 그렇지, 알게 되면 도와주려고 하는 따뜻한 마음이 있고요. 제가 약간 그 계열인 거예요. 제가 눈치가 없어 간혹 기분이 상하시더라도 너그러운 마음으로 봐 주세요. 하하하….

원PD | 저는 남을 읽고 계산하고 재보고 하는 행동들이 그냥 본능적으로 돼요. 그러면 남들이 싫어하는 것을 아니까 티내지 않으려고 하지만, 아내는 가장 가까운 사람이니까 알게 되거든요. 누구를 같이 만나고 와서 제가 "저 사람 저런 것 같지 않아?"라고 말하면 아내가 되게 싫어해요. 사람 얼마나 봤다고 그렇게 판단하느냐고, 그러지 말라고 해요. 그런데 나중에 보면 제 말이 맞는 경우가 많아서 아내가 놀라죠.

다만 전 일단 제 편이라고 생각되는 사람에 대해서는 재고 따지고 하지 않아요. 그냥 다 퍼줘요. 하지만 제 편으로 넣을지 말지 결정하기까지는 엄청 깐깐하게 재고 따져봅니다. 근데 이게 의식적으로 그러는 게 아니라 저도 모르게 그렇게 돼요.

김심리 | 그러니까 공감능력이란 게 타고나는 부분이 크다니까요. 하지만 계속 얘기했듯이 노력으로 어느 정도 커버할 수 있는 면도 분명히 있어요. 저는 어른이라면 그런 스킬은 가식이 아니라 예의라고 생각해요. 감정은 원래 사람마다 다 다른 것이에요. 그러니까 공감능력 떨어지는 분들은 남의 감정에 대해 따지려 하지 말고 그냥 "그렇구나." 하세요.

공감능력에도 균형이 중요하다

서상담 | 그리고 공감능력이 높다고 무조건 좋은 것은 아니에요. 저는 반대로 공감능력이 높게 타고나서 안 좋은 점들이 많다고 느껴서 의식적으로 낮추려고 노력한 경우에요.

원PD | 그래서 공감 점수가 생각보다 낮게 나오셨나?

서상담 | 네, 맞아요. 아까 설문 항목에서 '남들이 편안하고 행복한 상태인지 확인한다.' 있었잖아요? 제가 그 부분 점수를 좀 낮게 매겼거든요. 원래 저는 그것도 매우 그런 편이었어요. 남들 기분이 어떤지를 끊임없이 살피게 되니까 너무 피곤한 거예요. 사실 꼭 그럴 필요가 없는데 말이에요. 어차피 모두의 기분을 내가 다 맞출 수 없어요. 기분은 기분일 뿐이고, 더 큰 목적을 위해서는 적당히 무시하고 가는 것도 필요하다는 것을 깨달았어요. 남의 감정을 배려한다고 지나치게 신경을 쓰다 보면 스스로의 감정을 돌보지 못하고, 지치고 쌓이게 되면 오히려 관계가 더 안 좋아지기도 하고요.
이렇게 공감능력을 좀 낮추는 것도 의식적인 노력으로 가능하고, 필요하다고 봐요. 적당히 균형을 맞추는 것이 가장 중요하겠죠.

공감 못하면 나쁜 건가요?

원PD | 자, 그럼 이제 윤리적인 고찰을 해볼까요? 정철학! 공감을 잘 못하면 나쁜 겁니까? 윤리적 혹은 도덕적으로?

정철학 | 그 질문에 답하기 위해 공감능력을 분석해볼 수 있는 좋은 이론이 하나 있는데요. 아리스토텔레스의 〈수사학〉에 보면 남을 설득하기 위해 필요한 요소로 세 가지를 듭니다. 에토스, 파토스, 로고스.

원PD | 오, 라임이 맞네요! 에토스, 파토스, 로고스, 예~ 🎵

아리스토텔레스(BC 384~322)
고대 그리스의 철학자. 여러 학문의 기초를 쌓고 논리학을 정립하였다.

수사학
고대 사회에서 효과적인 담론을 생산하기 위한 기술 즉 논쟁과 토론, 설득을 위한 언어적 기술을 말한다. 아리스토텔레스가 이를 집대성하였다.

정철학 | 여기서 에토스ethos는 ethics 즉 윤리, 도덕의 어원이에요. 우리가 가슴으로 느낄 수 있는 윤리적 감각을 말하죠. 진실성, 선함 이런 것. 파토스pathos가 empathy 혹은 sympathy 즉 우리가 지금 공감 혹은 동정이라 말하는 것들의 어원이고요. 로고스logos는 logics 논리의 어원이죠.
제가 이 이론을 바탕으로 공감에 대해 생각해봤는데요. 공감이나 동정은 상대방에게 감정이입하고, 역지사지해볼 수 있는 능력이거든요. 맹자가 말

한 '측은지심(惻隱之心 : 남을 불쌍하게 여기는 타고난 착한 마음)'과 같은 맥락이에요.

그런데 동양철학의 측은지심이든 서양철학의 파토스든 모든 사람이 태어나면서부터 갖고 있는 능력이라고 봐요. 누구나 다 그 잠재력이 있다는 것이지요. 모든 사람은 다 윤리적인 인간이 될 수 있는 가능성이 있고, 남에게 공감할 수 있는 능력이 있고, 논리적으로 생각하고 말할 수 있는 능력이 있어요. 다만 교육이 반드시 필요하다는 것이지. 늑대소년 이야기 알죠? 어렸을 때 말을 배워야 할 때 말을 배우지 못한 사람은 나중에 노력을 해도 말을 거의 배울 수가 없었다는 거죠. 그러니까 윤리든 공감이든 논리든 아까 말한 스킬 있죠? 적절할 때 훈련과 연습이 있어야만 발현될 수 있다는 것입니다.

다음으로 공감의 구조를 살펴보죠. 아까 얘기한 에토스와 파토스, 로고스 3요소는 서로 영향을 주고받고 지탱하는 구조로 되어 있어요. 즉 공감을 받쳐주는 요소가 윤리와 논리라는 얘긴데요. 그도 그럴 것이, 우선 진실성이 있고 착해야 공감대를 형성하기 쉽잖아요? 남을 속이고 이기적인 사람에겐 공감하기 어렵단 말이죠. 또 다른 한편 논리적으로 자기 입장을 잘 전달하는 사람에게 공감하기 쉽죠. 물론 말하지 않아도 느껴지는 직관이 있긴 하지만, 머리로 이해가 가야 공감도 더 잘 된단 말이에요.

서상담 | 그걸 꼭 말로 해야 알아? 하지만 사실 말 안하면 귀신도 모른다잖아요.

정철학 | 그렇죠. 이렇게 진실성, 선한 의도가 한쪽을 받쳐주고 논리적인 의

사소통이 다른 한쪽을 받쳐주었을 때 공감능력이 쫙 올라갈 수 있다는 것이지요.

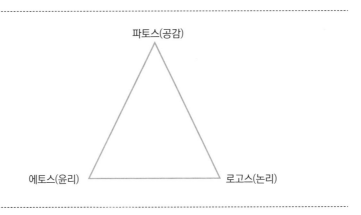

김심리 | 정말 공감이 되는 게, 제가 공감 스킬을 연습한 구조가 딱 저거예요. 저는 타고난 공감능력(파토스)은 떨어지지만, 남들과 잘 지내고 싶다는 선한 의도(에토스)에 의해 의식적으로 남들의 감정 표현을 읽는 법과 반응하는 법(로고스)을 연습한 것이죠. 확실히 윤리와 논리가 공감능력을 도와주는 것이 맞네요.

정철학 | 저는 왜 이렇게 공감이 안 되나 봤더니, 논리(로고스)가 윤리(에토스)에 비해 너무 높아요. 윤리도 그만큼 높든지 아니면 차라리 논리가 좀 낮든지 해야 공감이 더 잘 될 텐데, 균형이 안 맞는 것이죠.

서상담 | 역시 이것도 균형이 중요하다는 결론이네요.

정철학 | 또한 아리스토텔레스가 말하길, 에토스(윤리)와 로고스(논리)가 준비되었다고 해서 단 번에 파토스(공감)가 잘 발휘되기는 어렵대요. 그러니까 나는 좋은 마음으로 잘 표현한다고 했지만 전달이 제대로 안 되고, 공감에 실패하는 경우가 많다는 것이죠. 그럼 처음으로 다시 돌아가야 한대요. 윤리에서부터 다시. 다시 또 믿음을 주고, 알아듣게끔 잘 표현해서 공감을 사고 설득을 하도록 노력해야 한다는 것이죠. 반복, 또 반복.

서상담 | 연습에는 시간이 필요하죠.

정철학 | 결론적으로 공감능력은 윤리적인 판단의 대상이 아니에요. 공감 자체에 이미 윤리라는 개념이 포함되어 있기 때문에 공감능력이 높든 낮든 그것을 윤리적으로 옳다 그르다 판단할 수 없는 것이죠.
또 하나의 이유는 우리가 공감했다면 그에 따른 어떤 행동을 할 거 아니에요? 그런데 공감의 결과로 행동했다고 해서 항상 그 결과가 더 좋으냐? 아니거든요. 누군가를 도와주려는 좋은 목적에서 한 행동이지만 안 하느니만 못한 결과가 생길 때도 있고. 아까 서상담 님께서 말씀하신 것처럼 더 큰 목적을 위해서는 남의 감정에 대한 배려를 잠시 접어두어야 할 때도 있고. 공감이 안 되었을 때 결과가 오히려 더 좋을 수도 있어요. 갈등과 대립 속에서 더 나은 해결책이 나올 수도 있거든. 그러니까 공감능력은 그 자체로 봐도, 그 결과로 봐도 윤리적으로 옳고 그름을 따질 수 없다는 것이 결론입니다.

원PD | 그렇군요. 아주 명쾌하네요! 매일 아내가 저보고 왜 이렇게 공감능

력이 떨어지냐고 뭐라 했는데, 이 논리로 이제 집에 가서 깰 수 있겠다!

정철학 | 아, 그러라고 알려준 것이 아닌데….

김심리 | 결론이 저렇게 나오면 안 되겠죠? 공감능력이 높든 낮든 그 자체로 좋고 나쁘고 한 것이 아니라, 균형이 중요한 것이다. 균형 있는 공감을 위해서는 의식적인 노력이 반드시 필요하다. 이렇게 정리할 수 있겠습니다.

공감능력을 키우려면 어떻게 할까?

원PD | 그러면 공감능력을 키우기 위해 실제 생활에서 써먹을 수 있는 실천 요령은 무엇이 있을지 생각해 볼까요?

서상담 | 공감을 잘하기 위해서는 버리고, 내려놓는 연습도 하셔야 해요. 타인의 감정을 내가 감당할 수 있는 데도 한계가 있는데 이것을 생각 안 하고 계속 안고 가다보면 너무나 힘들고, 결국 무너지게 될 수 있어요. 남의 감정에 진심으로 공감하기 위해서는 우선 나 자신의 진심부터 잘 들여다보고 돌보는 연습을 해야 합니다.

김심리 | 타고난 공감능력이 높은 사람들은 오히려 남들을 다 신경 써야 한다는 욕심을 버리는 것이 중요하군요.

서상담 | 그렇죠. 내가 무너지면 그 누구도 도와줄 수 없어요. 세상에서 가장 소중한 것은 나 자신이라는 사실을 잊으면 안 됩니다. 내 감정을 받아들이는 연습을 해야 남의 감정도 잘 받아들일 수 있게 돼요.

정철학 | 공감의 중요한 요소 중 하나로 '근접성'이라는 것이 있어요. 같은 일이라도 나와 가까운 사람의 일일수록 공감이 더 잘 된다는 원리에요. 문법에서 인칭이라는 게 있잖아요? 1인칭은 나, 2인칭은 너, 3인칭은 제3자를 말하죠. 제3자의 일은 사실 큰 비극이라 해도 우리에게 잘 와 닿지 않아

요. 아프리카나 중동 어디 먼 나라에서 전쟁으로 인해 많은 사람들이 죽고 다치고 비참하게 살아가고 있다는 소식을 듣지만, 대부분이 그에 대해 그렇게 크게 걱정하면서 살지는 않잖아요.

그런데 2인칭인 너, 그러니까 나와 직접 관계를 맺은 가까운 사람이 큰일을 당했다고 하면 우리는 진심으로 걱정하고 슬퍼하죠. 하지만 남의 제법 큰일이라도 나 자신의 작은 문제만큼 절실히 느껴지지 않는 것이 또 인간의 한계잖아요? 그러니까 의식적으로 감정이입을 하고 역지사지를 해서, 좀 더 가까운 시점으로 놓고 생각을 해봐야 공감하고 이해할 수 있는 여지가 많아진다는 거예요. 3인칭은 2인칭, 2인칭은 1인칭으로 놓고 생각을 해보라는 거죠. 모르는 사람의 일이라면 아는 사람의 일처럼, 아는 사람의 일이라면 나의 일처럼 생각을 해보면 더 깊이 공감할 수 있겠죠.

그렇다면 그냥 그런 줄 알아

김심리 | 저는 앞서 계속 이야기했던 것처럼 마음 깊이 공감이 안 가더라도 어쨌든 "그랬구나. 그랬겠다."라는 공감의 말을 던져라. 영혼도 없는 말인데 무슨 도움이 될까 싶기도 하지만 실제로 상당히 도움이 돼요. 안 하는 것보다는 훨씬 낫죠. 노력 자체만도 사람들이 가치 있게 봐주기도 하고요. 그냥 말만 하면 된다고 하지만, 그것도 사실 쉽지만은 않거든. 꾸준히 노력해서 습관으로 만들어야 해요.

그리고 말만 하는데서 멈추지 말고, 그것을 마음가짐으로 딱 만들어야 해요. 제가 늘 하는 말이 있는데 "남이 그렇다면 그런 줄 알아라."에요. 감정

은 사람마다 다 다른 것이 정상이란 말예요. 식성이랑 비슷한 거예요. 누군
가는 곱창이 굉장히 맛있다고 생각할 수 있지만, 누군가는 비위 상해 하고
싫어할 수도 있잖아요. 그럴 때 "이 맛있는 걸 왜 안 먹어? 먹을 줄 알아야
지~" 하면 꼰대죠. 그냥 "너는 싫구나. 나는 맛있는데. 그럼 넌 다른 거 먹
어." 하면 되는 거거든요. 마찬가지로 남이 자기감정을 말하면 이렇다 저
렇다 판단하고 평가하지 말고 그냥 '그런가 보다. 그렇구나.' 해라.

원PD | 제가 아내랑 싸울 때 자주 하는 말이 있거든요. "당신 얘기가 난 공
감은 안 가지만, 당신이 싫다니까 안 할게."

서상담 | 그 말이 더 열 받을 것 같은데요?

원PD | 맞아요! 그 말이 더 열 받는다고 하더라고요. 뭐가 문제지? 나의 솔
직한 마음인데.

김심리 | 저도 공감능력이 낮으니까 그 심정이 이해는 가요. 사실 저도 남자
친구랑 갈등이 있을 때 그런 생각 많이 해요. 하하…. 하지만 그런 말은 입
밖으로 안 내는 게 좋은 것 같아요. 그냥 속으로 생각하고 말아야죠. 공감
이 안 돼도 상대를 위해서 행동을 바꿔줄 수 있고, 그것도 배려고 사랑이
잖아요. 그 말만 안 하면 되죠.

원PD | 저도 다른 사람한텐 절대 말 안 하는데, 아내는 제일 가까운 사람이
다 보니 속마음을 말 안 하면 답답해서…. 당장 안 해도 결국 들키게 되기

도 하고요. 하지만 그 방법이 가장 효과적인 건 맞는 것 같아요.
저희 아내가 유아교육 전문가라서 배운 건데요. 아이와 의사소통을 할 때 원칙 3단계가 있대요. 첫째, 무조건 공감해주기. "아~ 우리 누구가 속상했구나!" 그 다음에 문제점 파악. "왜 그렇게 됐을까?" 그리고 나서 대안 제시. "그럼 이렇게 해볼까?" 아이들은 의사전달을 명확히 못하고 감정조절을 잘 못하니까 이런 단계가 꼭 필요한 건데요. 어른들 사이에서도 마찬가지라는 생각이 들어요. 감정 조절이나 표현은 어른들에게도 어려운 것이거든요.

정철학 | 인간이 공감을 하도록 해주는 뇌의 중요한 부위 중 하나로 '거울 뉴런'이라는 것이 있어요. 우리가 왜 남이 막 아파하는 모습을 보면 절로 얼굴이 찡그려지잖아요? 남이 나한테 화를 내면 나도 화가 나고, 남이 나를 보고 웃어주면 나도 모르게 웃음이 나고. 이것은 아주 어릴 적부터 인간이 갖고 있는 본능이거든요. 아무것도 모르는 갓난아이도 엄마가 자기를 보고 웃어주면 편안해 하고, 엄마가 화를 내거나 찡그리면 불안해해요. 옆의 아이가 울면 갑자기 따라서 울고. 다른 사람의 감정을 그대로 비춘다고 해서 거울 뉴런이라고 해요. 이 거울 뉴런을 잘 활용해야 해요. 내가 닮고 싶은 사람을 모방하는 거야. 공감능력이 높아지고 싶다? 주변에 공감능력이 높은 사람의 행동을 따라하는 거지. 그럼 나도 모르게 점점 닮아가게 돼요. 자주 보는 사람, 가까운 사람끼리는 닮아가게 되어 있거든.

원PD | 그렇군요! 그거 아주 실질적으로 써먹을 수 있는 좋은 방법이네요. 그럼 난 오늘부터 서상담 님을 따라해야겠다!

서상담 | 제가 가장 좋아하는 말 중 하나가 '있는 그대로 받아들이라'는 말인데, 사람마다 타고난 공감능력도 다르고 각자 처한 상황도 다르고 또, 같은 상황에서도 느끼는 감정이 다 다른 것이 사실이니까, 그것을 서로 인정하고 나와 상대방을 있는 그대로 받아들이려고 노력한다면 공감에서 생기는 문제들을 어느 정도 해결할 수 있지 않을까 싶어요.

공감 대화의 단계

상대의 마음을 효과적으로 받아주는 공감 대화 요령! 다음 단계를 따라해 보세요.

1단계 상대방의 말을 경청하기

2단계 잘 듣고 있다는 표시하기

: 눈 맞추기, 고개 끄덕이기, 어루만져 주기 등

3단계 맞장구쳐 주기

: 아하 / 그렇지 / 그렇구나 / 그랬구나 / 저런 / 맞아 / 그래서? / 나도 그랬지 …

4단계 마음 받아주는 말하기

: 정말 …(상대가 표현한 감정과 상황)… 하구나 / 했구나 / 했겠다

5단계 의사 확인·요약하기

: 그러니까 네 말은 …(상대가 표현한 감정과 상황)… 했다는 말이니?

 내가 이해하기에는 네가 …(상대가 표현한 감정과 상황)… 했다는 건데, 맞아?

공감 대화의 연습

공감 대화의 단계에 따라 다음 말에 공감하는 답변을 연습해 보고, 친구와 서로의 답변에 대한 느낌을 이야기해 봅시다. 이외에도 각자의 현재 심정을 털어놓고 공감 대화를 연습해 봅시다.

★ 나 드디어 합격했어!

★ 할 일이 너무나 많아서 힘들어.

★ 그 많은 일을 내가 다 해냈어.

★ 친구랑 싸워서 속상해.

★ 학교 가기 싫어서 미치겠어.

★ 선생님이 너무나 싫어!

★ 내일 여행 간다!

★ 난 왜 이렇게 살이 찔까?

★ 앞으로 뭘 해야 될지 모르겠어.

★ 내가 정말 잘못한 것 같아. 후회가 돼.

★ 그 일은 포기했어.

★ 내가 한 일이 아닌데, 정말 억울해.

★ 그 사람이 너무 좋아 죽겠어.

★ 엄마는 내 말을 전혀 귀담아 듣지 않아.

★ 성적이 안 올라서 미치겠어.

관계

나를 싫어하는 사람들

어디에나 있다, 나를 싫어하는 사람

원PD | 어디에나 있습니다. 없을 수가 없습니다. 그 사실을 알지만 여전히 만나면 두렵고 힘듭니다. 나에게 실제로 해를 줄 수도 있지만, 그렇지 않을 수도 있습니다. 하지만 그렇지 않다 해도 신경이 쓰입니다. 나한테 원인이 있기도 하지만, 원인을 알아도 내가 어떻게 할 수 없는 경우도 많습니다. 그러면 더 힘들고 괴롭습니다. 어떻게 해도 피해갈 수 없는 이것! 살면서 반드시 부딪치게 되는 이것! 무엇일까요? 바로 오늘의 주제, '나를 싫어하는 사람'입니다.

다들 경험 있으십니까? 저는 경험이 하도 많아서, 워낙 인성이 바닥이다 보니….

김심리 | 그 문제로 고민 안 해본 사람은 한 사람도 없을 거라고 생각해요.

원PD | 그렇죠? 내가 모든 사람을 좋아할 수 없듯이, 모든 사람이 나를 좋아할 수도 없는 것이 현실이잖아요. 그럼에도 불구하고 나를 싫어하는 사람의 존재는 스트레스일 수밖에 없는 것 같아요. 누군가에게 미움을 받게 되면 실질적인 피해를 받을 수도 있고, 감정적으로 큰 상처를 받을 수도 있고…. 특히 가까이서 자주 볼 수밖에 없는 관계인 사람이 나를 싫어한다면 더 그렇죠. 그리고 원인이 나에게 있다면 차라리 어떻게 해볼 수도 있겠는데, 서로 개인적으로 마음에 들지 않아서가 아니라 꼬인 상황이나 관계 때문에 미움 받게 되는 경우도 많잖아요? 그럴 때 참 난감하죠. 이런 문

제를 어떻게 받아들이고, 어떻게 대처해야 할까요?

정철학 | 해결책을 찾으려면 문제의 근본부터 분석해야 하니, 저는 일단 '싫다'의 개념부터 따져볼게요. 질문 하나 드릴게요. '싫다'의 반대말이 뭘까요?

서상담·김심리 | '좋다'!

원PD | 아니지! '싫지 않다' 지.

정철학 | 그걸 캐치하신 건 대단한 건데…, 엄밀히 말하면 '싫다'의 반대말은 '좋다'가 맞죠. '싫지 않다'는 반대 개념이 아니라 모순 개념이라고 봐야 해요. 반대는 극과 극의 성질을 갖고 있고, 모순은 그것이 아닌 전부를 뜻하죠.

김심리 | 아, 모순은 수학에서 여집합과 같은 의미로군요.

정철학 | 그렇죠. 다른 예를 들어 '선하다'의 반대는 '악하다'지만, 선하지 않은 것이 모두 악하다고 볼 수는 없잖아요. 딱히 선하지는 않지만 악하지도 않은 그런 중간 단계가 있죠. 우리가 사는 현실세계에는 대부분 중간 단계가 존재해요. 이것 아니면 저것이라는 '흑백논리'는 현실에선 잘 들어맞지 않아요. 완전히 100% 선하거나 100% 악한 사람은 실제로 존재하지 않잖아요? 그건 말하자면 천사와 악마인데 상상 속에만 있죠. 선과 악은 우리

머릿속에만 있는 개념이고, 현실에는 비교적 선에 가까운 무엇과 악에 가까운 무엇이 있을 뿐이죠.

자, 그렇게 봤을 때 '싫다'의 반대말은 '좋다'가 맞는데, '좋다'는 영어로 뭐라고 하죠?

다같이 | LIKE.

정철학 | 그럼 '좋지 않다'는?

다같이 | DISLIKE.

정철학 | 그럼 '싫다'는?

다같이 | HATE.

정철학 | 분명히 다르죠? LIKE와 DISLIKE는 모순 개념인 거예요. 그런데 '좋아하지 않는다'에서 극단으로 가면 '싫다', HATE가 되는 것이죠. 그래서 "I hate you!" 하면 "널 미워해! 증오해!"가 되는데 "I dislike you." 하면 그 정도는 아니에요. 그냥 "네가 좋진 않아. 좀 별로야." 이 정도지. 그러니까 우리가 '싫어한다'고 하는 의미도 좀 세분해서 볼 필요가 있다는 거야. 그냥 좋아하지 않는 정도인지, 아니면 극단적으로 미워하는 것인지.

좋아하지 않는다고 싫어하는 건 아니다

정철학 | 그런데 HATE에도 또 다른 뜻이 있어요. 애증이라는 거 있잖아. 미워 죽겠는데, 애정이 밑에 깔린 미움이야. 원래 애정이었다가 변해서 애증이 되는 경우가 많은데, 이것은 단순한 미워하는 것보다 더 격한 감정일 수 있어요.

김심리 | 사실 애한테 별 감정이 없었으면 대개 DISLIKE 정도에서 끝나지, HATE까지 갈 일도 잘 없어요.

정철학 | 남에 대한 감정이 HATE까지 가는 데는 여러 배경이 있는 법이에요. 과거의 체험과 기대치, 가치평가 등이 들어가죠.

원PD | 연인들끼리 틀어지면 원수가 되는 것과 같은 이치네요. 데면데면한 사람끼리는 그냥 맘에 안 들어, 하면 그만이지 죽어라 미워할 일이 별로 없잖아요.

정철학 | 또 하나 예를 들어, 개 좋아하세요? 싫어하세요?

김심리 | 전 개 좋아해요!

정철학 | 개에 대해서는 좋다, 싫다 정도로 표현이 되죠. 개를 미워하시는 분?

원PD | 저는 개를 싫어하지만, 미워한다고는 할 수 없죠.

정철학 | 그렇죠. 개가 싫다면 그냥 개라는 동물을 좋아하지 않는 거예요. 그런데 개를 미워한다면? 그건 어떤 특정한 개를 미워한다는 의미죠. "우리 뽀삐 미워! 미워 죽겠어!" 여기서 뽀삐는 일반적인 개가 아니라 나와 특정한 관계를 맺은 개예요. 내가 그 개한테 감정을 쏟고 인격을 부여했고, 인간적인 가치평가를 했기 때문에 미워한다는 말이 나오는 것이죠. 그렇기 때문에 우리가 오늘의 주제인 '나를 싫어하는 사람'에서 '싫어하는'이라는 말의 의미를 좀 더 세분화시켜 살펴볼 필요가 있어요. 단순히 나를 DISLIKE하는 사람이라면 내게 그렇게 큰 스트레스가 되지 않겠죠. 하지만 HATE면 얘기가 다르죠. 그러니까 나를 DISLIKE하는 사람까지 HATE하는 사람과 뭉뚱그려 본다면 그것 자체로 문제가 될 수 있어요.

싫어하는 것과 미워하는 것은 다르다

김심리 | 저도 이 주제를 접했을 때 제일 먼저 든 생각이 '싫어한다'와 '미워한다'를 정확히 구분해야 한다는 것이었어요. '싫어한다'는 기호의 문제고요, '미워한다'는 감정의 문제예요. 예를 들어 단순히 누군가가 싫다. 그러니까 그냥 그 사람의 생긴 게 싫다든지, 말투가 싫다든지, 이런 것은 취향이나 기호의 문제예요. 그럼 "쟤 맘에 안 들어. 내 스타일 아냐." 이 정도에서 끝나죠. 그런데 "쟤가 미워! 증오해!" 이렇게 되려면 그 사람과 어떤 관계가 있어야 돼요. 그 관계가 실질적인 관계가 아니라 상상 속의, 혹은 일

방적인 관계였을 수도 있어요. 하지만 어쨌든 내가 이 사람과 인격적인 관계를 원했는데 틀어진 결과로 미워하게 된 것이죠.

여기까지는 정철학 님이 말씀하신 것과 비슷한 얘긴데요. 그렇기 때문에 인간관계에서 크게 문제가 되는 감정은 '싫다'보다는 '밉다'란 결론엔 저는 꼭 동의하지 않아요. 물론 보통은 그런 경우가 많죠. 하지만 단순히 싫어하는 감정이 문제가 안 되는 것은 아니에요. 기호나 취향 때문이라면 "난 돼지고기가 싫어.", "난 고양이가 싫어."와 똑같은 무게로 어떤 사람이 싫다고 말할 수 있단 말예요. 어찌 보면 이게 더 문제가 될 수 있어요. 왜냐면 이것이야말로 그 사람이 어떤 책임도 잘못도 없는데 싫어하는 것이거든요.

어떤 관계가 있고 사연이 있어서 나를 미워한다, 예를 들어 경쟁관계가 있던지 피해를 주었던지 아니면 관계가 꼬였다든지. 그런 경우라면 그래도 풀어갈 여지가 있어요. 하지만 단순히 그냥 생긴 게 싫다든지 성격이 싫다든지 하면 어쩌겠어요? 그 사람한테 미움 받지 않으려면 성형을 해야 하나요? 얼굴은 성형이라도 되지, 성격은 못 고치는데 어떡해요? 풀어갈 여지가 없다고요. 그러니까 어쩌면 이쪽이 더 문제가 될 수 있어요. 더 근본적인 '싫음'은 '밉다'보다 오히려 '싫다'쪽이라고 봐요. 그 존재 자체가 맘에 안 드는 거니까.

정철학 | 또 하나 제가 말씀드리고 싶은 것은 단어의 쓰임에 대한 말인데요. '좋다'의 반대말이 '싫다'인데, 아까 '밉다'도 있었고, '나쁘다'도 '좋다'의 반대말이 맞죠? 의미가 다 조금씩 달라요. '싫다'는 감정적 표현이죠. '싫다'의 어원이 옛말 '슳다'인데 이것은 '슬프다'의 어원도 돼요. '밉다'는 앞

197

서 얘기했듯 '싫다'보다 더욱 감정적인 표현이고. 실은 '밉다'의 정확한 반대말은 '곱다'에요. 여기에 비해 '나쁘다'는 이성적 표현이죠. 그저 내 맘에 들지 않는 것이 아니라, 이성적으로 판단해서 나쁘다는 의미를 담고 있죠. 더욱 이성적인 표현으로는 '옳다/맞다 ↔ 그르다/틀리다'가 있어요. '옳다'나 '맞다'는 의미로 '좋다'를 사용하기도 하죠.

이게 따지고 보면 의미가 다 다르지만, 사실 이어지는 면이 있어요. 당연히 옳은 사람이 좋아지겠죠? 그른 사람이 싫어지고, 미워질 테고. 인지상정이죠. 그러니까 같은 단어를 쓸 수 있는 거죠.

그런데 문제는 우리가 긍정적인 의미에 대해서는 그냥 '좋다'란 단어 하나로 퉁치면서, 부정적인 의미는 싫다, 밉다, 나쁘다, 틀리다 등등 세분화해서 표현하는 경향이 있다는 것이에요. 긍정적인 가치보다 부정적인 가치에 너무 집중한다는 생각이 들어. 좋은 게 좋은 거잖아요? 우리가 평소에 긍정적인 가치에 더 집중해서 그냥 '좋다'고 퉁치지 말고, 곱다, 예쁘다, 옳다, 이렇게 좀 더 구체적으로 표현하고, 부정적인 가치에 대해서는 너무 세세하게 꼬집지 말고 그냥 '좀 별로다' 이 정도에서 넘어간다면 좀 더 긍정적인 생활을 할 수 있지 않을까 싶어요.

좋은 것보단 싫은 게 더 문제

김심리 | 저는 여기 대해서도 생각이 좀 달라요. 우리가 평소에 부정적인 가치를 더욱 세분화시켜 표현하는 것은 그만한 이유가 있다고 봐요. 말씀하신대로 좋은 건 좋은 거잖아요. 군이 따지지 않아도 되죠. 하지만 싫은 것

은 반드시 분석이 필요하다고 봐요. 저는 누가 누구 좋다고 하면 꼬치꼬치 안 물어봐요. 하지만 누구 싫다고 하면 "왜 싫어? 어디가 어때서 싫은데? 어떤 식으로 얼마나 싫은데?"라고 물어봅니다. 왜냐면 싫은 것은 부정적인 감정이고, 어떤 식으로든 우리에게 해가 되는 감정이잖아요. 누굴 미워하는 사람이나 미움을 받는 사람이나 스트레스를 받고, 주변 사람들까지 영향을 받고…. 위험요소가 되죠. 이러니까 잘 따져봐서 무엇이 문제인지, 어떻게 풀어가야 할지 분석을 해봐야 한다고 생각해요.

원PD | 싫어하는 감정은 그 자체로 해결해야 할 문제이기 때문에?

김심리 | 그렇죠. 그러니까 사람들이 부정적인 감정에 대해서 보다 세부적으로 표현하는 것은 자연스러운 일이라고 봐요.

정철학 | 그 말은 맞아요. 하지만 긍정적인 감정에 대해서도 보다 주의를 기울인다면 부정적인 감정을 극복해 나가는 데 도움이 될 거라고 생각해요. 누굴 좋다고 할 때도 "그냥 좋아."라고 하는 것보다 구체적으로 좋은 점을 지적해 준다면, 기분도 더 좋고 서로 좋은 점을 발전시켜 나갈 수도 있을 테니까요.

나를 싫어하는 사람에 대처하는 우리의 자세

김심리 | 저는 사람 사이에 좋다 또는 싫다는 감정과 관계된 심리적 기제에 대해 분석을 해보았습니다. 저도 살면서 저를 싫어하는 사람들 때문에 고민한 적이 많고 저 자신도 돌아보게 되었는데요. 사실 저는 누가 절 대놓고 싫어해도 잘 모르는 편이에요. 사실 어린애도 아니고 어른끼리 싫어한다고 대놓고 말하는 경우는 거의 없잖아요. 물론 그래도 싫어하는 건 티가 나기 마련이죠. 그런데도 전 제삼자가 "누가 너 싫어하는 것 같아." 또는 "누가 너 싫다고 얘기했어."라고 전해주기 전까지는 눈치를 거의 못 채요. 그게 바로 제가 미움을 받는 가장 큰 원인 중 하나라는 걸 깨달았어요. 한마디로 눈치가 없는 거죠. 눈치가 없으니까 남의 기분을 잘 살피고 맞춰주지 못하고, 제 식대로만 대하니까 미움을 사게 되더라고요.

이건 다시 말하면 공감능력이 떨어지는 거라고 할 수 있어요. 우리 이전 〈공감 못하면 나쁜 건가요?〉 편에서 공감능력은 타고나는 부분이 크고, 성격심리학에서 말하는 '성격의 5대 특성' 중 '친화성'에 속한다는 것을 살펴봤었죠. 친화성, 즉 공감능력이 높은 사람은 남들이 나를 어떻게 보고 어떤 감정을 가지는지 민감하게 캐치해서 대처하기 때문에 미움을 받을 가능성이 적어요. 저처럼 친화성이 낮은 사람은 미움을 받을 가능성이 높고요.

하지만 양면성이 있죠. 친화성이 낮은 사람은 남에게 미움을 받아도 잘 알아차리지 못하거나, 알게 되어도 개의치 않는 경향이 있어요. '미움을 받으니 기분은 좋지 않지만, 생각해 보니 그럴 만도 하네. 어쩔 수 없지. 내가 싫은가 보네. 나도 쟤가 싫으니까 상관없어.'

정철학 | 아, 공감 꽉꽉 된다.

김심리 | 정철학 님은 저처럼 친화성이 낮은 분이니까요. 반대로 친화성이 높은 사람은 남들에게 미움 살만한 일을 잘 하지 않지만, 어쩌다 미움을 받게 되면 금방 알아차리고 스트레스를 많이 받죠.

서상담 | 저도 친화성이 높은 편이라 어릴 때는 그랬어요. 지금은 거기서 많이 자유로워졌죠. 제가 최근에 상담한 학생 중에 바로 그런 문제로 고민하는 경우가 있었어요. 고등학교 2학년 학생인데, 겉보기에는 전혀 문제가 없어요. 굉장히 성격이 좋고, 예의 바르고, 남을 배려하는 태도가 몸에 배어 있는 학생이에요. 타고나기도 공감능력이 높고, 부모님께서도 항상 남을 먼저 배려하라고 가르치며 키우셨대요. 그러다보니 이게 지나쳐서 문제가 된 거죠. 아무리 노력해도 모든 사람들이 다 나를 좋아할 수는 없잖아요? 그런데 그걸 받아들일 수가 없는 거예요. 친구들 중에 누가 나 때문에 기분이 상하지 않았을까? 날 싫어하지 않을까? 그러면 어쩌지? 매일 이런 걱정에 시달리다가 이게 점점 심해져서 등교를 거부하는 상태까지 온 거예요.

미움 받을 용기 - 아들러 심리학 이야기

김심리 | 그런 극단적인 경우까지는 아니라도 남에게 사랑받지 못하는 상황을 잘 받아들이지 못하고 괴로워하는 사람들이 많아요. 이런 감정을 어떻

게 다뤄야 하는지에 대해서 심리학이 제시하는 해결책들이 여럿 있어요. 그중 대표적인 예를 하나 소개할게요. 몇 년 전 엄청난 화제를 일으켰던 베스트셀러 〈미움 받을 용기〉라는 책이 있어요.

원PD | 미움 받을 용기? 잘 팔릴 만한 제목이다.

김심리 | 엄청나게 잘 팔렸죠. 역시 책은 제목이 중요해요. 그런데 이 책은 내용도 좋아요. 전 처음에는 제목만 보고 그냥 흔한 자기계발서인가보다 했는데, 상당히 깊이 있는 내용을 담고 있어요. 저자 이름이 기시마 이치로, 일본인인데요. 아들러 심리학 전문가에요. 알프레드 아들러라는 심리학자가 주장한 심리학을 '개인 심리학' 또는 '아들러 심리학'이라고 하는데, 이 책은 이 아들러 심리학을 알기 쉽게 설명하는 내용이에요.

알프레드 아들러 (1870~1937)
오스트리아 출신의 정신의학자이자 심리학자. 프로이트, 융과 함께 현대 심리학의 거장으로 손꼽힌다. 아들러는 프로이트와 9년간 함께 정신분석 연구를 했으나 견해 차이로 대립하였고, 프로이트의 '분석 심리학'에 맞선 '개인 심리학'을 주창하였다.

김심리 | 아들러 심리학의 특징에 대해 간단히 설명 드릴게요. 아들러 심리학은 프로이트로 대표되는 분석 심리학에 대한 비판에서 출발하는데요. 분석 심리학에서는 과거의 경험에 초점을 맞춰요. '트라우마'라는 말 들어보셨죠? 분석심리학에서는 사람이 과거에 경험한 충격이나 상처, 결핍 같은 것 때문에 현재의 문제가 일어났다고 보고, 그 원인을 찾아내는 데 집중해요. 그런데 개인 심리학에서는 과거보다는 미래와 변화 가능성에 집

중하죠. 무슨 이유로 지금의 문제가 생겼든지 그건 크게 중요하지 않고, 중요한 건 변화할 수 있다는 가능성이다. 트라우마가 있다 해도 그에 얽매이지 말고, 변화할 수 있는 자원과 방법을 찾아야 한다.

또 하나의 차이점은 분석 심리학은 인간을 분석할 때 동물적인 본성, 특히 성적인 욕구에 초점을 많이 맞추거든요.

원PD | 야해, 기본적으로 심리학이 야해. 맨날 성욕 타령…!

김심리 | 맞아요. 사실 프로이트는 인간의 행동을 너무 다 싸잡아 충족되지 못한 성욕의 결과로 설명하는 경향이 있어서 비판을 많이 받았죠. 물론 모든 인간은 동물이기에 누구나 동물적 본성을 갖고 있지만, 그게 전부는 아니잖아요? 아들러 심리학에서는 동물적, 성적 존재로서의 인간보다는 사회적 존재로서의 측면에 좀 더 초점을 맞춰요. 인간관계나 사회 구성원으로서의 욕구. 그래서 아들러 심리학에서 중요하게 보는 것이 '인정욕구'입니다. 말 그대로 남에게 인정받고 싶어 하는 욕구. 남에게 사랑받고 싶고, 미움 받기 싫어하는 마음이 바로 인정욕구에요. 사회적 존재인 인간은 누구나 인정욕구를 갖고 있죠.

아들러 심리학에서는 이 인정욕구에 대해서 이렇게 이야기해요. 남에게 인정받고, 사랑받고 싶다. 당연해, 인간이니까. 그러나 인정욕구에 지나치게 사로잡힌 사람은 개인으로서 독립된 삶, 진정한 나로서의 삶을 살아갈 수가 없다. 인정욕구에 사로잡힌 사람은 언뜻 남들에 신경을 많이 쓰는 것 같지만, 실은 남이 아니라 자신에게만 신경 쓰는 사람이다.

진정으로 사회적인 사람이라면 다른 사람의 입장을 생각하고, 그 사람은 어떤 사람이며 어떤 상황인지, 상대방의 존재 자체에 관심을 기울일 텐데, 남이 나를 어떻게 보는지에 대해서만 신경을 쓴다면? 그 관심의 초점은 결국 '나'인 거예요! 다른 사람의 눈에 비친 나에게만 신경을 쓰는 거죠. 그러니까 남의 시선에 대해 지나치게 신경을 쓰는 사람은 결국 나에 대해서만 신경을 쓰는 되게 이기적인 사람인 것이다. 아들러는 이 점을 지적해요. 제가 친화성이 낮아서 남들에게 미움을 많이 받았고, 그에 대해서 많이 고민했었다고 했잖아요. 그 결과 웬만큼 나이 먹고 나서 내린 결론이 이 아들러의 생각과 많이 일치하더라고요.

원PD | 오, 그럼 '김들러'네? 김들러의 결론이 뭔가요?

김심리 | 하하…. 저의 결론이 뭐냐면, 물론 누군가가 나를 싫어한다면 내 기분이 좋진 않죠. 하지만 생각해 보면 그 사람은 나를 싫어할 권리가 있잖아요. 내가 다른 누군가를 싫어할 권리가 있듯이 말이에요. 그런데 내가 무슨 권리로 그 사람이 나를 꼭 좋아해야 한다고 기대할 수 있겠어요? 그냥 싫은가 보다, 받아들여야죠. 인정하고 존중해야죠. "나를 왜 싫어하지? 내가 뭘 잘못했다고! 부들부들…" 이건 그 사람의 판단과 취향을 무시하는 것이에요.

인정 욕구를 벗어나 자립하기 위한 길

원PD | 그렇다면 인정 욕구에 사로잡히지 않기 위해서 어떻게 해야 할까요?

김심리 | 인정욕구에 사로잡히지 않고 자립적으로 살기 위해서는 어떻게 해야 하는가? 이를 위한 아들러의 조언을 세 가지 정도로 요약할 수 있어요. 첫째는 다른 사람과 입장 바꿔서 생각을 해 봐라.

원PD | 역시 역지사지는 진리군요.

김심리 | 내 입장에서만 생각하면 저 사람이 나를 싫어하는 게 이해가 안 가겠지만, 입장 바꿔 생각해 보면 어떨까요? 누가 자기를 싫어한다면 왜 싫어하는지 곰곰이 따져보는 것이 우선이겠죠. 정말 그냥 내가 생긴 게 싫어서 싫어하나? 그런 거면 어쩔 수 없지만, 내가 뭔가 그 사람에게 피해나 상처를 줘서 그렇게 된 거라면? 그게 내 의도가 아니었다 해도, 만약 고칠 수 있다면 고치는 편이 서로에게 좋은 거잖아요. 입장 바꿔 생각해 봐야 관계의 문제를 풀어나갈 수 있죠.

두 번째는 나를 싫어하는 상대방 또한 자립된 존재임을 인정하라. 그 사람은 그 사람 자체로서 존재하는 것이에요. 나를 만족시키기 위해 존재하는 것이 아니란 말이에요. 나도 남을 만족시키기 위해 살아가는 존재가 아니듯이, 상대방도 나를 위해 살아가는 존재가 아니니까, 나를 싫어할 수 있는 권리를 인정하라.

세 번째는 타인의 과제와 나의 과제를 분리하라. 무슨 말이냐면 나를 싫어하는 것은 그 사람의 문제다 이거에요. 첫 번째로 얘기했듯 누가 날 싫어한다면 왜 싫어하는지 알아봐서 내가 고칠 수 있다면 고치는 것이 좋죠. 그런데 고칠 수 없는 점이라면? 내가 생겨먹은 자체를 싫어한다거나, 내 힘으로 어찌할 수 없는 상황 때문에 나를 싫어한다거나. 그러면 그건 그

205

사람의 문제에요. 거기서부터는 신경을 끊어야 해요. 내가 어찌할 수 있는 문제도 아닌데 계속해서 신경을 쓰다보면 내 마음만 괴롭고 나도 그 사람이 점점 미워지고, 악순환이 된다. 그러니까 거기서 문제를 분리하고 딱 끊어라. 이렇게 하면 남이 나를 싫어하는 문제에 대해서 어느 정도 해결을 할 수가 있다.

그래서 궁극적인 결론이 뭐냐 하면, 내가 사회적인 존재로서 진정한 행복감을 얻으려면 남들이 나를 다 좋아해야 되고 내가 남들 기분을 다 맞춰줘야 하는 것이 아니라, 내가 나 자신으로서 살아가면서 남들에게 도움을 주는 존재가 되면 된대요. 남의 시선에 휘둘리면 안 된다고 해서 남들을 완전히 무시하고 살아갈 수는 없겠죠. 바람직하지도 않고, 인간은 사회적 존재니까요. 그러니 남들에게 인정을 받으려고 아등바등하기보다는 진정으로 남들을 도와주려고 노력해라. 그래서 스스로 '난 다른 사람들에게 도움이 되는 존재다.'라는 확신이 들 때 진정한 만족감을 얻게 된다. 그러기 위해서는 내가 변화할 수도 있고. 그러니까 "누가 날 싫어하지만, 내가 이렇게 생겼는데 어쩌란 말야!"하는 식의 태도는 바람직하지 않고, 내가 고칠 수 있는 점은 고치되, 고칠 수 없는 부분에 대해서는 신경을 끊어라, 이거죠.

자립하기 위해 가장 중요한 것은 용기

김심리 | 지금까지의 이야기에서 가장 중요한 키워드는 '자립'과 '변화'죠. 그런데 인간이 자립하고 변화하기 위해서 가장 중요한 자원이 바로 '용기'라는 거예요. 아까 그 상담 받은 학생처럼 '남들이 날 싫어하면 어떡하지?' 전전긍긍하면서 내가 미움 받는 것 자체를 받아들이지 못하면 그 어떤 것도 할 수가 없어요. 모든 사람이 나를 사랑해야 해? 그럼 난 모든 사람을 사랑하나? 아니잖아! 나도 분명히 싫어하는 사람이 있을 거라고. 그러니까 누가 날 싫어하는 것을 감당할 수 있는 용기가 있어야 내가 변화도 할 수 있고, 자립도 할 수 있다. 그래서 책 제목이 〈미움 받을 용기〉인 거예요.

정철학 | 이야, 의미심장한데!

서상담 | 그 학생에게 가장 필요한 자원이 용기라는 말이 맞는 것 같아요. 누가 자길 싫어할까 봐 두려움이 너무 커서 학교도 가지 못하고 있는 상황이니까요. 특별히 교우관계에 문제가 있다거나 왕따를 당한 것도 아닌데 그래요. 지금 학교를 그만두고 혼자 공부할 것인가, 전학을 갈 것인가 고민하고 있는 상황이거든요. 다른 사람의 시선 때문에 자기 삶의 중요한 부분을 포기하게 될 판이잖아요?

김심리 | 만약 분석 심리학에서 그 여학생을 본다면 분명히 '네가 그렇게 미움 받는 걸 두려워하는 이유는 부모님이 그렇게 키웠기 때문에, 과거에 어떤 충격이나 상처 때문에 그렇게 됐을 거다. 어쩌구저쩌구…' 이렇게 분석

을 할 거란 말예요. 그런데 개인 심리학, 아들러 심리학에서는 '네가 그런 이유 때문에 그렇게 생각하게 된 것은 알겠는데, 그 생각이 틀렸어. 고쳐. 미움 받아도 돼. 죽지 않아. 다른 사람은 널 싫어할 권리가 있다. 신경 쓰지 말고 너 자신대로 살면 돼. 용기를 가져라.'고 하는 거죠.

물론 말은 좋지만 그렇게 마음을 바꾸는 게 쉬운 일은 아니겠죠. 아들러 심리학을 완전히 내면화하려면 살아온 날수의 절반이 필요하다는 말이 있더라고요. 예를 들어 제가 대충 35년 정도 살았는데…, 좀 줄였어요. 하하…. 아무튼 만 35세 된 사람이 이제 와서 아들러 심리학의 교훈대로 살려고 결심한다 해도 살아온 날의 절반, 그러니까 17~18년 동안 열심히 노력해야 가능하다는 이야기지요. 그러니까 결코 쉽게 되는 일은 아니지만, 부족하고 실패해도 항상 이 교훈을 마음속에 간직하고 그것을 따라 살려고 노력한다면 완전히는 아니어도 점점 올바른 방향으로 갈 수 있겠지요?

원PD | 아들러 심리학이 세네요.

정철학 | 이 아들러 심리학이 인간의 발전과 변화 가능성을 강조하기 때문에 좀 철학이나 윤리학 느낌이 나잖아요? 분석 심리학에 비해 과학적이고 분석적인 요소가 덜하기 때문에 그동안 심리학 쪽에서는 상대적으로 저평가되어 왔어요. 오히려 철학 쪽에서 아들러를 더 높이 평가하지.

김심리 | 맞아요. 하지만 최근 들어 재평가되고 있는 추세예요. 〈미움 받을 용기〉가 베스트셀러가 된 것만 봐도 알 수 있죠.

원PD | 나를 싫어하는 사람에 대한 아들러의 조언은 한 마디 한 마디 버릴 것이 없네요. 하지만 나의 과제와 남의 과제를 분리해서 딱 신경을 끊어버린다는 것이 정말 말처럼 쉽게 되지는 않을 것 같아요.

김심리 | 그런데 이것도 마음먹고 해 보면 생각보다 어렵지 않아요. 누가 날 싫어한다는 걸 알게 되면 나도 신경이 쓰이고 예민해지고, 그 사람이 싫어지잖아요? 그러면 나도 그 사람을 싫어하는 티가 날 테고, 그렇게 되면 그 사람은 가뜩이나 나를 싫어하는데 더 싫어하게 될 테죠. 그렇게 감정이 증폭이 된단 말이에요. 근데 누가 날 싫어하는 낌새가 있어도 그냥 모른 척하고 나는 아무렇지 않게 그 사람을 대해 봐요. 그럼 어느 순간 그 사람의 감정도 수그러드는 경우가 많아요. 그러고 나면 괜히 미안한지 더 잘해주기도 한다니까요.

누굴 싫어하는 게 나쁜 건가요?

원PD | 그럼 이제 윤리적인 문제를 살펴볼까요? 누군가를 싫어하는 행위는 윤리적으로 나쁜 건가요?

정철학 | 싫어한다는 것은 감정이잖아요. 윤리에서 감정 자체는 아무런 문제가 안 됩니다. 누군가를 보고 싫다는 감정이 드는 것은 내면이나 무의식에서 저절로 생겨나는 일이고, 내가 의식적으로 바꾸기 어려운 일이기 때문에 윤리적 판단 대상이 될 수 없어요. 다만 그 감정이 밖으로 드러나 누군가에게 영향을 준다면 그때부터 판단 대상이 되죠. 윤리에서 문제 삼는 것은 마음이 아니라 행위, 특히 자유의지에 의한 행위에요. 누가 싫어도 티만 안 내면 된다는 얘기지. 근데 사람이 그게 되나요? 얼굴에 다 쓰여 있고, 말 한 마디를 해도 꼭 끝을 비틀고, 그렇게 되죠. 아니면 남에게 험담을 하고. 그러다 보면 폭력으로 이어질 수도 있고.

원PD | 그렇죠. 지나가다 어깨빵 뻑!!

정철학 | 윤리학에서 '악으로의 경향성'이라는 말이 있는데, 인간은 착한 것보다 나쁜 것을 선택하기 쉽다. 그리고 한 번 나쁜 쪽으로 가면 점점 더 나쁜 쪽으로 가게 되는 성질이 있다는 것이에요. 다들 공감하시죠? 끔찍한 폭력, 학대, 증오 범죄가 처음엔 사소한 이유로 시작되는 경우가 많아요. 처음엔 그냥 싫었다가 점점 싫어져 미워하게 되고, 언어폭력을 하고, 그러다

실제 폭력을 하게 되고, 결국 왕따시키고 죽여 버리기까지 하는…. 그렇기 때문에 나쁜 가능성은 아예 처음부터 뿌리 뽑자는 것이 윤리학의 입장이에요. 나쁜 감정, 나쁜 생각을 갖고 있으면 그것이 나쁜 행동으로 연결될 수 있으니 최대한 원천봉쇄 하자는 것이지요.

그렇지만 나쁜 생각이나 마음이 드는 것 자체는 윤리적인 책임을 물을 수가 없어요. 누가 싫다는 생각이 들면 그걸 드러내기 전에 내가 왜 그 사람을 싫어하는지 진정한 이유를 곰곰이 생각해 봐야 해요. 그리고 내 마음을 다스리고, 좋은 생각을 하고 좋은 면을 봐서 최대한 나쁜 마음을 없애도록 노력해야지요. 누군가를 싫어하는 마음은 사실 내 문제인 경우가 많아요. 내 마음을 정당화하기 위해 그럴듯한 이유를 자꾸 갖다 대면 오히려 나쁜 마음을 더 키우게 되죠.

싫어하는 마음이 폭력이 된다 – 악으로의 경향성

원PD | 그 말씀이 전 정말 공감이 가요. 우리가 앞서 살펴봤듯 사람이 취향이나 기호라는 게 있으니까, 그리고 자기도 잘 모르는 어떤 트라우마 같은 무의식도 있고, 그래서 누가 딱히 잘못한 것도 없는데 그냥 싫은 마음이 들 수가 있단 말이에요.

그런데 어린 친구들일수록 그런 마음을 받아들이기 힘들어 해요. 그런데 싫어하니까 티는 나죠? 주변에서 "너 쟤한테 왜 그래? 쟤가 왜 맘에 안 들어?"라고 물어보면 "그냥 싫어. 내 스타일이 아냐." 이게 정답인데 그렇게 말하면 내가 이상한 사람이 된 것 같단 말야. 뭔가 그럴 듯한 이유가 있어야 할 것 같으니까, 사실은 그냥 싫었던 건데, 아니면 정말 사소한 이유 때문에 싫어진 건데도 불구하고, '내가 쟤를 왜 싫어했지?' 자꾸 생각해서 그럴 듯한 이유를 갖다 붙여요. 거기 살을 붙여서 다른 사람한테 전달합니다. 그럼 또 그게 부풀려져서 다른 사람한테 전달되고…. 그러다 보면 내가 그 사람을 싫어하는 마음이 정당화되고, 싫어하는 마음도 점점 커지게 되죠. 그리고 소문의 대상이 된 사람은 어느새 진짜 이상한 사람이 돼 있고.

정철학 | 그렇게 왕따가 되는 거지. 어떤 집단에 대한 혐오, 가짜뉴스도 그렇게 해서 생겨요. 그냥 낯설어서 싫거나 아니면 내가 힘들어서 화풀이할 대상이 필요한 것뿐인데, 그럴 듯한 이유를 막 갖다 붙이다 보니 사실이 아닌 소문들로 낙인을 찍어 버리죠. 가짜뉴스가 퍼진 뒤에는 아무리 아니라는 증거를 갖다 대도 사람들이 한 번 굳어진 믿음을 잘 안 바꿔요. 그냥 미워하고 싶기 때문에 이유를 찾는 거지, 진실을 원하는 게 아니거든.

원PD | 제가 볼 때 사람마다 차이는 있지만 '누가 그냥 싫다'란 마음을 받아들일 수 있으려면 40대 정도는 돼야 하는 것 같아요. 마흔 넘은 사람들끼리 모여 있으면 그중에 사이 안 좋은 사람들이 있어도 싸우지 않아요. 술을 진탕 마셨다 해도 거의 안 싸워. 그런데 20대 친구들끼리 술자리에 모였는데, 그 중에 사이 불편한 사람들이 있다? 싸우게 되지. 그게 누가 그냥 싫다는 자기 마음을 못 받아들여서 그렇게 되는 것 같아요. 싸워서 해결되는 문제가 절대 아닌데, 그걸 모르니까.

싫어하는 마음을 정당화하지 말라

김심리 | 어릴 때는 인간관계 경험도, 내 감정을 다뤄본 경험도 적으니까 그럴 수밖에 없죠. 근데 30대 중반 정도면 그게 돼야 한다고 전 생각하거든요. 제가 최근에 비슷한 일을 당해 봤어요. 저랑 사이가 불편한 분이 하나 있거든요. 특별히 누가 뭘 잘못한 건 아니고, 그냥 안 맞아요. 성격이나 사고방식이 너무 달라요. 만날 때마다 불편하고 트러블이 생겨요. 저는 그럼 최대한 안 만나면 된다고 생각하거든요. 누가 그 사람이랑 왜 서먹하냐고 물어보면 "그냥 저랑 안 맞아요. 되도록 안 만나려고요."라고 대답해요. 근데 들어보니 그분은 아니더라고요. 그분도 사실은 내가 싫어서 안 만나고 싶은 건데, 자꾸 다른 핑계를 대는 거예요. 계속해서 못 만나는 핑계를 만들어내고, 사실은 본인이 절 싫어해서 피해 다니면서, 제가 본인을 피해 다녀서 못 만난다는 식으로 얘기하고 다니시더라고요. 제가 그 말을 다른 사람한테 전해 듣고서 "그래, 그냥 내가 안 만나서 못 만나는 걸로 해줘라."라고 대답했어요.

원PD | 뭐야, 왜 그러는 거야?

김심리 | 그게 바로 그런 심리인 거죠. 내가 그냥 싫다는 걸 못 받아들이는 거지. 이유 없이 누굴 싫어한다고 하면 이상한 사람인 것 같으니까, 자긴 좋은 사람이고 상대가 이상한 사람인 걸로 몰고 싶은 거예요. 저는 어린 나이면 모를까, 30대 후반이라면 그런 태도는 미성숙한 것이라고 봐요. 그리고 내가 누굴 싫어할 수 있다는 사실을 못 받아들이면, 누가 나를 싫어

한다는 사실도 잘 못 받아들이는 것 같아요.

원PD | 그런데 나이 먹어가면서 그런 사람들은 좀 걸러지는 것 같아요. 남에 대해서 이러쿵저러쿵 말하고 다니는 사람들 말이에요. 어릴 때는 그런 얘길 들으면 "아 정말? 걔가 그런 애였어?"라고 쉽게 솔깃하지만, 시간이 지나면서 그런 얘기가 다 사실이 아니라는 걸 경험하게 되고, 남 얘기 하고 다니는 사람들의 특징 같은 걸 알게 되면서 차차 달라져요. 그 앞에서는 "그렇구나." 하면서도 쉽게 판단하지 않고, 오히려 그런 사람들에게 거리를 좀 두게 되죠. 왜냐면 그런 사람들은 어디 가서 또 나에 대해서 그런 말하고 다닐 거라는 걸 알거든.

김심리 | 맞아요. 학생들 가운데는 친구 관계에서 이런 문제 때문에 고민하는 친구들이 많을 텐데, 시간이 해결해 주는 부분이 많다는 걸 믿고 용기를 가지셨으면 좋겠어요. 용기가 가장 중요한 자원이라는 결론에 또 이르게 되네요. 그리고 우선 나부터 남에 대해 쉽게 말하고, 쉽게 판단하는 태도를 고쳐야 하겠고요.

나를 싫어하는 사람들에 대처하는 6단계 매뉴얼

원PD | 자, 그럼 이제 현실적인 해결책을 좀 생각해볼까요? 지금까지 살펴본 심리학, 철학, 이런 심오하고 근본적인 얘기들 말고! 실생활에 딱 써먹을 수 있을 만한 실천 요령 없을까요? 나를 싫어하는 사람들! 어떻게 대처하면 좋을까요?

김심리 | 제가 일단 지금까지 나눈 내용들을 토대로 나를 싫어하는 사람들에게 대처하는 요령을 단계별로 정리해 봤어요.

첫째, 그 사람이 나를 왜 싫어하는지 그 이유를 분석해 보는 것이 가장 우선이죠.

둘째, 그 사람이 날 싫어함으로써 나에게 실질적인 피해를 줄 수 있는 사람인지 아닌지, 어떤 피해를 얼마나 줄 수 있는지 파악해야 해요. 누구든 날 싫어한다면 기분이 좋지 않겠지만, 그 사람이 나에게 실질적인 피해를 줄 수 있는 사람이라면 대처 범위가 달라져야 해요.

셋째는 그 사람이 나를 싫어하는 이유를 분석해 봤는데, 만약 내가 정말 그 사람에게 뭘 잘못했거나 또는 그 사람이 싫어하는 점을 내가 고칠 수 있고, 그런 편이 나에게도 좋겠다고 판단되면 고치도록 노력해야죠.

넷째, 따져봤는데 내가 그 사람에게 딱히 잘못한 것이 없다. 그리고 내 판단에 그 사람이 싫어한다고 내 어떤 점을 고쳐야 하는지, 억울한 생각이 들고 받아들일 수 없는 경우도 있어요. 하지만 그렇다 해도 그 사람이 나에게 실질적인 피해를 줄 수 있는 사람이라면 어느 정도 양보할 수밖에 없는 경우도 있죠.

원PD | 그렇죠. 나와 가까운 곳에서 나에게 영향을 미칠 수 있는 힘을 가진 사람, 대표적인 예로 직장상사, 고용주.

김심리 | 아니면 시어머니라든가, 빚쟁이라든가…, 그런 경우에는 내가 억울해도 양보를 할 수밖에 없어요. 이 점은 아무래도 내가 잘못한 게 아니고 고쳐야 할 점이 아닌데, 그래도 그 점 때문에 누군가 나를 싫어해서 내가 손해를 입을 수 있다면, 이제 잘 생각해서 판단을 해야 해요. 내가 어디까지 양보할 수 있을 것인가? 그래서 '여기까지는 양보할 수 있겠다.' 판단이 섰다면 딱 결심하고 그때부터는 억울한 마음을 버리고 그렇게 해야죠. 그런데 '난 이건 양보 못하겠다.'하는 점이 있다면, 지켜가야죠. 대신 손해를 감수해야죠. 물론 정말 심각하게 부당한 일이 있다면 법적으로 문제를 해결해야겠지만, 그 정도가 아닌 일상적인 문제, 감정적인 문제에 대해서는 내가 내 마음의 선을 딱 그어서 지키는 것이 중요해요.

그 다음 다섯째, 내가 미움 받는 이유 중에서 이건 내가 어떻게 할 수 있는 문제가 아니다. 아무리 노력해도 고칠 수 있는 게 아니다. 그렇게 판단되는 부분이 있다면 거기 대해서는 신경을 딱 끊는 수밖에 방법이 없어요. 아들러 심리학에서 나온 얘기죠? 나의 과제와 남의 과제를 분리하라. 내가 어떻게 해도 고칠 수 없는 점 때문에 누가 날 싫어한다면 그것은 내가 아니라 그 사람의 문제입니다. 그런 경우에 오히려 저는 그 상대방을 불쌍하게 여기라고 이야기해요. 왜냐면 그 사람은 절대로 달라질 수 없는 면 때문에 제가 싫고, 볼 때마다 거슬릴 테니 얼마나 힘들겠어요? 남 싫어하는 것도 꽤나 기 빨리는 일인데 말이에요.

이런 경우에 가장 좋은 해결책은 최대한 덜 보는 것이에요. 이게 여섯째 단계에요. 어찌할 수 없이 불편한 사람끼리는 최대한 안 보는 것이 좋아요. 꼭 필요한 경우 말고는 보지 마라. 그리고 어쩌다 만났을 경우에는 최대한 감정을 빼고, 평정심을 유지하며 일관적으로 대하는 것이 좋다.

원PD | 나 자신을 로봇화 시키는 거지. "안. 녕. 하. 십. 니. 까. 반. 갑. 습. 니. 다."

김심리 | 맞아요. 나를 싫어하는 사람을 대할 때 제일 중요한 것이 평정심과 일관성이에요. 보통 사람들이 많이 하는 실수가, 특히 착한 사람들이 그런 경우가 많은데 나를 싫어하는 사람에게 더 잘해줘서 잘 보이려 하거나, 관계를 좋게 만들어보려고 노력하는 거예요. 그것 자체는 훌륭한 태도죠. 근데 날 싫어하고 부당하게 대우하는 것을 참아내면서 끝까지 그 사람한테 잘해줄 수 있으면 좋은데, 보살이 아닌 이상 그게 잘 안 되잖아요. 잘하려고 노력할수록 분하고 억울한 게 쌓이고, 언젠가는 터지게 되죠. 참고 잘해주다가 갑자기 울분 터뜨리고 그러면 관계가 더 안 좋아져요. 내가 더 이상한 사람이 되고, 그 사람이 날 싫어할 이유를 더 만들어주게 되는 거죠. 끝까지 못 참을 바에는 아예 시작도 안 하는 게 나아요.

일정한 거리를 두면서 내가 할 수 있는 한계 안에서 일관적으로 대하는 게 제일 낫다. 인간관계에서 일관적인 게 되게 중요해요. 이랬다저랬다 오락가락하는 것이 제일 나빠요. 못돼먹었어도 일관적이면 사람들이 그걸 인정해 줍니다.

서상담 | 그런데 날 싫어하는 사람에게 평정심을 가지고 일관적으로 대한다는 게 말처럼 쉬운 일은 아니긴 해요. 정답이긴 한데, 굉장히 오랜 시간과 노력이 필요한 일이에요.

김심리 | 그러니까 그렇게 할 수 있으려면 제가 지금까지 얘기한 앞 단계를 다 거쳐야 해요. 처음부터 딱 그럴 수 있는 사람은 많이 없을 거예요.

누가 나를 싫어하든, 내가 누굴 싫어하든 인정할 수 있어야

원PD | 제가 얘기하고 싶은 건 누가 날 싫어하는 것을 자존심 문제로 만들지는 말았으면 좋겠다. 사람마다 다 기호가 있고 사정이 다르니까 날 싫어할 수도 있는 건데, 나라고 남들 다 좋아하는 것 아니면서, 누가 날 싫어한다면 굉장히 자존심 상해하는 사람들이 있어요. 그리고 날 싫어하는 사람이라 해도 어떤 이유로 필요하면 협력할 수도 있고, 내가 양보할 수도 있는 거예요. 그걸 내가 자존심을 꺾어야 하는 일로 여기고 받아들이지 못하면 문제가 복잡해져요. 주변에 피해를 주기도 하고. 날 싫어하는 누군가를 인정하고 받아들이는 일, 존중하는 것이 내 자존심을 꺾는 것과는 다르다는 사실을 명심했으면 좋겠어요. 누가 날 좋아하고 싫어하는지에 나 자신의 가치가 달려 있는 것은 아니니까요.
두 번째는 누군가를 싫어하는 내 감정을 인정하고 솔직히 말할 수 있어야겠다. 대단한 이유가 없어도 누군가 맘에 안 들 수 있는데, 그런 내 마음을 자꾸 변명하고 정당화하려다 보면 그 상대에게 더 큰 피해를 줄 수 있다는 얘길 우리가 했잖아요? 반대로 누군가 솔직하게 "난 쟤가 그냥 맘에 안 들어. 나한테 크게 잘못한 것도 아니고 나쁜 사람 아니란 거 알지만, 뭔가 나와 맞지 않아."라고 말했을 때 "왜 괜히 사람을 싫어해?"라고 판단하지 말고, 그냥 "넌 그렇구나."하고 그 사람의 마음을 있는 그대로 인정해줘라.

정철학 | 누굴 싫어한다는 건 그 사람에 대해서 어느 정도 안다는 얘기거든요. 아예 모르는 사람을 싫어할 수는 없으니까. 그렇지만 또 그 사람에 대한 전부를 알고 싫어하는 경우도 별로 없을 거란 말예요. 그러니까 누가 날 싫어하고 왜 싫어하는지에 대해 분석을 했다면, 나의 다른 면을 보여주는 것도 한 방법이 될 수 있어요. 물론 그 사람이 좋아할 만한 모습을 거짓으로 연기하라는 게 아니고요. 사람은 누구나 다양한 모습이 있잖아요? 그 사람은 나의 일부만 보고 판단한 것일 수도 있으니까요. 무조건 피하지만 말고 좀 열린 마음으로 다양한 관계를 맺으면서 소통하면 달라질 수도 있겠죠.

원PD | 그것도 그러네요. 신기하게 원래 사이 안 좋았던 사람들인데, 뭐 하나 맞으면 급 친해지는 경우도 많더라고요. 관계가 불편한 사람과는 되도록 안 부딪치는 것이 제일 좋은 방법이기는 하지만, 안 보고 싶다고 안 볼 수 있는 사람끼리는 사실 그렇게 문제가 될 일이 별로 없겠죠. 어쩔 수 없이 보고 지내야 하는 사이라면 관계를 개선하는 것이 좋고, 그렇다면 그 사람에게 나의 새로운 면모를 보여주도록 노력하는 것도 좋겠다.

싫은 사이에도 가능성은 있다

김심리 | 거기 또 덧붙이고 싶은 말이, 주변에서 보면 간혹 남을 미워하는 힘으로 살아가는 사람들이 있어요. 남 미워하는 것도 스트레스인데, 그렇게 싫으면 최대한 안 보고 신경 끄면 될 텐데, 굳이 찾아다니면서 욕하고 해코지하고 그런 걸 삶의 원동력으로 삼죠. 악플러나 혐오범죄자 같은 경우가 대표적인 예가 될 텐데, 실생활에도 그런 성향의 사람들이 있어요. 항상 누군가를 미워하고 싫어하고, 대놓고 욕하는 게 습관인 사람.

누군가 싫어하는 감정 자체는 죄가 안 되고, 솔직하게 인정하는 것도 주변에서 받아들여주자고 했지만, 사실 이유 없이 누굴 싫어하는 것이 자랑은 아니란 말예요. 가급적 표현을 자제하되 인간적으로 안 되는 부분은 솔직히 인정하자는 것이지, 나쁜 마음을 마구 표출하자는 이야기가 아니죠. 앞서 살펴봤듯 사람에게는 '악의 경향성'이 있기 때문에 미움을 거리낌 없이 드러내고 옆에서 맞장구쳐주고 부추기고 하다보면 미움이 점점 커지고, 나중에는 실제 해코지나 싸움까지 갈 수도 있어요. 그러니 그런 건 바람직한 태도가 아니에요. "누굴 싫어하는 것이 죄는 아니지만, 자랑도 아니다. 그리고 미움을 너무 거리낌 없이 표출하는 것은 인간에 대한 예의가 아니다." 명심하고, 가까운 사람이라면 이런 따끔한 충고도 해줄 수 있으면 좋겠어요.

정철학 | 어떤 이유로 누가 싫다면 그 이유가 정말 사실인지 확인해 볼 필요도 있어요. 누굴 싫어하는 것이 얼마나 위험한 일인데, 팩트체크는 해봐야지. 그리고 생각을 좀 바꾸면 날 싫어하는 사람도 나의 인적자원이 될 수 있어

요. 듣기 좋은 말만 들으면 사람이 발전이 없거든요. 가까운 사람들이 미처 못 보거나 말 못해주는 나의 문제점을 파악하는 계기가 될 수도 있고. 또 날 싫어하는 것도 어디까지나 관심이니까. 관심이 없으면 싫어하지도 않죠. 그러니 어떤 반전의 계기가 온다면 오히려 더 좋은 관계가 될 수도 있어요. 그런 가능성을 항상 열어둡시다.

김심리 | 제가 보면 나이 어린 친구들이나 또는 마음이 여린 친구들이 날 싫어하는 사람에 대해 많이 신경 쓰고 괴로워하는 경우가 많은데요. 참 아이러니한 게 그런 친구들은 정작 싫어하는 사람이 그렇게 많지도 않아요. 정말 인간성 나쁘고 남들한테 피해 많이 줘가지고 적이 많은 사람들은 정작 지 미움 받는 거 별로 신경도 안 씁니다. 꼭 보면 진짜 남한테 신경 써야 될 사람들은 안 쓰고, 안 그래도 되는 사람들만 스트레스 받고 하더라고요. 남이 날 싫어하는 데 신경 쓴다는 것 자체가 내가 어느 정도 스스로를 고칠 수 있는 괜찮은 사람이라는 증거니까, 너무 스트레스 받지 않아도 된다는 말씀을 꼭 드리고 싶습니다.

나를 싫어하는 사람 대처하기 알고리즘

나를 싫어하는 사람들을 다음 알고리즘에 넣어 해결책을 찾아봅시다.

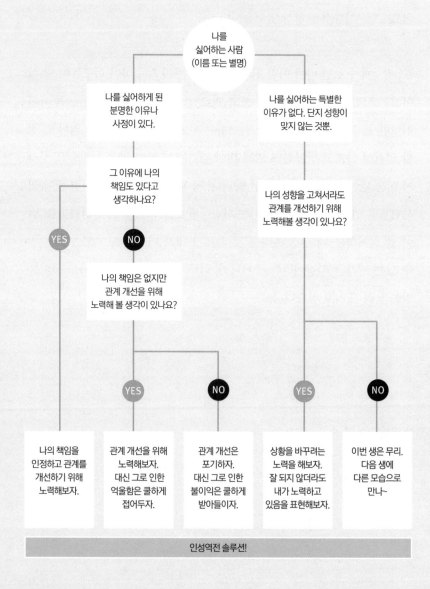

나를
싫어하는 사람
(이름 또는 별명)

나를 싫어하게 된
분명한 이유나
사정이 있다.

나를 싫어하는 특별한
이유가 없다. 단지 성향이
맞지 않는 것뿐.

그 이유에 나의
책임도 있다고
생각하나요?

나의 성향을 고쳐서라도
관계를 개선하기 위해
노력해볼 생각이 있나요?

YES   NO

나의 책임은 없지만
관계 개선을 위해
노력해 볼 생각이 있나요?

YES   NO   YES   NO

나의 책임을
인정하고 관계를
개선하기 위해
노력해보자.

관계 개선을 위해
노력해보자.
대신 그로 인한
억울함은 쿨하게
접어두자.

관계 개선은
포기하자.
대신 그로 인한
불이익은 쿨하게
받아들이자.

상황을 바꾸려는
노력을 해보자.
잘 되지 않더라도
내가 노력하고
있음을 표현해보자.

이번 생은 무리.
다음 생에
다른 모습으로
만나~

인성역전 솔루션!

人性逆轉

제 3장

우리를
만들어가는
인성

'싸가지 없네', 뭐가 없다고?

원PD | 정말 자주 쓰는 말입니다. 들리기도 자주 들리고 말하기도 자주 합니다. 나는 이런 것 같지 않은데 주변에 이런 사람은 참 많습니다. 욕이라고 보기에는 좀 약한데, 듣게 되면 기분은 썩 좋지 않죠. 반면 누군가를 평가할 때 가장 쉽게 등장하는 말이기도 합니다. 그런데 사람들마다 이에 대한 시각은 또 많이 갈립니다. 애매모호하면서 때로는 꽤 적절한 단어. 이 단어는 무엇일까요? 바로 '싸가지'!

〈인성역전〉 이번 주제는 바로 '싸가지'입니다. '싸가지 없다'는 일상에서 꽤나 흔히 쓰이는 말이고 심각한 욕도 아니지만, 우리의 마음을 복잡하게 하거든요. 누가 나보고 싸가지 없다고 하면 '내가 나쁜 사람인가? 인성이 부족한가?'란 생각이 들기도 합니다. 과연 싸가지를 어떻게 받아들여야 할까요?

김심리 | 말씀하신 것처럼 '싸가지 없다'는 굉장히 애매모호하고 다양한 의미로 쓰이는 단어에요. 그래서 정확한 의미를 알기 위해서는 일단 어원부터 따져봐야 한다고 생각했어요. '싸가지'란 단어의 어원을 조사해보니 두 가지 설이 있더라고요. 첫 번째는 '싹수'라는 말의 전라도 방언이라는 설입니다. 식물의 싹을 싹수라고도 하죠. '싹수가 노랗다'는 말도 있잖아요? '될성부른 나무는 떡잎부터 알아본다.' 이 속담에서 떡잎이 바로 싹수입니다. '싹수 없다'는 말도 가끔 써요.

원PD | 그런 의미면 누가 '싹수가 없다'는 말은 '쟤는 발전 가능성이 없다.'

서상담 | '쟤는 안 돼. 희망이 없는 애야.'

김심리 | 그렇죠. '쟤는 안 되겠다. 싹수가 노래~' 그런 말이죠. '싸가지'의 또 하나의 어원로는 '네 가지가 없다'에서 '4가지'→'싸가지'가 되었다는 설이 있어요. 여기서 네 가지는 동양철학에서 말하는 인의예지(仁義禮智)라고 해요. 인의예지란 말은 다들 들어보셨을 테지만, 자세한 설명은 철학 선생님께 듣고 가도록 하죠.

정철학 | 인의예지는 동양철학에서도 유교의 가르침이죠. 유교의 가장 대표적인 사상가로는 공자, 맹자 두 분이 있는데, 공자가 처음에 인의예지 네 가지 덕목을 말씀하셨고, 맹자는 거기에 신(信)을 덧붙여 인의예지신 5대 덕목을 완성했어요. 신, 즉 믿음은 인의예지 가운데서 네 덕목을 조화롭게 해주는 역할을 맡고 있고요, 인(仁)은 사랑, 의(義)는 정의 즉 옳고 그름, 예(禮)는 예절, 지(智)는 지혜를 의미합니다. 이 네 가지는 다시 사단(四端)으로도 풀이되죠.

사단(四端)

맹자가 말한 사람의 본성에서 우러나오는 네 가지 마음씨.

측은지심(惻隱之心) : 인(仁)에서 우러나는 측은히 여기는 마음, 즉 곤경에 처한 사람을 측은하게 여기는 마음.

수오지심(羞惡之心) : 의(義)에서 우러나는 부끄러워하는 마음, 즉 의롭지 못한 일에 대해서 부끄러워하고 미워하는 마음.

사양지심(辭讓之心) : 예(禮)에서 우러나는 사양하는 마음, 즉 남을 공경하고 사양하는 마음.

시비지심(是非之心) : 지(智)에서 우러나는 시비를 따지려는 마음, 즉 옳고 그름을 판단할 줄 아는 마음.

김심리 | 근데 이것은 싸가지의 어원으로는 좀…, 갖다 붙인 것 같은 느낌이 있어요.

정철학 | 저도 싸가지의 실제 어원은 '싹수'의 방언이 맞을 것 같아요. 하지만 우리 유교 문화권에서 이 인의예지 4가지를 싸가지에 갖다 붙인 것도 상당히 일리가 있죠. 왜냐면 인의예지는 인간의 본성에서 나오는 가장 기초적인 덕목들이니까, 이게 없다는 얘기는 인성의 기본이 안 돼 있다. 부족하다. 이런 뜻이 될 수 있죠.

원PD | 그러니까 원래 '싸가지'는 좋은 거죠? 싸가지가 있어야 하는데 없으니까 문제인 거지.

김심리 | 그렇죠. 원래 '싸가지 없다'가 맞는 표현인데 줄여서 쓰다 보니까 그냥 '싸가지'라고 말하는 경우가 많아서 싸가지 자체가 나쁜 말 같은 느낌이 된 거죠. "쟤 밥맛이야." 하는 표현과 비슷하죠. 밥이 얼마나 맛있는데, 밥맛이 있어야 좋은 거잖아요? 근데 '밥맛없다'를 줄여서 '밥맛'이라고 하다 보니 그 단어가 나쁜 뜻으로 쓰이게 된 거죠.

영어에도 '싸가지'가 있다?

정철학 | 말 나온 김에 영어 어원도 살펴볼까요? 싸가지를 영어로 뭐라고 할까요?

김심리 | 싸가지를 영어로? 하하…, 그건 진짜 모르겠는데요?

서상담 | '매너' 정도로 표현하지 않을까요?

정철학 | 맞아요, '매너'입니다. 그런데 영어로 매너를 쓸 때는 manner가 아니라 manners라고 항상 복수를 써요. 왜냐면 우리가 지켜야 할 매너가 한두 가지가 아니거든. 싸가지만 해도 기본 인의예지 4가지인 것과 마찬가지죠. 그런데 인의예지를 더 간추리면 인과 예, 이렇게 두 가지로 요약할 수 있어요. 여기서 인(仁)은 마음을 얘기하고 예(禮)는 예의니까 몸가짐이지. 몸가짐과 마음가짐, 이렇게 두 가지로 인성의 기본을 표현할 수 있는 거죠. 그런데 영어 매너manners의 라틴어 어원을 보면 manus인데요. '손'이라는 뜻이에요. 그래서 영어에서 man- 이라는 접두사가 들어가는 단어는 대부분 손과 관련이 있거든. 매뉴얼(manual;손으로 하는, 수동의)도 그렇고 매너리즘(mannerism;버릇)도 그렇고. 그럼 매너도 손으로 뭘 한다는 뜻인데, 손으로 뭘 하는 걸까요?

원PD | 악수하는 것? 자세를 말하는 걸까요?

정철학 | 그렇죠, 자세. 손을 공손하게 모으든 경례를 하든 악수를 하든 차렷을 하든, 모든 격식은 손의 자세와 연관이 있잖아요. 날 봤는데 손 흔들어 인사를 안 한다든가 악수를 안 한다든가 아무튼 격식을 차리지 않았다면 매너가 없는 거죠. 싸가지가 없는 거지. 그러니까 기본적으로 몸가짐으로 마음가짐이 드러난다고 보는 것이 매너에요.

하지만 또 눈으로 보이는 것만이 매너의 전부는 아니죠. 격식은 지켰지만 진심이 없다면 그 또한 진정한 매너가 아니거든요.

김심리 | 그럼 매너를 우리말로 번역하자면 '태도'가 가장 정확한 단어 같네요. 몸가짐도 태도지만 마음가짐도 태도라고 하잖아요.

'몸가짐'과 '마음가짐'

정철학 | 그런데 영어에서 매너와 비슷한 단어가 또 하나 있어요. 에티켓(Etiquette)이란 말 알죠? 이 단어는 영어가 아니라 프랑스어에서 오긴 했는데, '티켓(ticket)'이란 단어는 우리가 다 알죠. 티켓과 관련된 어원을 갖고 있어요.

원PD | 티켓? 표 말하는 건가요?

정철학 | 맞아요. 우리가 어디 들어갈 때 티켓을 내고 들어가잖아요. "여기 들어오기 위해 돈 냈어?" 확인받기 위한 것이 티켓이죠. 프랑스의 절대왕

정 루이 14세 때 궁전에 하도 들어오려는 사람들이 많으니까, 아무나 못 들어오도록 티켓을 만들었대요. 자신이 귀족이고 여기 초대받았다는 표시로 티켓을 들고 와야만 궁에 입장할 수 있도록 한 거지. 한 마디로 티켓은 '자격'을 표시하는 것이에요. 왜 고급 식당이나 클럽 같은 데는 옷을 단정히 입지 않으면 입장이 안 되잖아요. 아무리 돈을 많이 냈거나 신분이 높은 사람이라도 그런 곳에 옷을 아무렇게나 입고 온다면, 설사 막지는 못하더라도 예의가 아니지. 사람들이 욕할 거 아녜요? 그런 옷차림을 '에티켓'이라 하죠.

원PD | 그러니까 때와 장소에 맞는 태도로 자격을 갖추었느냐 그거죠?

정철학 | 그렇죠. 에티켓은 자격이란 어원에서 왔기 때문에 마음가짐보다는 겉으로 드러나는 몸가짐의 의미가 더 커요. 마음가짐과 몸가짐을 모두 의미하는 단어는 매너가 맞고요. 그리고 마음가짐과 몸가짐, 즉 인과 예의 근본은 결국 사람입니다. 다른 사람을 진심으로 배려하는 마음이 있고, 사람을 중시하는 태도가 있다면 그것이 진정한 매너, 즉 싸가지라고 볼 수 있겠죠.

'싸가지 없다'고? 내가 보기엔 안 그런데?

김심리 | '싸가지'의 어원을 살펴보았지만 그 진정한 의미와 별개로 오늘날 실생활에서 '싸가지 없다'는 정말 다양한 의미로 쓰이는 말이에요. 사람마다 정의가 제각각이기 때문에 혼선이 생기기도 하죠. 원PD님은 본인이 싸가지 없다는 말 들어보셨어요? 본인도 스스로 싸가지 없다고 생각하시나요?

원PD | 전 많이 들어봤죠. 제가 생각해도 전 좀 싸가지 없는 것 같아요.

김심리 | 하하하…. 사실 저도 싸가지 없다는 말 좀 들어봤지만, 저는 제가 싸가지 없다고 생각하지 않아요. 제가 완전 착하다는 얘기가 아니고요. 뭣 때문에 싸가지 없다는 말을 들었는지는 알겠지만, 제 기준에서 그런 건 싸가지 없다고 표현하지 않기 때문이에요. 주변에서도 보면 이런 사례가 흔해요. 누구한테 "쟤 싸가지 없다"는 얘기를 들었는데, 직접 만나보니 딱히 그렇지 않은 거예요. 그래서 '응? 괜찮은 앤데 왜 그런 말을 들었지?' 싶다가 좀 더 잘 알고 보니 '아~ 왜 그 사람한테 그런 말을 들었는지는 알겠다. 하지만 난 이런 점은 괜찮다고 봐.'라는 생각이 드는 경우가 있잖아요. 그 반대의 경우도 있고요. 그게 다 싸가지가 엄밀한 의미로 사용되지 않기 때문이에요.

그럼에도 싸가지는 우리가 남들을 평가할 때 매우 흔히 쓰는 말이기 때문에 어떤 의미들로 사용되고 있는지 짚고 넘어가는 것이 좋을 것 같아요.

그래서 제가 SNS에서 "당신은 '싸가지 없다'를 정확히 어떤 의미로 사용하십니까?"라는 설문조사를 해보았어요. 이런 썰렁한 질문에 얼마나 답을 해주실까 걱정되기도 했는데 뜻밖에 댓글이 어마어마하게 달렸어요. 아마 다들 싸가지 없는 사람들에 대해 할 말이 많으셨던 것 같아요. 크크.

그렇게 달린 수십 개의 댓글을 정리해서 '싸가지 없다'는 말이 정확히 어떤 의미로 쓰이고 있는지 크게 몇 가지로 분류해 보았어요. 들어보시고 나역시 그런 의미로 그 표현을 쓰고 있는지 아닌지 생각해 봅시다.

우선 첫 번째는 **예의 없다. 무례하다.** 이 뜻으로 '싸가지 없다'는 말을 하시나요?

원PD | 누가 만약 여럿이 있는 자리에서 지켜야 할 예의를 안 지킨다면 "저런 싸가지…!"

서상담 | 예의가 없다는 말보다는 쉽게 싸가지 없다고 표현하죠.

김심리 | 그죠? 가장 흔한 경우인 것 같아요. 저도 이 경우에 싸가지 없다는 표현을 써요.

두 번째는 **이기적이다. 지나치게 자기중심적이다.** 이게 예의 없는 거랑은 다른 얘기거든요.

원PD | 저는 스스로도 싸가지 없다고 생각하는 포인트는 이것 같아요.

정철학 | 이기적인 건 싸가지 없는 거랑 정확하게 겹치는 얘기는 아닌데, 싸

가지 없어지는 시발점이 되긴 하는 것 같아요.

김심리 | 세 번째 의미는 **도덕적 개념이 없다. 비상식적이다.** 개념이 없는 것이랑 예의가 없는 것이랑은 또 달라요. 이기적인 것과도 다르고. 아예 좀 특이한 사람 있죠. 악의는 없는 것 같은데 보통 우리가 기대하는 도덕이나 예의에 대한 감각 자체가 없거나 다른 사람들이 있어요. 요즘 말로 좀 4차원이라 해야 하나? 저는 이런 친구들에게는 싸가지 없다는 말을 쓰지 않아요. 이상한 사람은 이상한 거지, 싸가지 없다고는 안 해요.

서상담 | 저도 이런 경우에는 싸가지 없다고 안 해요.

원PD | 본인이 욕먹을 행동을 하고 있는 걸 스스로 알고 있는지 아닌지의 차이인 것 같아. 알고도 자기 이익 때문에 그러는 사람은 싸가지가 없는 거고, 아예 모르고 그러는 사람은 개념이 없는 거지. 개념이 없는 사람은 보다 보면 이해가 가기도 해요. 행동에 일관성이 있거든. 걘 항상 그래. 사람 봐 가면서 그러고 안 그러는 게 아니란 말이야. 그래서 처음엔 '저 인간 싸가지가 저러나?' 싶다가도 계속 보다 보면 '아, 원래 저런 애구나.'하고 이해가 가죠. 어떻게 보면 순수하달까? 그런데 진짜 싸가지 없는 애들은 사람 보고 상황 봐 가면서 못된 짓하니까 아주 얄밉죠.

김심리 | 정확히 지적하셨어요. 저도 그래서 예전에는 싸가지 없는 사람들에 비해 개념 없는 사람이 낫다고 생각했거든요. 그런 친구들은 어찌 보면 귀여운 구석이 있단 말이에요. 그런데 나이 드니까 꼭 그렇지는 않다는 생

각이 들더라고요. 자기 행동에 자각이 없기 때문에 고치기가 더 힘들거든. 사람 상황 가려가면서 못된 짓하는 친구들은 얄밉긴 하지만, 어느 정도 예측이 된단 말이에요. 계산적이거든. 그러니 내가 갑의 입장이 되면 손해 볼 일은 없는데, 개념이 없는 친구들은 늘 어디로 튈지 알 수가 없고, 어디서 무슨 사고를 칠지 예측이 안 돼요. 그래서 더 힘들더라고요. 어쨌거나 저는 그렇지 않지만 이런 친구들을 싸가지 없다고 표현하시는 분들도 분명히 있습니다.

네 번째 의미를 살펴볼게요. **자기중심적이고 다른 사람에 대한 배려가 없다.** 이것은 아까 두 번째 의미로 나왔던 이기적이라는 의미보다는 무신경하다는 쪽에 가까워요. 자기 이익을 위해서 남들을 배려하지 않는 것이 아니라, 남의 감정에 대한 배려를 잘 못하는 사람들 있죠?

원PD | 제가 여기 또 해당됩니다. 공감능력이 많이 떨어지다 보니까 누가 직접 얘기해 주기 전까지는 그 사람의 사정이나 감정을 눈치를 잘 못 채요. 그러다 보니 배려 없이 행동하고, 그래서 싸가지 없다는 소리를 많이 듣죠.

정철학 | 저도 그래요. 하지만 저는 이런 경우는 싸가지 없다는 말로 표현하면 안 된다고 생각해요. 자기중심적인 것과 남에게 피해를 주는 것은 다른 문제거든. 남을 위하고 배려까지 하는 이타적인 사람이면 좋겠지만, 그렇지 않다고 해서 바로 싸가지 없는 사람이라고 하는 건 흑백논리지.

원PD | 그런데 저는 정철학 선생님과는 달리 성격이 외향적이어서 사람들

을 많이 만나고, 모임을 주도하는 것을 좋아한단 말이에요. 사람들과 어울리는 것을 좋아하면서 공감능력은 떨어지니까 싸가지 없다는 소리를 많이 들을 수밖에 없죠.

서상담 | 저는 원PD 님이 일 중심적인 분이라 그런 말을 듣는 것 같아요. 사회생활을 하다 보니 모임을 이끌어가는 사람의 능력은 공감능력과는 좀 다른 부분이 있는 것 같아요.

김심리 | 실제로 공감능력이 좀 떨어지는 사람들이 리더 역할을 맡기에 유리한 점이 있어요. 그런 사람들이 일을 잘할 수 있어요. 왜냐면 사람이 많다 보면 이러니저러니 말도 많고, 각자 의견도 다르고 다양한 상황들과 갈등이 생기는데, 그런 것 일일이 신경 쓰고 남들 눈치 다 보고 맞춰주려다 보면 너무나 피곤하고, 일도 효율적으로 굴러갈 수가 없단 말이죠.
저도 공감능력이 떨어지는 편이다 보니 이런 의미에서 싸가지 없다는 소리를 좀 들어요. 남들의 감정을 잘 눈치 못 채기도 하지만, 그걸 일일이 배려하는 것이 꼭 옳은 선택이라 보지도 않아요. 물론 최대한 맞춰주면 좋겠지만 그 자체가 목적이 되어서는 안 된다고 생각해요. 감정은 감정일 뿐이고, 더 큰 목표를 우선해야 할 때가 있으니까요. 그렇기 때문에 저는 싸가지 없다는 말을 이런 의미로 쓰진 않아요. 저 스스로 싸가지 없다고 생각하지도 않고요. 하하….
하지만 실제로 싸가지 없다는 표현이 이런 의미로도 많이 쓰이고 있습니다. 어떤 의미로 쓰는 것이 맞다 틀리다 따지는 게 아니에요. 워낙 넓은 의미로 쓸 수 있는 말이니까, 각자 사용하는 의미가 이렇게 다양하고 다르다는 것을 이해하자는 얘기에요.

이제 다섯 번째 의미입니다. **남에게는 엄격하고 자기에겐 관대하다. 남과 나를 판단하는 잣대가 너무 다르다.** 저는 누가 싸가지 없다고 말할 때 99% 이 의미로 씁니다. 예를 들어 앞서 말한 경우들 있잖아요. 누가 예의가 없다. 이기적이다. 자기중심적이다. 하지만 만약 그 사람이 다른 사람의 예의도 잘 안 따진다. 누가 자기한테 이기적으로 굴거나, 배려 없이 굴어도 자기도 그러니까 별로 신경 안 쓴다. 그렇다면 저는 그 사람을 절대 싸가지 없다고 말하지 않습니다. 그런데 자기는 예의 안 지키면서 다른 사람이 안 지키면 욕한다. 자기는 남들 배려 안 하고 툭툭 말하면서 누가 자기한테 그렇게 말하면 상처 받고 욕한다. 이런 사람들 생각보다 많아요. 저는 그런 사람들이 진짜 싸가지 없는 거라고 봅니다.

정철학 | 도덕의 황금률이죠. 내가 대접받고 싶은 대로 남을 대접하라. 물론 사람이 자신과 남을 판단하는 잣대가 완전 똑같기는 어렵지만, 달라도 너무 다르고 그걸 인정하지 않는다면 인성의 기본이 안 돼 있는 거라고 봐야죠.

김심리 | 여섯 번째는 **눈치 없는데 당당하다.** 이렇게 쓰신 분들이 있더라고요. 이건 어찌 보면 세 번째 개념 없다는 것이나 네 번째 자기중심적이라는 것과 좀 비슷하긴 한데, 따져보니 결정적으로 다른 점이 있어서 다른 항목으로 분류했어요. 좀 4차원이거나 눈치가 없어서 남들을 힘들게 하더라도 그 사실을 알게 되면 신경을 쓰고 미안하게 생각하는 친구들이 있거든요. 싸가지 없다고 욕먹으면 '내 의도는 그게 아닌데…' 하면서 억울해 하고 괴로워하고, 고쳐보려고 노력하죠. 워낙 감각이 떨어지고 남다르기 때

문에 잘 되지는 않더라도…. 그런데 그런 태도조차 없는 사람들도 있어요. "이게 난데 어쩌란 말야? 너희가 나를 있는 그대로 인정해." 하고 민폐 주면서도 당당한 사람들이 있어요. 개념도 없고, 공감 능력도 떨어지는 거죠.

원PD | 그건 성격도 있는데, 상황이 받쳐줘야 되는 것 같아요. 아쉬울 것 없는 사람들 중에 저런 경우가 많죠. 우리 학교 다닐 때도 보면 집이 부자고 용돈도 넉넉하고 해서 다른 친구들한테 아쉬운 소리할 필요 없고, 오히려 아쉬운 소리하는 친구들이 붙는 애들이 그러더라고요. 그건 싸가지 성향에다가 '갑질'이 추가된 개념이라고 보면 될 것 같아요. 갑질이 가능해야 그런 태도로 살 수 있죠.

김심리 | 그러네요. 마지막 일곱 번째 의미입니다. **그냥 내 마음에 안 드는 사람을 욕할 때 쓰는 말.** 이라고 '싸가지 없다'의 의미가 자의적이라는 사실을 딱 짚어주신 분들도 많이 계셨어요. 명확한 뜻이 없기 때문에 귀에 걸면 귀걸이, 코에 걸면 코걸이 식으로 막 쓸 수 있는 말이다.

원PD | 그러니까 싸가지 없다는 말은 좀 가볍게 쓰이는 말이에요. 누가 내 맘에는 안 드는데, 나랑 안 맞는 건 확실한데 어디가 꼭 집어 나쁘다고 하긴 좀 그렇고. 그럼 그냥 "걔 싸가지 없어." 이렇게 말해버리는 거죠.

김심리 | 맞아요, 사실 싸가지 없다는 게 그리 심각한 욕은 아니잖아요. 그래도 공동체 안에서 평판이라는 것이 상당히 중요한데, 이렇게 애매한 단어를 막 쓰다 보면 그 의미를 서로 받아들이는 것이 달라서 오해가 생길

수도 있고 하니 한 번쯤 짚고 넘어갈 필요가 있겠다 싶어서 정리해 봤습니다. 다시 한 번 정리하자면 ①예의가 없다 ②이기적이다 ③개념이 없고 비상식적이다 ④자기중심적이고 공감능력이 낮다 ⑤남에게는 엄격하고 자신에게는 관대하다 ⑥눈치 없는데 당당하다 ⑦그냥 내 맘에 안 든다.

그냥 내 맘에 안 들면 '싸가지 없다'?

원PD | 저는 3관왕이네요. ②이기적이고, ④자기중심적이고, ⑤남과 나의 잣대가 다르고…, 역시 독보적이군.

김심리 | 저는 2관왕인 것 같아요. ④공감능력이 낮은 것하고, 가끔 저를 ③개념 없다고 여기시는 분들도 있더라고요. 제 사고방식이 굉장히 개방적이고, 관습이나 남의 시선에 얽매이지 않는 면이 있어요. 그래서 보통 남들 사는 대로 살고, 살아온 대로 사는 것이 맞다고 생각하시는 분들의 마음을 불편하게 하는 언행을 종종 하게 됩니다.

저도 기왕이면 남의 기분을 상하게 하지 않는 것이 좋다고 생각하고, 그러려고 노력을 하긴 해요. 하지만 아까도 말했다시피 전 기본적으로 남의 기분을 맞추기 위해 맞는 말, 정직한 말을 피해가는 건 옳은 선택이 아니라고 생각해요. '팩트 폭력'이란 말이 있잖아요? 물론 팩트(fact:사실)가 때론 폭력이 될 수 있어요. 사실이 반드시 진실은 아니고요. 하지만 남에게 잘 보이고 좋은 말을 듣기 위해서 사실 또는 진실을 외면하는 것이 더 큰 문제가 될 수 있다고 생각해요.

원PD | 맞아요. 살다 보면 분명히 맞는 말인데, 아니 맞는 말이니까 더 듣기 싫을 때가 있잖아요. 그럼 그 말을 한 사람을 싸가지 없다고 비난하면서 문제의 본질을 슬쩍 비껴가는 경우가 많죠. "네가 그런 말할 자격이 되냐? 그리고 말하는 태도가 그게 뭐냐?" 하지만 그 사람의 자격이나 태도 - 이게 바로 '싸가지'잖아요. 그것과는 관계없이 옳은 건 옳다고 받아들여야 하는데, 자기 맘에 안 든다고 딱 싸잡아서 치울 때 쓰기 좋은 말이 '싸가지 없다'인 것 같기도 해요.

나 정말 싸가지 없는 걸까?

원PD | 그럼 이제 윤리적인 문제를 따져볼 차례입니다. 단도직입적으로 물어볼게요. 싸가지가 없다는 게 윤리적으로 나쁜 겁니까?

정철학 | 단도직입적으로 대답하면 물론 싸가지가 없다는 건 나쁜 거죠. 우리가 지금까지 살펴본 바와 같이 싸가지는 인성의 기본을 이야기하는 거잖아요. 사람으로서 당연히 갖춰야 하는 것이니까 없는 건 당연히 나쁜 건데, 단 유교를 비롯한 여러 윤리학에서 이야기하는 것이 반드시 교육이 필요하다는 것이에요. 인의예지(仁義禮智)만 해도 인간의 본성이기 때문에 누구나 갖고 태어납니다. 하지만 교육을 제대로 받지 못하면 제대로 발현될 수가 없어요. 인간에게는 착한 본성, 이타적인 본성도 있지만 나쁜 본성, 이기적인 본성도 있기 때문이에요. '악으로의 경향성'에 대해 지난번에 이야기했죠? 사람은 가만히 놔두면 나쁜 쪽으로 점점 치우치는 경향이 있어요. 그러니까 누가 싸가지가 없다고 해도 걔도 싸가지가 아예 없을 리는 없어요. 가능성이 있긴 있는데 교육을 잘 받지 못했고, 훈련이 잘 안 되어 있는 것이지.

원PD | 그 말씀이 당연히 맞는데 제가 진짜 궁금한 건, 아까 김심리 님이 조사한 것과 같이 싸가지 없다는 말의 기준이 사람마다 다 제각각이잖아요. 그렇다 보니 그 사람이 싸가지가 있는지 없는지에 대한 평가가 엇갈릴 수 있단 말이에요. 예를 들어 100명 중 90명은 나한테 싸가지 있다고 했는데

나머지 10명이 싸가지 없다고 했어요. 그럼 난 괜찮은 거예요? 아니면 문제가 있다고 생각해야 되는 거예요?

정철학 │ 윤리적인 문제를 다수결로 결정할 수는 없어요. 물론 보편타당성이라고 해서 보통의 많은 사람들에게 인정받을 수 있는지가 하나의 중요한 기준이 될 수는 있지요. 그렇지만 많은 사람의 의견이라 해서 반드시 보편타당성을 가지는 것은 아니에요. 우리가 싸가지는 예의범절과 관계가 깊다는 것을 지금까지 살펴봤지요. 그런데 예절라는 것은 하루 이틀 사이에 만들어진 것이 아니지요. 오랜 세월 수많은 사람들 사이에서 합의를 거치며 만들어진 것이에요. 그래서 보편타당성이 있다고 보는 거지.

하지만 예절의 형식이나 기준도 시대에 따라, 지역에 따라 다르잖아요? 예를 들어 서양에서는 나이 차이가 있어도 서로 이름을 불러요. 형제지간에도 마찬가지야. 하지만 우리나라에서 그러면 예절에 크게 벗어나지요. 싸움이 날 수도 있어. 문화의 차이인데, 어느 쪽이 꼭 옳거나 틀리다고 할 수는 없죠. 시대가 달라지고, 서로 다른 문화 속에서 살아온 사람들끼리 만나고 섞이게 되면서 서서히 변화도 생기게 되지요. 지금 우리가 당연한 예절이라고 생각하는 것이 오래 전에는 그렇지 않았을 수도 있어요. 하지만 소수의 누군가가 먼저 달라지기 시작했기에 지금의 변화가 생긴 것이겠죠. 그러니까 비록 100명 중 90명이 다르게 판단했다고 해도, 역사적으로 긴 시각에서 보면 나머지 10명의 판단이 보편타당성을 가질 수도 있는 것이에요. 그러니까 얼마나 많은 사람이 내 행동을 칭찬하는지가 절대적으로 중요한 것은 아니야. 정말로 중요한 것은 겉으로 드러나는 모습보다는 진심으로 상대방을 존중하는 마음, 사람을 무엇보다 소중히 여기는 마음이에요. 내게 정말 그런 마음이 있다면 만약 100명 중 90명이 어떤 이유로 내 행동을 오해해서 욕을 하더라도, 나머지 10명이 내 진심을 알아줄 수도 있는 것이지요.

김심리 | 저는 제대로 판단하기 위해서는 무엇이 다수의견인지 아는 것도 중요하지만, 오히려 나머지 소수의견을 잘 살펴보는 것이 필요하다고 생각해요. 예를 들어 100명 중 90명이 나를 싸가지 있다고 판단했다 해도 나머지 10명을 그냥 보편타당성 없는 사람들로 보지 말고, 그 10명은 왜 나를 싸가지 없다고 판단했을까? 어떤 사람들이 나의 어떤 점을 어떤 이유로 지적했을까? 이것을 잘 살펴보면 나와 나의 인간관계에 대해 미처 깨닫기 어려운 중요한 점을 발견하게 될 수도 있어요.

'싸가지'의 진정한 기준은 나 자신

원PD | 제가 왜 자꾸 이런 질문을 하느냐면, 저에 대한 사람들의 평판이 굉장히 엇갈리는 편이라 그래요. 저를 꽤 괜찮다고 생각하는 사람들도 많고, 완전 싸가지 없다고 보는 사람들도 많고…. 그런데 생각해 보니 제가 사람을 다르게 대하기 때문인 것 같네요. 저는 누구에게나 다 똑같이 대하지 않거든요. 제가 좋아하는 사람, 필요한 사람과 그렇지 않은 사람을 가려서 대해요. 그러니까 평판이 엇갈릴 만도 하네요. 어쨌든 누구에게든 싸가지 없는 사람이 되는 것은 나쁜 것이죠?

정철학 | 그렇지, 나쁜 거라고 할 수밖에 없죠.

서상담 | 그렇지만 모든 사람에게 똑같이 대하는 것은 너무 힘든 일이에요. 전 그게 꼭 좋은 일만도 아니라고 봐요. 모두에게 잘해주는 사람은 자신을 굉장히 포장하고 있는 경우가 많아요. 무척 피곤하기도 하고, 진실함을 잃을 수 있죠. 현실적으로 사람 마음이 그렇게 되기 힘들거든.

정철학 | 정확한 지적이에요. 그 문제는 이렇게 보면 돼요. 사실 인(仁)과 예 (禮)에서 가장 기본이 되는 것은 남에 대한 인과 예가 아니라 자기 자신에 대한 인과 예에요. 남에게 보이기를 먼저 신경 쓸 것이 아니라 나 스스로 마음가짐과 몸가짐을 똑바로 하면 남에 대한 것은 저절로 지켜진다는 거예요. 진정한 예절은 머리를 굴려서 이 사람 대할 땐 이렇게 해야지, 또 저 사람 대할 땐 저렇게 해야지 하는 것이 아니라, 나 자신의 마음이 정직하고 올바른지, 몸가짐이 바르고 단정한지를 살펴보면 결국 모든 사람들이 그 진심을 알아본다는 것이에요. 어떤 상황 때문에 오해가 생겼거나 형식의 문제라면 얼마든지 고칠 수 있는 것이고.

원PD | 아! 이제 좀 알 것 같네요. 제가 궁금했던 것이 싸가지가 없으면 윤리적으로 나쁜 거냐? 그건 나쁜 거다. 그런데 싸가지에 대한 기준이 사람마다 다른데 어떻게 판단해야 하느냐? 하면 진정한 기준은 나 자신에게 있다. 나에게 진심이 있고 스스로 몸가짐을 똑바로 한다면, 다른 사람들에게 어떻게 보이는지는 크게 중요한 것이 아니다.

싸가지 있게 살려면 어떻게 할까?

원PD | 그럼 이제 우리가 싸가지 있게 살려면 어떻게 해야 할까? 물론 나 자신의 몸가짐과 마음가짐을 바로 해야 한다는 정답이 있었지만 그것은 좀 원칙적인 이야기고요. 일상에 적용할 수 있을 만한 지침 같은 게 있을까요?

김심리 | 우리가 지금까지 계속 얘기했듯이 '싸가지 없다'가 사람들마다 자의적으로 쓰는 표현이다 보니, 누가 나한테 싸가지 없다고 했다면 일단 어떤 포인트에서 그렇게 말했는지 생각을 해 봐야 한다고 봐요. 기분 나쁘다고 무조건 '웃기고 있네, 내가 무슨?' 하지 말고, 누군가 나로 인해 기분이 상했다면 그 점을 고칠 수 있다면 고치는 것이 좋다고 봐요. 그 사람이 나를 평가할 자격이 있느냐 없느냐를 너무 논하지 말고요. '지가 뭔데 나보고 싸가지 없대? 지 한 짓은 생각 안 하고…' 이런 마음 때문에 우리가 분한 경우가 많은데, 물론 그게 사실일 수 있어요. 하지만 그 사람이 아무리 별로라도 나에 대해 지적한 것은 사실일 수도 있거든요. 나를 좋아하는 사람들, 착한 사람들도 말은 못해도 나의 그런 점 때문에 힘들어하고 있을 수 있어요. 나를 판단할 자격이 없는 사람의 말을 통해서라도 나의 단점을 고칠 수 있다면 내가 좋은 거죠. 싸가지의 진정한 기준은 다른 사람의 시선이 아니라 나 자신이라고 했잖아요?

그러니까 누군가 나의 태도를 지적했다면 잘 돌아보고 고칠 수 있다면 고치되, 반대로 만약 그 사람이 원하는 대로 태도를 고치는 게 나의 진심을 전하는 데 지장을 준다거나, 여럿에게 좋은 일을 하는 데 방해된다는 판단이 들면 그때는 그냥 밀어붙이는 것도 필요하다고 봐요. 물론 태도는 중요해요. 하지만 무조건 좋게 좋게 말하고, 남의 기분을 건드리지 않는 것이 제일 중요한 일은 아니거든요. 그런 건 그냥 문제를 회피하거나 남을 기만하는 일이 되는 경우도 많아요.

그렇기 때문에 저는 가장 중요한 기준은 역시 도덕의 황금률이라고 봐요. 상대방에게 내가 해준 것 이상의 대우를 바라는 것이 근본적으로 싸가지 없는 태도인 것이죠. 내가 상대방을 편하게 대했다면 상대방도 나를 편하게 대하는 것을 용인해줘야 합니다. 물론 이게 말처럼 간단한 일은 아니에요. 나는 서로 편하게 대하고 싶지만 상대방은 그걸 불편하게 생각하는 경우도 있으니까요. 나는 많이 주고받고 싶은데, 상대방은 그걸 원치 않을 수도 있고. 상대가 원하지 않는데 이만큼 줘 놓고, "너도 나한테 그만큼 줘야 해."라고 요구하는 것은 강요가 되거든요. 그러니까 서로 어느 정도의 거리를 유지하고 어느 정도 주고받을 것인지, 마음을 터놓고 소통이 필요하다고 봐요.

정철학 | 소통이 가장 중요해요. 싸가지가 기본적으로 기준이 제각각이다보니까, 그리고 예절도 세상에나 그렇게 복잡 미묘한 게 없거든요. 수시로 변하기도 하고, 오해가 생기기 쉽죠. 그러니까 알아서 알아주려니 하지 말고, 솔직하게 내 진심을 이야기하는 것이 필요해요. 내가 평소에 말투가 좀 직설적이라거나, 눈치가 좀 없다거나, 고치려고 노력해도 습관이 쉽게 고쳐지는 것이 아니잖아요? 그럴 경우에는 미리 사람들에게 "내가 평소에 습관이 좀 이렇다. 하지만 나의 진심은 그게 아니니까 오해하지 말고, 뭔가

기분이 나쁘면 솔직하게 말해 달라." 이렇게 이야기를 해놓으면 좀 낫죠. 우리가 인사할 때 손바닥을 보여주나요, 손등을 보여주나요? 손바닥을 보여주죠? 그리고 악수할 때도 서로 손바닥을 맞잡죠. 그게 실은 내 손 안쪽을 보여준다는 의미가 있는 것이거든요. 내 손에는 아무것도 없다. 무기가 없다. 너를 해칠 의도가 없다. 이런 의미에서 나온 제스처에요. 그러니까 결국 진심을 보여주는 것이 답이라는 거예요.

진심과 소통이 답이다

서상담 | 터놓고 대화하는 것이 정말 필요해요. 누군가의 어떤 행동에 내가 싸가지 없다고 느꼈어요. 그런데 실은 그 사람의 의도는 그게 아니고, 내가 오해를 한 것일 수도 있어요. 그럴 때 내가 솔직하게 속상했다고 이야기하고 오해를 풀거나, 그 사람이 그 행동을 고쳐 주면 해결될 수 있는 일인데, 혼자 끙끙 앓고 저 사람이 원래 싸가지가 없다거나 나를 싫어할 것이라고 단정 짓고서 내가 그 사람을 싫어해 버리면 관계가 점점 악화되기만 하죠. 그러니까 누군가의 어떤 행동이 나를 계속 거슬리게 하고 그 사람은 그걸 정말 모르는 눈치라면, 한 번쯤 솔직하게 이야기해주는 것이 필요하다고 봐요. 싸가지에는 반드시 교육이 필요하다고 했잖아요. 교육을 제대로 받지 못한 경우도 많아요.

김심리 | 저거 진짜 중요해요. 누가 어떤 행동을 하는 게 자기 기준에 거슬린다. 한두 번도 아니고 계속 그렇다면 말을 해서 고칠 기회를 줘야죠. 근

데 말을 안 하고 혼자 속으로 꽁하니 '저건 싸가지 없어.' 그러고만 있으면 상대방은 뭐가 문제인지 모르니까 계속 그러죠. 그럼 그게 쌓이다가 빵 터져요. 엄청나게 화를 내고 상대를 비난하면서 "넌 그러니까 싸가지 없는 거야!" 이러면 상대방은 굉장히 당황스러워요. 말해주면 고칠 수 있는 거였는데, 그걸 계속 쌓아두고 있다가 일방적으로 비난해버리니까. 무척 미안하면서도 억울하니까, 앙심이 생겨 버리죠. 이거 아주 안 좋은 행동방식이에요. 근데 이런 경우를 상당히 많이 봐요.

서상담 | 맞아요, 저런 경우 많아요. 정말 문제에요. 관계를 완전히 망가뜨릴 수 있거든요. 누구나 이건 싸가지 없는 행동이라고 공감할 수 있는 경우도 있지만, 세대차이나 문화의 차이, 집안 가풍 등에 따라서 아주 미묘하게 기준이 다른 경우도 많아요. 오해가 생기기 쉽죠.

제가 만났던 내담자의 예를 들어 볼게요. 대학 신입생이었는데, 이 친구가 시력이 아주 나빠요. 약시에요. 그래서 사람 얼굴을 정확하게 인식하고 기억하려면 다른 이들보다 많은 시간이 필요해요. 그런데 대학 선배들이 그 친구가 사람을 잘 알아보지 못해 인사를 잘 안 하니까 '싸가지 없다'고 욕을 하고 나쁜 소문을 퍼뜨린 거예요. 심지어 그 친구가 눈이 나쁘다는 사실을 들어서 알면서도 거기 가담한 경우도 있었어요. 그 친구는 과 선배와 동기들에게 따돌림을 당하게 되었고 결국 1학기를 마치고 휴학을 했어요. 다행히 부모님이 그 사실을 알고 학생은 저에게 상담을 받도록 하고, 학교에 정식으로 이의제기를 하셨어요. 대책회의가 열리고 학과에서 정식 조사를 하게 되면서 오해가 풀리고, 의도적으로 이 학생을 괴롭힌 학생들은 처분을 받게 되었죠. 처음부터 겉모습만 보고 싸가지 없다고 욕하기 전에 사정을 알아보았으면 여러 사람이 그런 힘든 일을 겪지 않았을 거예요.

싸가지 없는 사람을 어떻게 대할까?

원PD | 그럼 자연스럽게 이제 싸가지 없는 사람을 어떻게 대하면 좋을까에 대한 이야기로 넘어가네요. 쉽게 판단하고 욕을 하고 다니기보다는 한 번쯤은 그 사람에게 나의 생각을 솔직하게 이야기해주는 것이 좋다. 또 뭐가 있을까요?

김심리 | 제가 아까 얘기한 아주 근본적으로 싸가지 없는 사람들 있잖아요? 자신이 남들에게 해준 대우 이상을 바라는 사람들. 자긴 남들한테 직설적으로 말하면서 남이 자기한테 직설적으로 말하면 상처받고 비난한다든지. 이런 사람들한테도 저는 기회가 있으면 지적을 하긴 해요. "너는 네가 한 행동은 생각 안 하고 왜 똑같이 행동한 다른 사람을 욕하느냐?" 그렇긴 하지만 이런 사람들은 사실 그렇게 지적해도, 논리적으로 따져도 소용없는 경우가 많아요. 미묘한 표현의 차이와 달리 이런 태도는 근본적인 거라 고치기가 힘들어요. 너무 기본이 안 되어 있는 거잖아요?
물론 지적을 받으면 스스로 돌아보고 받아들이는 경우도 있긴 해요. 그러니까 기회가 되면 한 번쯤 말해볼 필요는 있지만, 받아들이지 못하는 경우 괜히 내게 앙심만 품을 가능성이 크니까, 저는 그런 사람들에겐 두 번 이상은 절대 지적하지 않아요. 그냥 피하는 게 상책이라고 봐요. 상대하면 나만 손해 보는 경우가 많으니까. 아니면 그 사람이 나한테 하는 대로 똑같이 돌려주고 '너도 당해봐라!' 하든가. 그런데 그런 사람들은 그래도 자기 잘못을 깨닫지 못하고 저만 비난하는 경우가 많아요. 그러니까 그냥 최대한 거리를 유지하는 것이 좋죠. 피할 수 있는 한 피해라.

원PD | 저도 그 의견에 동감입니다. 괜히 응징한다고 나설 필요가 없어요. 나만 손해거든. 가만 놔둬요. 언젠가는 누군가가 나 대신 그 사람을 깨줄 겁니다. 그 사람보다 더 세거나 더 싸가지 없는 누군가에게 반드시 깨지게 되어 있어요.

서상담 | 하하…. 그런가요?

원PD | 그럼요. 세상은 넓고, 뛰는 놈 위에 나는 놈 있는 법이에요. 어쨌든 결론은 말이 안 통할 만큼 싸가지 없는 사람은 최대한 상대 안 하는 게 상책이다. 하지만 그 사람이 도저히 피할 수 없는 관계에 있다거나, 더구나 나보다 윗사람이라거나 하면 그냥 참는 수밖엔 방법이 없겠죠.

김심리 | 그 정도 되면 그건 갑질이라고 봐야지, 싸가지의 문제는 아니죠. 갑질은 또 다른 문제고, 사실 싸가지는 갑을관계에서 쓰는 개념은 아니에요. 나와 동등하거나 좀 아래인 사람이 싸가지 없는 것이 거슬리죠. 아예 내가 어떻게 해볼 수 없는 사람이 싸가지가 없다면, 고민할 필요도 없으니까 오히려 문제가 안 되는 것 같아요.
정말 고민이 되는 것은 내가 지적할 수 있는 사람들 중에 특히 내가 싫어하지 않는 사람이 싸가지 없이 굴었을 때죠. 꼭 내가 거슬린 것은 아니라도, 그 사람이 어디서 싸가지 없다는 평판을 듣고 있으면 마음이 무겁잖아요. 이걸 얘기를 해줘야 하나? 말아야 하나? 괜히 얘기했다가 마음 상하고 관계가 깨지는 것이 아닐까? 언제 어떤 기회에 어떻게 말을 하면 좋을까? 고민이 많이 되죠. 참 어려운 문제예요. 그 사람도 생각도 못하고 있던 차에 그런 얘기를 들으면 굉장히 무안하고 당황스럽거든요. 아예 얘기 안 해주는 게 나을 때도 있고요.

그래도 정말 그 사람을 위하는 마음으로, 우리 관계를 소중히 생각하는 마음으로 이건 얘기를 해줘야 되겠다 싶을 때가 있죠. 그런 경우에 저는 많이 생각해서 그 사람 기분 좋을 때, 맛있는 거 사줘 가면서 아주 조심스럽게 이야기해요. 내가 진심 너를 위해서 해주는 말이라는 걸 충분히 얘기하고, 마음 상하지 않게끔 잘 표현해서….

서상담 | 그런 경우 그 친구가 만약 내 말을 받아들인다면 더욱 돈독하고 좋은 관계가 되어요.

진심과 배려가 답이다

원PD | 저는 솔직히 그런 모든 것들이 다 너무 어렵고 귀찮아요. 모두를 진심으로 대할 수는 없잖아요. 그래서 전 그냥 상대방이 원하는 것을 파악해서 웬만하면 맞춰 줘요. 그럴 필요 없겠다 싶으면 안 하고, 상대 안 하는 게 낫겠다 싶으면 피하고…. 제가 이러니까 사람들이 싸가지 없다고 하겠죠? 이런 게 윤리적으로 나쁜 건가요? 정철학 선생님.

정철학 | 사람을 가려서 대하는 것 자체가 윤리적으로 나쁜 거냐는 질문이죠? 다른 분들은 어떻게 생각하세요?

김심리 | 저는 나쁘지 않은 것 같은데요. 말씀하신 것처럼 모두를 진심으로 대한다는 것은 불가능하잖아요. 저도 진심으로 대해야 할 사람, 그냥 의례적으로 대해도 될 사람 가려서 대하는 걸요.

정철학 | 그럼 제가 질문 하나 할게요. 원PD 님이 사람을 그렇게 가려서 대한다는 것을 다른 사람들이 다 알게 된다면 어떨까요? 그 사람들이 기분이 좋을까, 나쁠까?

원PD | 나쁘겠죠.

정철학 | 그렇죠, 그것은 윤리에서 문제가 돼요. 의도적인 행동으로 남에게 불쾌감을 주는 행위는 윤리적으로 옳지 않다고 할 수 있어요. 하지만 원PD 님께서 사람 가려 대하는 행동을 만천하에 당당하게 공개하고 하시는 건 아니잖아요? 지금 우리에게 고백을 하는 바람에 알게 된 것이지. 그걸 눈치 챈 사람은 물론 기분이 나쁘겠지만, 일부러 알린 것은 아니죠. 오히려 최대한 몰래 그렇게 하셨을 것 아니에요? 나쁜 의도도 아니고, 다른 사람들의 기분을 맞춰 주려고 한 일인데, 그게 나쁘다고 할 수는 없죠.

김심리 | 사실 저는 누가 공개적으로 사람 가려 대한다고 해도 기분 안 나쁜데요? 어차피 다 그런 것 아니에요? 모두를 진심으로 대할 수 있는 사람이

과연 있을까요?

서상담 | 그러니까요. 물론 누가 나를 대할 때와 다른 사람을 대할 때의 태도가 다르다는 것을 알게 되면 기분이 나쁠 수 있겠지만, 저라면 절대 그게 나쁘다고 생각하지는 않을 것 같아요. 사람을 가려 대하는 것은 자신을 보호하기 위한 당연한 행동이에요. 다른 사람들의 평판 때문에 심적으로 힘들어하는 분들이 너무 많아요. 그런 분들이 상담을 오면 전 이렇게 이야기해요. 웃으면서 다른 사람들에게 잘하려고 노력하든, 그게 힘들면 그냥 편한대로 대하고 싸가지 없다고 욕을 먹든, 가장 본인 마음이 덜 힘든 쪽으로 선택하라고요. 다른 사람들의 기분을 맞추는 것도 중요하지만, 자신의 정신 건강을 보호하는 것이 가장 중요해요.

정철학 | 여기서 오해를 하시면 안 되는 게, 윤리적으로 잘한 일이 아니라고 해서 무조건 잘못한 일이라고 볼 수는 없어요. 좋은 게 아니면 나쁜 거라고 하면 그건 흑백논리야. 사람을 가려서 대하는 게 윤리적으로 나쁘다고 할 수는 없어요. 하지만 그래서 기분 나쁜 사람이 생긴다면 잘한 일이라고는 할 수 없지. 그런데 또 그게 자신의 마음을 보호하기 위해서였다, 라고 한다면 이해될 수 있는 면이 있어요. 딱 잘라서 말할 수는 없는 문제야.

김심리 | 그렇다면 남을 기분 상하게 하지 않기 위한 노력은 필요하겠죠. 사람을 가려서 대하는 것은 어쩔 수 없는 일이지만, 그래도 그 사실을 다른 사람들이 알면 기분이 나쁠 테니까, 최대한 티를 안 내려고 노력은 해야죠. 그조차도 안 하고 "난 원래 이래. 어쩔 건데? 다들 그런 거 아냐?" 하는 식

의 태도는 좋게 볼 수 없겠죠.

원PD | 역시 '싸가지'에서 중요한 점은 다른 사람에 대한 배려, 그리고 진심
으로 노력하는 태도라고 볼 수 있겠네요.

활동해보자!

나의 '싸가지'를 찾아서

다음 질문지를 통해 나와 다른 사람이 생각하는 '싸가지'의 정확한 의미,
그리고 내가 '싸가지'를 위해 고쳐야 할 점에 대해 생각해 봅시다.

질문1	다른 사람들에게 싸가지 없다는 말을 들어본 적 있나요?	
	있다 ☐	없다 ☐
질문2	싸가지 없다는 말을 들어보았다면, 그 말을 들은 이유는 무엇이라고 생각하나요? (복수선택 가능)	
	1. 예의가 없다	☐
	2. 이기적이다	☐
	3. 개념이 없고 비상식적이다	☐
	4. 자기중심적이고 공감능력이 낮다	☐
	5. 남에게는 엄격하고 자신에게는 관대하다	☐
	6. 눈치 없는데 당당하다	☐
	7. 그냥 내 맘에 안 든다.	☐
질문3	질문2에서 꼽은 점들은 고치기 위해서 내가 어떻게 노력해야 할까요?	

질문4	질문2에서 꼽은 점들 중 내가 굳이 고쳐야 한다고 생각하지 않는 점이 있다면 무엇인가요? 고치지 않아도 된다고 보는 이유는 무엇인가요?

정직은 힘들어

원PD | "정직이 최고다"라는 말을 많이 듣습니다. 하지만 우리는 정직이라는 가치를 얼마나 잘 지키고 있을까요? 결정적인 순간에 정직해지기는 참 어렵습니다. 우리는 남들에게는 정직을 쉽게 요구합니다. 아이에게는 거짓말하지 말라고 가르치고, 친구나 애인에게 솔직히 말하라고 하고, 거짓말하는 정치인들을 욕합니다. 하지만 정작 나 자신은 거짓말을 얼마나 많이 합니까? 제가 '정직'이라는 주제를 잡은 이유는 이것처럼 '내로남불(내가 하면 로맨스, 남이 하면 불륜. 즉 나와 남의 행동의 잣대가 다른 것을 말함)'이 심한 가치도 없다고 생각하기 때문입니다. 우리는 큰일이 아니라거나, 남을 위한다는 명목으로 거짓말을 쉽게 정당화합니다. 거짓말하면 무조건 나쁜 걸까요? 왜 정직해야 하는 걸까요? 정직은 과연 그 자체로 윤리적인 가치일까요? 아니면 그저 사회적 기술 중 하나일 뿐일까요?
여러분들은 어떻게 생각하십니까? 우리는 꼭 정직해야 할까요?

김심리 | 원칙적으로는 정직해야 한다고 생각하지만, 가끔은 진실이 더 위험할 수도 있는 거니까, 저는 반드시 언제나 정직해야 한다고 생각하는 편은 아니에요.

정철학 | 저는 윤리적으로 정직은 꼭 지켜야 하는 가치라고 생각해요.

서상담 | 저는 정직한 사람들이 피해를 보는 걸 너무 많이 봐서, 꼭 그래야

하나? 싫기도 하고요. 저 자신도 그리 정직하지는 못한 것 같아요.

원PD | 저는 워낙 거짓말을 밥 먹듯이 하는 사람이라…. 정직이나 거짓말은 전 그냥 사회적인 스킬의 하나라고 생각해요. 무조건 정직해야 한다고 하면, 사람이 살다보면 정직했다고 해서 반드시 결과가 좋은 것은 아니란 말예요. 그런 경우에 책임은 누가 지나 싶어요.

김심리 | 일단 제가 심리학 통계 자료로 이야기를 시작해 볼게요. 사람들이 살면서 얼마나 거짓말을 할까요? 이에 대한 통계가 있어요. 사람이 하루 평균 몇 번이나 거짓말을 할까요? 맞춰보실래요? 보통 사람이 하루에 하는 거짓말 횟수가 평균 200번이라는 통계가 있어요. 거의 8분에 1번꼴로 거짓말하는 거래요. 놀라셨을 거예요. 내가 거짓말을 꽤 한다는 것은 알았지만, 저렇게까지 많이 하나? 그런데 이것은 사실 우리가 의식적으로 '내가 이건 거짓말 해야겠다.' 그렇게 하는 것 말고 무심코 하는 아주 작은 거짓말들까지 모두 포함한 결과에요.

예를 들어 우리가 이 방송 내용을 준비하는데, 보통 며칠 전에 내용 회의를 하잖아요, 단톡방에 원PD 님께서 "이번 주제에 대해서 내용 준비하셨어요?" 이렇게 물어보시면 "네 했어요. 좀 이따 들어가서 내용 올릴게요." 해놓고 사실은 안 했어. 하하…. 그때부터 얼른 부랴부랴 내용 준비해서 올려놓죠. 하지만 우리는 보통 이런 경우까지 내가 거짓말했다고 의식하지는 않아요. 아니면 뭐 전화가 와서 받았는데 광고전화다. 그럼 "죄송한데 제가 지금 운전 중이라서요." 이러고 끊는데, 사실은 소파에 누워 있었다. 우리가 이런 경우까지 내가 거짓말했다고 죄의식 느끼지는 않는단 말이에요. 이런 거짓말까지 모두 포함한 게 하루에 200번이라는 거예요.

그러니까 거짓말이라고 다 같은 거짓말이 아닌 거죠. 무게가 너무나 달라요. 우리가 하는 거짓말의 종류와 이유는 매우 다양해요. 그래서 제가 이것들을 분류해봤어요. 들어보시고 나는 이런 이유에서 거짓말을 자주 한다, 또는 이런 종류의 거짓말은 잘 하지 않는다. 같이 생각해 봅시다.

거짓말의 이유들

김심리 | 우선 첫 번째 거짓말의 이유, **상황을 회피하거나 모면하기 위해**. 정직하게 말하면 저쪽에서 화를 내거나 공격할 게 빤하니까, 불편한 상황을 피하거나, 아니면 최대한 미뤄보기 위한 몸부림이죠.

원PD | 이런 거짓말 많이 하죠. 특히 부부사이에 많이 하게 되는 것 같아요. 상대방이 어떻게 반응할지 너무 잘 알고, 싸우기도 너무 귀찮으니까.

김심리 | 거짓말의 가장 흔한 이유 중 하나라고 생각해요. 두 번째는 **남에게 관심을 끌고 잘 보이기 위한 거짓말**. 내숭이나 허세 같은 게 여기 해당하는데요. 이건 아예 거짓말인 경우보다는 좀 부풀리는 것, 뻥튀기인 경우가 많아요. 그런 것도 우리가 거짓말이라고 잘 인식 못하긴 하지만, 따지고 보면 거짓말이에요.

세 번째는 **상대방의 기분을 맞춰주고 실망시키지 않기 위해** 하는 거짓말. 예를 들어 친구가 머리를 하고 와서 "예뻐?" 물어보는데, 솔직히 별로야. 하지만 머리를 금방 다시 할 수도 없는 거니까 보통은 그냥 "괜찮네." 이렇게 대답하죠. 저는 이런 거짓말은 해야 할 때가 있다고 생각하는데, 성격상 잘 못해요. 좋게 말하면 솔직한 거지만, 굳이 그렇게까지 솔직하지 않아도 되는데 적당히 거짓말하면 좋을 걸 못해서 남의 기분을 상하게 하는 경우가 많거든요. 이런 일을 겪다 보니 저는 거짓말하는 것이 반드시 나쁘지 않다고 생각하게 되었어요.

네 번째는 **누군가를 보호하기 위해** 하는 거짓말이 있죠. 예를 들어 다른 사람의 비밀을 지켜줘야 할 것이 있는데, 누가 자꾸 캐물어본다. 숨기기 위해서는 거짓말을 할 수밖에 없는 경우가 있죠.

원PD | 이런 거 있잖아요. 아들이 군대를 갔는데 그 사이에 아버님이 너무 아프시다. 하지만 아들이 걱정 없이 군 생활을 할 수 있도록 안부 전화 왔을 때 다른 식구들이 거짓말하죠. "아버지 건강하시다. 걱정 말고 네 건강이나 잘 챙겨라." 그런데 어느 날 아들이 사실을 알게 됐어. 그럼 "왜 나한테 거짓말했어?!"라고 화내겠죠. 하지만 아버지도 그 사실을 알리길 원하지 않으셨는 걸.

김심리 | 맞아요. 그런 경우의 거짓말도 하면 안 된다고 생각하시는 분은 아마 없을 테죠? 다섯 번째 거짓말의 이유는 **자기정당화를 위해서.** 예를 들어 누가 나한테 시비를 걸어서 싸웠다. 이 사건에 대해서 친구한테 얘기를 한다고 해 봐요. 실제로 저쪽에서 시비는 먼저 걸었어요. 그런데 내가 흥분해서 욕은 먼저 했어. 그러다 싸움이 붙은 건데, 이 얘기를 할 때 "사실 욕은 내가 먼저 했어."라고 말하는 사람은 잘 없어요. 어쨌든 저쪽이 먼저 시비

를 걸었고 싸운 게 분해서 얘기하는 거기 때문에, 무조건 나는 가만있었는데 저쪽이 다 잘못해서 싸웠다는 식으로 말하게 되어 있어요. 어쩌면 정말로 내가 먼저 욕을 했다는 사실을 잊어버렸을 수도 있어요. 근데 이런 것도 엄밀하게 따지자면 거짓말이거든요.

원PD | 교통사고 처리할 때 자주 나오는 거잖아요. 사고에 어느 정도 나의 과실이 있더라도 자기변호의 권리가 있기 때문에, 거짓말까진 안 하더라도 굳이 나의 잘못을 먼저 털어놓을 필요는 없죠. 그런데 그것도 소극적인 거짓말에 해당한다는 거죠?

김심리 | 그런 건 적극적인 거짓말은 아니지만 왜곡에 해당한다고 봐야죠. 그런데 정말 내 기억 자체가 왜곡될 수도 있다니까요. 사람은 자기중심적으로 생각하기 때문에 나에게 불리한 기억은 지워져 버리는 수가 있어요. 자기 자신을 속이는 거라고 해야 하나? 그러다 보면 의식적이지는 않지만 거짓말을 하게 되는 수가 있죠.
여섯 번째 거짓말의 이유는 **상대방을 속여서 이익을 얻기 위해서**. 우리가 보통 생각하는 적극적인 거짓말은 여기 해당하죠. 이 중에 설마 이런 거짓말 하는 분은 없겠죠?

원PD | 지금 세 분이 여기 앉아 있는 이유를 모르겠어요? "아~ 인성역전 녹음 너무 빡센데, 다른 일도 바쁜데…" 투덜투덜하면서 또 와서 이러고 앉아 있잖아. 다 나한테 속아서…, 후훗.

김심리 | 마지막 일곱 번째, **자신이 뱉은 말에 책임지지 못해서 결과적으로 거짓말하게 되는 경우**가 있어요. 예를 들어 "내가 이렇게 할게."라고 약속했는데 지키지 못한 경우. 상대방은 "해준다며? 왜 거짓말했어?" 이렇게 나올 수 있죠. 사실 처음부터 거짓말할 생각은 아니었는데…. 이런 건 어쩔 수 없는 경우니까 거짓말이 아니라고 볼 수도 있지만, 이렇게 책임지지 못할 말을 상습적으로 하는 사람이 있어요. 자신이 그 말을 지킬 수 있는지 없는지 잘 생각해보지도 않고 일단 뱉고 보는 사람. 일명 공수표라고 하죠. 이런 건 거짓말이나 다를 바 없죠. 이렇게 크게 일곱 가지로 거짓말을 나눠볼 수 있습니다.

거짓말은 본능이다? – 진화심리학 이야기

원PD | 거짓말의 종류와 이유가 참 다양하다는 것을 살펴보았습니다. 이중에선 누구도 해서는 안 될 거짓말도 있고, 또 누구라도 할 수밖에 없을 거짓말도 있었습니다. 그렇다면 경우에 따라 다른 거니까 정직이나 거짓말은 그 자체로 윤리적인 가치는 아닌 거라는 생각이 드는데, 어떻게들 생각하시나요?

김심리 | 사실 심리학적인 관점에서는 거짓말 자체는 잘못된 것이 아니에요. 오히려 아주 자연스러운 인간의 본능에 가깝죠. 심리학 중에 진화심리학이라는 분야가 있어요. 진화란 생물의 구조가 환경에 더 잘 적응할 수 있는 쪽으로 변화하는 것이잖아요. 진화심리학은 인간의 심리적 기제가 어떻게 생존에 유리한 쪽으로 발달해 왔는지를 연구하는 학문이에요. 여러 동물 중에서 인간이 유일하게 갖고 있는 특성 중 하나가 언어에요. 말할 수 있는 동물은 인간밖에 없어요. 그런데 진화심리학에서는 인간이 말을 하게 된 이유 자체가 거짓말을 하기 위해서라고 봐요. 사실 진실만을 전달하려면 굳이 말을 할 필요가 없지요. 왜냐면 진실은 눈으로, 행동으로 다 보이거든요.

언어를 통해서 인간은 과거와 미래까지 서로에게 전달하고 공유할 수가 있죠. 언어가 없으면 현재밖에는 공유할 수 없어요. 그런데 현재만큼 진실인 게 어디 있겠어요? 눈으로 확인할 수 없는 과거와 미래는 언어로만 전달되지만, 그건 얼마든지 꾸며질 수가 있는 것이죠. 그렇다면 인간은 왜 거짓말로 과거와 미래를 꾸며야만 했을까요? 그래서 생존에 유리한 점이 뭘까요? 모든 생물이 살아가는 목적이 뭐죠? 생물의 차원에서만 봤을 때 어떻게 해야 성공적으로 산 것일까요?

원PD | 자신의 유전자를 남기는 것?

김심리 | 그렇죠! 모든 생물의 존재 목적은 환경에 잘 적응해 살아남아서 자신의 유전자를 세상에 남기는 것이에요. 동물의 경우 좋은 유전자를 가진 짝을 만나서 나의 자손을 남기는 것이죠. 인간은 뇌가 발달하여 복잡한 사고를 할 수 있고, 다양한 공동체 생활을 해요. 그러다 보니 좋은 짝을 찾기 위해 진실과 현재를 보는 것만으로는 충분하지 않았던 거예요. 자신의 과거와 미래를 포장하여 훌륭한 짝으로 보이기 위해 언어를 발달시켰다는 거예요. 그러니 언어가 생겨난 목적 자체가 거짓말을 위해서라고 할 수 있죠.
따라서 거짓말을 일생 한 번도 안 하는 사람은 있을 수가 없어요. '이제부터 나는 절대로 거짓말을 안 하고 정직하게 살 거야'라고 결심할 수도 있겠지만, 그런 사람이라도 분명히 어릴 때 거짓말을 한 적이 있을 거예요. 아주 어린아이들은 거짓말을 못하죠. 인지능력이 부족하기 때문에 착각을 해서 헛소리는 할 수 있어도, 의도적으로 남을 속이는 거짓말은 못해요. 거짓말은 남의 마음을 읽고 내 마음을 감추는 고도의 기술이 필요하기 때문에 일정 수준 발달이 되었을 때야 가능해져요. 아이들이 성장하면서 거짓말을 시작하는 것은 자연스러운 발달 과정이에요. 처음 거짓말을 하게 되는 동기는 대부분 어른들을 실망시키거나 화나게 하고 싶지 않아서고요. 애든 어른이든 거짓말을 해서라도 남의 기분을 맞추는 것이 생존에 유리하다는 것이 유전자에 입력이 되어 있다는 얘기죠.

정철학 | 참 신기하네요. 철학에서도 같은 말을 하거든요. 철학에서도 사람들이 말을 하는 근본적인 이유는 다 자기 자신을 포장해서 살아남기 위해서라고 봐요.

김심리 | 그렇군요. 그러니 이런 시각에서 보면 거짓말을 무조건 나쁘다고 할 수는 없어요. 인간의 당연한 본성이니까요. 하지만 거짓말에는 치명적인 부작용이 있다는 게 문제예요. 이중에는 심리학적으로 증명된 사항도 있어요.

중독되고 전염되는 거짓말

김심리 | 우선 첫 번째 거짓말의 부작용은 중독성이 있다는 것이에요. 거짓말은 필요할 때도 있지만 필요한 만큼만 딱 하기가 어려워요. 왜냐면 거짓말을 한 번 시작하면 그 거짓말을 유지하기 위한 거짓말이 계속해서 필요하거든요. 진실은 놔두면 드러나기 마련인데, 거짓말은 인위적으로 계속해야 해요. 그리고 거짓말은 대개 쉽게 가기 위한 방법이잖아요. 쉬운 길만 자꾸 택하다 보면 그게 습관이 돼요. 그리고 나중에는 진실을 마주해서 문제를 근본적으로 해결하는 실력 자체가 떨어지게 되죠.

원PD | 거짓말에도 '악으로의 경향성'이 있다는 것이군요?

김심리 │ 그렇죠. 심지어 거짓말을 계속하다보면 내가 거짓말을 하고 있다는 사실조차 잊어버리는 일이 생겨요.

서상담 │ 자아가 분열되는 거죠. 내가 꾸며낸 세상을 현실로 착각하고, 그 안에서 진정한 나를 완전히 잊은 채 살아가게 돼요.

김심리 │ 실제로 그 정도까지 가는 사람들이 있어요. '리플리 증후군'이라고 부르는 현상이죠.

리플리 증후군(Ripley syndrome)

현실 세계를 부정하고 허구의 세계만을 진실로 믿으며, 상습적으로 거짓된 말과 행동을 일삼는 반사회적 인격장애

원PD │ 리플리 증후군의 '리플리'가 그 영화에서 따온 거잖아요. 〈태양은 가득히〉라고 전설의 미남 배우 알랭 들롱이 주연을 맡았던 1960년대 영화, 그 영화 주인공 이름이 리플리에요. 이 리플리가 잘생겼고 재능은 있지만 무척 가난한 집 앤데, 부잣집 친구를 사귀어요. 그리고 어쩌다가 그 부잣집 애를 죽이고 자기가 그 친구인 양 행세를 하며 살게 됩니다. 모두를 완벽히 속였다고 생각했을 때 진실이 드러나고 파국을 맞는다, 뭐 그런 이야기죠.

김심리 │ 이 리플리 증후군에 걸린 사람들의 특징이 뭐냐면요. 보통은 남을 속이다가 들통이 나면 "큰일 났다! 튀어야지!" 이게 정상인데, 이 사람들은 심각하게 멘붕이 와요. 왜냐면 거짓말이 너무 오래 지속되면서 스스로

도 자신이 꾸며낸 것을 진짜라고 믿게 되었기 때문에, 그 꿈에서 깨어나야 하는 순간 정말로 어찌할 바를 모르게 되는 것이죠.

'허언증'이라는 말도 있잖아요. 허풍 좀 떨고 하는 사람들을 농담처럼 지칭하기도 하지만, 저는 정말로 심각한 허언증이 있는 사람을 봤거든요. 이 사람은 습관처럼 계속해서 거짓말을 해요. 뭐 대단한 거짓말도 아니고, 그냥 주변사람의 관심을 끌려고 계속 말을 지어내는 거예요. 그런데 다른 사람들이 처음에는 생각 없이 듣다가, 계속 듣다 보니까 뭔가 이상하잖아요? 앞뒤가 안 맞고. 추궁을 받게 되면 또 그걸 덮으려고 즉흥적으로 말을 지어내고. 그러다보면 완전 뒤죽박죽이 되어서 나중엔 자기가 무슨 말을 했는지 안 했는지도 알 수 없게 되는 그런 상태가 되더라고요. 어쩌면 남을 속이는 것보다 자기 자신을 속이는 것이 더욱 무서운 일인지 몰라요.

거짓말의 부작용 두 번째. 거짓말을 잘하는 사람들이 남의 말을 잘 믿을까요?

정철학 | 안 믿지. 자기도 맨날 거짓말하면서 남의 말을 어떻게 믿어? 믿을 수가 없지.

김심리 | 당연하죠. 거짓말을 잘하는 사람들은 남을 못 믿어요. 그리고 그 사람에게 속은 사람들은 또 속았기 때문에 남을 못 믿게 되겠죠. 그리고 주변에 거짓말하는 사람들이 많으면 자신도 거짓말을 하게 돼요. 혼자 정직했다가는 손해가 엄청나니까요. 이렇게 거짓말은 전염성이 있어요. 결국 전체적으로 공동체의 신뢰도가 떨어뜨리는 됩니다. 모두가 서로 못 믿게 되면 정신적 스트레스도 심해지고, 여러 가지 사회적인 낭비가 생겨요. 한

시도 마음을 놓을 수가 없고, 말 한 마디를 해도 곧이곧대로 못 듣고, 남을 속이기 위한 계략도 준비해야 하고, 속았을 때 대처하기 위한 준비도 해야 하고, 속인 놈 잡아내서 복수도 해야 하고…. 그 에너지 낭비, 비효율이 엄청나단 말이에요. 각자는 편하게 빨리 가려고 거짓말을 하는 건데, 결국 전체적으로 가장 불편하고 느린 길로 가게 돼요.

거짓말은 불행의 씨앗

김심리 | 비효율만이 문제가 아니에요. 공동체의 신뢰도가 떨어지면 결국 행복지수가 떨어지게 됩니다. 공동체의 행복지수를 결정하는 변수가 무엇인가에 대해 전문가들이 조사를 해봤어요. 어느 공동체는 더 행복하고, 어디는 행복하지 못해. 무엇 때문일까? 가장 쉽게 떠올릴 수 있는 것이 소득이죠. 돈을 얼마나 버는가? 실제로 공동체의 평균 소득과 행복지수는 관련이 있어요. 그런데 그게 전부는 아니더라. 어느 수준까지는 소득이 올라가면 행복지수도 같이 올라가지만, 소득이 어느 정도 넘어가면 돈을 더 번다고 행복지수가 올라가지는 않더란 말이죠. 더 조사해 보니 이 행복지수가 신뢰지수와 거의 비례하더라는 것이에요. 서로 믿음이 있는 사회일수록 구성원들이 더 행복하다는 거죠.

생각해 보면 그렇잖아요. 누군가를 믿을 수 있다는 사실만큼 사람 마음을 행복하고 안정되게 해주는 것이 없지요. 지금 곁에 내가 100% 믿고 의지할 수 있는 누군가가 있다, 이것은 돈으로도 살 수 없는 근본적인 행복이죠. 이것이 생물학적으로도 증명되었는데요. 누군가에게 강한 신뢰를 느낄 때 우리 뇌에서는 '옥시토신'이라는 호르몬이 나온대요. 그런데 이 호르몬이 언제 가장 많이 나오는지 아세요? 엄마가 아이를 낳을 때요. 옥시토신이 자궁을 수축해서 아이가 나오게 해주고, 모유를 촉진하기도 한대요. 그래서 옥시토신을 '모성 호르몬'이라고도 불러요. 갓 태어난 아이와 엄마만큼 서로 절대적으로 믿고 사랑하는 관계는 없잖아요? 그런 강한 믿음과 사랑을 가능하게 해주는 것이 이 옥시토신이란 얘기죠. 옥시토신이 나오면 스트레스가 완화되고 진정, 진통 효과도 있고, 행복감을 느낀대요.

정철학 | 그게 남자한테도 나오는 거예요?

김심리 | 그럼요. 엄마가 아이를 낳고 젖을 먹일 때 가장 많이 나온다는 것이지, 이 호르몬의 기능은 남녀노소 누구에게나 똑같아요. 서로를 강하게 믿고 편안함을 느낄 때 옥시토신이 나온다는 것이죠. 반대로 믿음이 없어서 경계하고 긴장하고 있는 상태에서는 이 호르몬이 못 나오겠죠. 그럼 옥시토신의 효능과는 반대로 스트레스가 심해지고, 불안과 우울함을 느끼게 되는 것이죠.

옥시토신 분비를 촉진하는 방법이 몇 가지가 있는데, 우선 다른 사람과 스킨십을 할 때. 여러분 믿지 못하는 사람과 스킨십 할 수 있어요? 못하죠. 믿음이 있는 사이에서만 만질 수 있잖아요. 또 즐겁고 편안한 대화를 할 때, 그리고 반려동물과 놀 때도 옥시토신이 나온대요. 심리치료 방법 중에 동물치료라는 것도 있거든요. 우울증이 있거나, 가족이 없거나, 장애로 다른 사람들과 감정적 교류가 어려운 사람들에게 반려동물을 키우게 하는 거예요. 그래서 동물과 서로 돌보며 살게 하면 옥시토신이 많이 나와서 정신건강이 좋아지는 효과가 있대요.

사실 동물이 제일 좋은 점이 그거잖아요. 동물은 거짓말을 안 한단 말이에요. 말을 못하니까 거짓말도 못하지. 동물도 키우다 보면 말 안 듣고 말썽 부리고 여러 가지로 나를 힘들게 할 수 있겠지만, 적어도 나를 속여먹지는 않지요. 거기서 오는 안정감이 있는 거예요. 그래서 사람을 못 믿고 신뢰가 없는 사람일수록 동물에 집착하는 경향도 있어요. 어쨌든 정직과 신뢰라는 것은 누구나 행복하게 사는데 꼭 필요한 가치란 말이죠.

원PD | 그러니까 거짓말에도 여러 범주가 있고 그중에는 꼭 필요한 거짓말도 있다. 그리고 거짓말은 인간의 본성이므로 그 자체로 나쁘다고 할 수는 없다. 하지만 거짓말에는 중독성과 전염성이라는 치명적인 부작용이 있고, 그로 인해 공동체의 신뢰도가 떨어지면 여러 비효율이 생기며 결국 행복하게 살기 어렵게 되기 때문에, 거짓말은 꼭 필요한 경우라도 항상 경계해 가며 최소한으로 하도록 노력해야 한다. 이런 결론이 되겠네요.

거짓말하면 나쁜 건가요? - 칸트의 답

원PD | 그런데 전 아직도 의문이 풀리지 않았어요. 그래서 거짓말을 하는 게 윤리적으로 나쁜 겁니까? 괜찮은 겁니까? 정철학 나와.

정철학 | 서양철학의 대부 칸트라는 철학자, 전에 소개했죠? 그분이 반드시 정직해야 한다, 약속은 꼭 지켜야 한다고 했어요. 칸트에 대한 유명한 일화가 있어요. 그분은 매일 아침 정확히 5시에 기상해서 차를 마시고 산책을 했대요. 그래서 온 동네 사람들이 칸트가 산책 나오면 그걸 보고 시계를 맞췄다는 거예요. 그 시대는 시계가 있긴 있었지만 수시로 맞춰줘야 했고 방송에서 알려주는 표준시 같은 것도 없었기 때문에…. 아무튼 비가 오나 눈이 오나 죽을 때까지 칸트는 매일 아침 5시에 일어나서 산책을 했다는 거야. 자신과의 약속을 철저히 지킨 것이지.

김심리 | 그 칸트가 남의 기분을 맞추기 위한 작은 거짓말도 안 된다고 했다는 거예요?

정철학 | 칸트는 무조건 정직하라고 했어요. 조금이라도 거짓말을 하면 그때부터 거기 얽매인다는 거야.

김심리 | 그럼 친구가 자기 머리 어떠냐고 물어봤을 때 제가 별로라고 대답한 게 잘했다는 거네요.

서상담 | 만약 누가 비싼 머리를 하고 와서 주변사람들한테 어떠냐고 물어
봤는데 다 그냥 예쁘다, 괜찮다고 대답했는데 한 사람만 "별로다. 다음에
는 그렇게 안 하는 게 좋겠어. 사실 너도 알고 있지?"라고 대답했다면 과연
들은 사람이 그 말을 고맙게 여길까요?

정철학 | 그렇지 않을 가능성이 높지. 기분이 나쁘니까.

원PD | 그런데 전 솔직한 대답에 기분 나빠할 거면 그런 질문은 안 해야 된
다고 생각해요.

김심리 | 기분이 나쁠 수는 있겠지만, 솔직한 대답을 고맙게 여길 수 있는
사람이 정말 행복할 수 있을 것 같아요.

정철학 | 그러니까 칸트 말이 맞다니까요? 사실대로 말하면 들을 때는 약간
상처가 될 수 있겠지만, 시간이 지나 그 사람이 나를 위해 정직하게 말해
줬다는 것을 확인하고 나면 서로에게 신뢰가 생기고, 관계가 더욱 돈독해
져요.

김심리 | 하긴 우리가 남의 기분을 맞추기 위해 당연히 거짓말을 해야 한다
고 생각하지만, 어쩌면 습관적으로 남의 기분을 맞추기 위해 거짓말을 하
는 세상에 살고 있기 때문에 솔직한 말을 들었을 때 놀라는 것일 수도 있
어요. 솔직한 말이 나쁜 뜻으로 하는 말이 아니라는 것을 알고, 솔직하게
말하는 사람들이 평소 주변에 많았다면 그게 그렇게까지 기분 나쁘지 않

을 수도 있어요.

서상담 | 만약 두 사람 사이의 신뢰가 단단히 쌓여 있는 상태라면 서로 솔직한 말도 받아들일 수 있어요. '쟤는 정직한 사람이고, 나를 위해주는 사람이야.'라는 믿음이 있다면 따끔한 말도 상처가 되지 않죠. 하지만 신뢰관계가 없다면 문제가 돼요.

김심리 | 맞아요. 우리가 사실 서로 기분 맞추려고 거짓말하는 걸 당연하게 여기지만, 가까운 사이에서는 싸울 때 또 그걸로 싸우게 돼요. 상황을 모면하려고 습관적으로 거짓말하는 걸 아니까 다른 말도 못 믿게 되거든요. "너는 왜 항상 그런 식으로 어물쩍 넘어가? 사실이 아니잖아!" 평소 두 사람 사이에 솔직한 말도 서로 믿고 받아들일 수 있는 연습이 되어 있으면 괜찮은데, 그렇지 않은 경우 "내가 솔직하게 말을 해도 난리, 거짓말을 하면 난리! 어쩌란 말이야?" 이런 답 없는 상황이 돼 버릴 수 있죠. 차라리 처음부터 서로 정직했다면 좋았을 수도 있죠.

정철학 | 한자로 정직(正直)이라는 말의 직(直) 자를 보면 열 십(十) 자에 눈 목(目) 자가 있어요. 열 명의 사람이 눈을 뜨고 보고 있다는 뜻이에요. 지켜보고 있다! 무서운 뜻이죠.

김심리 | 아무도 안 보고 있어도 모두가 보고 있는 것처럼 사는 것이 정직이라는 이야기군요.

정철학 | 이게 칸트 사상과도 연결이 되는데, 칸트가 말한 '보편화의 원리'가 이런 것이죠. 내가 무슨 행동을 했을 때, 이게 모든 사람이 다 알게 되어도 그럴 만하다고 인정받을 수 있는 일인가? 그럼 잘한 거다.

듣는 사람이 말의 가치를 결정한다

원PD | 저는 그래도 와 닿지 않아요. 칸트는 칸트고, 그는 특별한 사람이잖아요. 매일 죽을 때까지 아침 5시에 일어난 사람이 과연 우리 같은 보통 사람들이랑 어울려 살았겠어요? 그 사람한테는 아무도 입에 발린 말 같은 것을 기대하지 않겠지. 하지만 보통 사람들이 언제나 솔직한 말만 하면서 산다면 사회생활을 못 할 거예요.

정철학 | 사실 철학에서 정직은 궁극적인 가치는 아니에요. 가장 중요한 가치는 사랑이지요. 진정으로 사랑하는 뜻에서 한 말이라면 그 말이 하는 사람 입장에서는 사실이든 아니든, 듣는 사람에게 진실한 힘을 발휘하게 돼요. 우리는 말하는 사람이 그 말의 가치를 결정한다고 믿지만, 실은 듣는 사람이 어떻게 받아들이느냐에 따라 결정되는 거예요.

원PD | 그런 건가? 내가 "인성역전 분명히 잘 될 겁니다."라고 뻥을 쳤어. 그 말을 믿고 다들 여기 와서 힘들게 방송을 만들고 있는데, 그러다 보니까 진짜 잘 됐어. 나는 처음에 뻥이었는데, 듣는 사람들이 진실로 받아들이다 보니 진실이 된 거지.

김심리 | 하지만 아예 사기였던 것은 아니고, 원PD 님께서도 인성역전이 잘 되었으면 좋겠다는 간절한 마음으로 말씀하신 거잖아요? 하하…. 의도는 좋았던 거죠.

제가 아까 7가지로 분류한 거짓말들은 아주 조금이라도 사실이 아니면 다 거짓말로 본 거잖아요. 그런데 이런 상황이 있을 수 있어요. 아내가 남편에게 "나를 사랑해?"라고 물었는데, 솔직히 잘 모르겠는 거야. 사랑이 식었어, 현재 전혀 사랑스러워 보이지 않아. 하지만 아내 기분 좋으라고 "사랑해."라고 대답했어요. 이것도 엄밀히 따지면 거짓말이죠. 그러나 그 대답에는 '그래도 아내를 사랑해야지.' 또 '아내가 이 대답을 듣고 나를 사랑해주었으면 좋겠다.'라는 마음이 있단 말이에요. 그랬더니 아내가 그 대답을 듣고 기분이 좋아서 남편에게 사랑을 표현했고, 그 결과 남편도 아내를 다시 사랑하게 되었다. 이렇게 된다면 그 말을 하는 순간 하는 입장에서는 거짓말이었다고 할 수 있지만, 그것이 상대방에게 잘 받아들여져서 미래에 진실이 되는 것이죠. 그러니까 100% 사실만 말해야 한다는 것보다는 그 의도가 중요하다는 얘기죠. 상대를 사랑하는 마음으로 말했다면….

정직보다 큰 가치는 사랑

정철학 | 이런 예도 있죠. 아버지가 아들한테 일을 시켰어요. 아들이 열심히 안 하고 있었는데, 아버지한테 전화가 왔어. "일은 다 했냐?"하니까 아들이 "네, 거의 다 했어요."라고 거짓말을 했어요. 그러니까 아버지가 "아이고, 수고했다! 힘들었지?"라고 했어요. 아들이 그 말을 듣고는 아버지의 사

랑과 자신을 믿어주는 데 대한 감사와 자신이 거짓말한 데 죄책감을 느껴서, 전화를 끊고 얼른 부랴부랴 일을 해서 정말로 다 해버렸다. 이 경우 아버지의 사랑과 믿음이 원래 거짓이었던 상황을 진실로 만든 거지.

원PD | 가족 간에는 그럴 수 있죠. 하지만 저랑 별로 상관없는 사람들까지 다 사랑의 마음으로 대해야 하는지는 잘 모르겠어요.

김심리 | 그 사랑이란 게 가족을 사랑하는 그런 뜨거운 마음만 가리키는 것이 아니고요. 다만 다른 사람들에게도 관심을 좀 가지고, 다 같이 잘 되었으면 하는 마음을 이야기하는 것이죠. 우리는 누구나 공동체 안에 속해 있잖아요. 내가 나의 행복만을 추구한다고 되는 것이 아니라 공동체 전체의 행복지수가 떨어지면 내가 행복해질 가능성도 줄어드는 거니까, 다 같이 서로 믿을 수 있고 함께 행복해졌으면 좋겠다. 이 정도가 공동체를 사랑하는 마음이겠죠.

서상담 | 극단적인 예로 전쟁에서 기만전술을 썼을 때도 그런 기준을 적용할 수 있겠죠. 전쟁에서 기만전술은 남을 속여 많은 생명을 빼앗는 행위니까 그 자체로만 보면 엄청난 악이지만, 정말 어쩔 수 없는 상황에서 내가 속한 공동체의 수많은 사람들의 생명을 지키려는 의도에서 한 일이니까 용인될 수 있는 것이죠.

원PD | 이제 좀 와 닿네요. 그러니까 원칙적으로는 진실해야 하지만, 부득이하게 100% 진실하지 못했을지라도 사랑하는 마음과 선한 의도가 있었다

면 그것이 상대방을 통해서 진실한 가치로 만들어질 수 있다. 그러기 위해서는 받아들이는 사람과의 신뢰 관계도 중요하고. 평소 내가 믿을 만한 사람이 되어야 선한 거짓말이라도 효력이 있겠죠. 맨날 거짓말하는 놈이 좋은 의도로 거짓말했다고 하면 누가 그렇게 받아들이겠어요?

김심리 │ 제가 거짓말하는 이유를 여러 가지 이야기했잖아요. 그래서 저는 그중에서 해도 되는 거짓말과 하면 안 되는 거짓말이 있다고 봤죠. 정철학 선생님은 거짓말은 원칙적으로 안 된다고 하셨고. 단 선한 의도가 있다면, 그리고 받아들이는 사람이 그 가치를 진실로 만든다면 용인되는 거짓말도 있다는 단서가 붙었죠. 그렇게 보면 결국 저와 정철학 선생님의 결론이 다르지 않은 것 같아요.

거짓의 유혹에 대처하는 법 – 바른 길이 빠른 길이다

원PD | 그러면 이제 현실적인 실천 요령을 알아볼까요? 우리가 살다 보면 거짓말을 하고 싶은 순간, 진실을 피하고 싶은 유혹이 오는 때가 있죠. 그럼에도 불구하고 우리는 정직해야 합니다. 어떻게 하면 거짓의 유혹을 피할 수 있을까요?

김심리 | 저는 먼저 좀 멀리 보는 자세가 필요하다고 생각해요. 거짓말이 당장은 이익이 되는 것 같지만, 멀리 보면 정직이 이익이 되는 경우가 사실 더 많아요. 지름길로 쉽게 가고 싶은 유혹이 들어도 당장은 그게 빠른 길 같지만, 샛길엔 예상 밖의 변수가 많기 마련이거든요. 결국엔 돌고 돌아가게 되는 경우가 많아요. 정도(正道:올바른 길)로 가는 것이 가장 빠른 길이다, 이걸 마음에 새기고 있었으면 좋겠어요.

원PD | 제가 살면서 보니까 결정적인 순간에 빛을 발하는 것은 정직인 것 같아요. 아무리 꼼수 쓰고 잔머리 굴리고 해도 딱 정직함이 빛나는 순간이 와요. 꼼수가 한두 번은 통할지 몰라도 다른 사람들도 바보가 아니기 때문에 내가 평소에 정직한 사람인지 아닌지 다 알게 되고, 그런 나에 대한 믿음이 결정적일 때 중요한 문제가 되는 경우가 많아요. 그러니까 그런 때를 위해서 보험 든다는 마음으로라도 평소에 정직하게 살려고 노력을 해야 해요. 특히 저처럼 천성이 정직하지 못한 사람은 그렇게 의도적으로 노력을 해야….

정철학 | 자신이 정직하지 못하다고 인정한다는 것 자체가 정직한 축에 속하는 거예요.

김심리 | 맞아요, 그러기도 쉽지 않은 것 같아.

정철학 | 영어로 정직이 'Honest'잖아요. 영어로 명예는 'Honor'거든요. 이 두 단어의 어원이 같아요. 그만큼 정직은 사람을 명예롭게 만들어준다는 것이지.

원PD | 그렇군요. 명예라는 것은 쉽게 얻을 수 있는 것이 아니죠. 오랫동안 꾸준히 쌓아 와야 하는 것인데, 정직도 마찬가지라고 생각해요. 정직한 사람이 되고 그 사실을 남들에게 인정받기까지는 꾸준한 노력과 훈련이 필요한 것 같아요. 거짓말이나 꼼수 이런 것은 금방 습관이 되기 때문에 '내가 꼭 정직해야 할 때 정직하면 되지 뭐.' 이런 생각은 통하지 않을 거예요. 그 생각 자체가 꼼수지. 하하….

그리고 내가 한 번 정직하지 않은 사람이라고 주변 사람들한테 찍혀 버리면 그 인식을 바꾸는 데는 정말 엄청난 노력이 필요하죠. 부정적인 이미지 일수록 잘 안 변하는 법이잖아요. 특히 믿음이라는 건 한 번 깨지면 회복하기가 쉽지 않죠. 10번 정직하다가도 1번 거짓말한 게 걸리면 믿음이 깨져버릴 수 있는 거니까.

특히 직장생활, 조직생활 할 때 윗사람들일수록 조심해야 해요. 내가 한 번이라도 거짓말한 게 들통 나면 내 권위는 다 사라집니다. 아무리 철저하게 남들을 속인다 해도 다른 사람들도 바보가 아니기 때문에, 어쩌다 한두 명이라도 사실을 알게 되면 퍼지는 건 금방이에요. 그런 걸 생각하면 아예 처음부터 최선을 다해 정직하게 사는 편이 나을 것 같아요.

거짓말의 함정 – 제 꾀에 제가 넘어간다

김심리 | 그리고 이런 것도 있어요. 거짓말 잘하는 사람이 남한테 잘 속을까요, 안 속을까요? 언뜻 잘 안 속을 것도 같지만, 사실 거짓말 잘하는 사람이 남한테도 잘 속아요.

원PD | 정말요?

정철학 | 그럼, 잘 속아. 맨날 속아.

김심리 | 왜냐면 거짓말 잘하는 사람들은 요령이나 꼼수를 좋아하는 성향인 거잖아요? 스스로 늘 좀 더 쉽게 편하게 가는 길을 원하고, 찾고 있기 때문에 그런 데 솔깃해요. 근데 더 편해 보이는 길, 그럴 듯하게 들리는 얘기일수록 거짓말일 경우가 많거든요. 쉽게 돈 벌 수 있다는 말은 다 사기잖아요? 오히려 거짓말할 줄 모르는 정직한 사람들일수록 그런 얘기를 들으면 "뭐라 뭐라 하는데 잘 모르겠어. 난 그냥 바른 길로 갈래." 이런 사람들은 그런 유혹에 쉽게 휩쓸리지 않아요. 남들은 편하고 쉬워 보이는 길로 가더라도 흔들리지 않고 차근차근 자기 갈 길만 꾸준히 가다 보면 어느새 요령 찾던 사람들은 다 길을 잃든가 나가 떨어져 있고, 정직한 사람이 제일 멀

리 가 있죠.

'제 꾀에 제가 넘어간다.'는 말이 있잖아요. 약아빠진 사람들이 의외로 함 정에 빠질 때가 많다는 건데, 정말 그래요. 저는 주변에서 그런 경우를 너 무나 많이 봤어요.

원PD | 그렇군요. 또 이런 것도 있겠죠. 끼리끼리 모인다고 아무래도 정직 한 사람들은 정직한 사람들끼리, 거짓말 잘하는 사람들은 그런 사람들끼 리 어울리게 되지 않겠어요? 그러다 보면 거짓말 잘하는 사람들끼리 서로 속고 속이는 일도 더 많이 일어나겠죠. 정직한 사람들은 한두 번은 당할지 언정 거짓말 잘하는 사람들을 곁에 두지 않을 테니까요.

김심리 | 무엇보다 정직한 길이 어렵다고 할 수도 있지만, 거짓말했을 때 뒷 감당은 어쩌고요? 어쩌면 그게 더 힘들어요. 물론 진실을 말해도 그 대가 가 있지만, 거짓말을 했을 때 대가가 더욱 무거워요.

원PD | 맞아, 거짓말해도 혼나고 바른말해도 혼날 바에야 바른말하고 혼나 는 편이 낫지. 매도 일찍 맞는 편이 낫다고 하잖아요. 당장 미룬다 해도 나 중에 이자까지 치를 바에야, 멀리 보면 역시 정직이 낫습니다.

서상담 | 제가 살면서 보니까 거짓으로 만들어진 관계는 오래 가지 못하더 라고요. 거짓말이 얼른 달콤하지만 금방 질리는 맛이거든요. 정직은 처음 에 조금 쓴맛이 나더라도 질리지 않고 갈수록 깊은 맛이 나죠. 깊고 오래 가는 인간관계를 위해서는 처음부터 정직한 편이 나아요.

정철학 | 정직의 기본은 사랑이다. 우리말로 '사랑', '사람' 발음이 비슷하죠? 실제로 같은 어원에서 왔어요. '살다, 삶'도 같은 어원이죠. 사람이 사람답게 살려면 사랑해야 돼요. 서로 사랑하는 마음이 있으면 정직할 수 있답니다.

김심리 | 저는 원래 거짓말을 잘 못해서 오히려 거짓말 스킬을 좀 배우려는 사람이었는데, 오늘 얘기를 나누다 보니까 제가 물론 정직한 것이 나름 장점이기는 하나, 필요하다고 생각되는 거짓말도 못하는 것은 스킬이 부족한 게 아니라 사랑이 부족한 게 아닐까 하는 생각을 하게 되었어요. 어떤 거짓말은 상대를 배려하고 관계를 좋게 하려고 하는 건데, 그걸 못 봐주는 거지. 제 성격이 워낙 칼 같아서…. 그런 성격이 늘 좋은 것만은 아니거든요. '어쨌든 정직한 게 좋은 것 아냐?' 생각을 했었는데, 내 마음에 사랑의 마음이 있는지 없는지 그것으로 판단하면 되겠네요.

활동해보자!

나의 거짓말 돌아보기

아래 질문에 따라 내가 했던 거짓말이 피할 수 있었던 거짓말인지,
할 수밖에 없었던 거짓말인지, 솔직하게 분석하고 반성해 봅시다.

질문1	최근 내가 했던 거짓말은 무엇이 있나요? 생각나는 대로 써 봅시다.
질문2	질문1에 쓴 거짓말의 이유가 무엇인지 다음 7가지 이유 중에서 골라 각각 번호를 매겨 봅시다.

①상황을 회피하고 모면하기 위해
②남에게 관심을 끌고 잘 보이기 위해
③상대방의 기분을 맞추고 실망시키지 않기 위해
④누군가를 보호하기 위해
⑤자기정당화를 위해서
⑥상대방을 속여 이익을 얻기 위해서
⑦내가 한 말에 책임질 수 없게 되어 본의 아니게

질문3	질문1의 답변 중 "하지 않았다면 좋았을 걸 하고 후회되는 거짓말"에 ×, "후회까지는 아니지만 안 해도 되었을 거라는 생각이 드는 거짓말"에는 △, "꼭 할 수밖에 없었거나 하길 잘했다고 생각하는 거짓말"에는 ○ 표시를 각각 해봅시다.
질문4	△나 × 표시를 했을 때와 같은 경우를 다시 만나게 되었을 때, 어떻게 대처하는 것이 좋을지 생각해 봅시다.

규범

일탈의
유혹

일탈의 유혹

원PD | 오늘의 주제는 '규범과 일탈'입니다. 누구나 혼자서는 살 수 없지요. 그런데 어울려 살다보면 각자의 이익과 편의가 부딪칠 수밖에 없기 때문에 서로가 지켜야 할 규칙, 약속 등 규범이 필수적입니다. 누구나 규범의 필요성에 대해서는 인정할 것입니다. 하지만 사람들은 규범을 어깁니다. 아직 규범에 익숙하지 않거나 그 필요성에 대해서 잘 모를 어린아이들이라면 이해가 되지만 어른들, 그중에서도 정말 알 만한 사람들도 규범을 안 지킵니다.

공동체의 규범을 지키기 않으면 당연히 제재를 받게 됩니다. 별것 아닌 규범을 어김으로써 굉장히 큰 손해가 발생하기도 하는데, 그걸 알면서도 그렇게들 규범을 어깁니다. 어쩔 수 없이 어기기도 하고, 어쩌다 보니 어기기도 하고, 일부러 어기기도 합니다. 꼭 필요하지만 너무나 지키기 어려운 규범! 안 된다는 걸 알지만 너무도 유혹적인 일탈! 여기에 대해서 파헤쳐 보도록 하겠습니다.

우리 인성역전 패널 분들은 다들 규범을 잘 지키는 편이신가요? 어떠세요?

김심리 | 저는 잘 지키는 편도 아니고 안 지키는 편도 아닌 것 같아요.

원PD | 길에다 쓰레기 버려요?

김심리 | 그런 적은 거의 없어요.

원PD | 그럼 잘 지키는 거네.

김심리 | 규범에도 여러 가지가 있는데, 방금 말씀하신 쓰레기 아무 데나 안 버리고 하는 것들은 공중도덕에 속하죠. 저는 공중도덕은 잘 지키는 편이 에요. 남에게 피해 주는 것을 싫어하거든요. 하지만 남에게 피해를 주는 일이 아니라고 생각하면 필요에 따라서 규범을 어기는 데 큰 죄책감은 없는 것 같아요. 하하….

서상담 | 저도 남에게 피해를 주면 안 된다는 생각이 크기 때문에 규범을 잘 지키는 편이에요. 모든 규범을 다 지킨다고 할 수는 없지만….

정철학 | 저는 마음은 잘 지키고 싶은데, 그렇게 안 되는 경우가 많은 것 같아요.

원PD | 저는 솔직히 규범 잘 안 지켜요. 왜 지켜야 하는지 모르겠는 규범도 많고. 기본적으로 저는 저만 편하면 된다고 생각하는 이기적인 사람이라서…. 보는 사람 없으면 쓰레기도 길에 막 버리고 그래요. 사실 저 같은 보통 사람이 길에 쓰레기 좀 버린다고 해서 큰일 나는 건 아니잖아요? 그런데 뉴스 같은 걸 보다 보면 정말 지위가 높은 분들, 다른 많은 사람들의 안위를 책임진 분들이 막 규범을 어기고, 그래서 남들에게 큰 피해를 주고 자신의 인생도 망치는 것을 보면서 '저 자리까지 올라간 거 보면 알 것도

다 알 테고 의지도 강한 사람일 텐데, 왜 저런 짓을 저지를까?' 싶은 경우가 많았어요. 그래서 이런 질문으로 시작해 봅니다. 사람들은 대체 왜 규범을 어길까요?

왜 규범을 안 지킬까?

김심리 | 저는 규범을 안 지키는 경우를 크게 두 가지로 나눠서 봐야 한다고 생각해요. 한 가지는 '이 규범은 지킬 필요가 없다.'고 판단해서 남들은 어떻게 생각할지언정 본인이 자기합리화를 하면서 적극적으로 안 지키는 경우와, 규범을 지켜야 한다고 생각하지만 자신의 충동을 억제하지 못해서 어기게 되는 경우.

그 왜 몇 년 전에 지방 검찰청장 자리에 있던 분이 길거리에서 음란행위를 해가지고 물의를 빚고 사임하신 사건이 있었잖아요? 상식적으로 이해가 안 가잖아요. 왜 저 정도 되는 사람이 그 따위 일로 인생을 망치는지…. 그분이 '내가 이 정도는 해도 되겠지.'라는 말도 안 되는 판단을 하진 않았을 거예요. 직업이 검사인데 그런 짓을 하다가 걸렸을 때 어떤 대가를 치러야 하는지도 잘 알고 있었을 것이고. 그런데 순간적인 충동을 못 이겨서 판단력과 자제력이 흐려진 것이죠.

또는 어린 학생들, 그렇게 복도에서 뛰어다니지 말라고 해도 막 뛰어다니죠? 그 친구들이 복도에서 뛰지 말라는 규칙이 부당하다고 판단해서 어기는 것이 아니거든요. 선생님한테 야단맞고 싶지도 않고, 복도에서 다 같이 뛰어다니면 다치기 쉬우니까 뛰지 말라고 타이르면 납득도 해요. 하지만 워낙 혈기왕성하고, 자제력이 다 발달되어 있지 않은 나이다 보니까 금세 잊고 흥분하면 또 막 뛰는 것이죠.

하지만 사실 성인이라도 본인의 충동을 다 억제할 수 있는 것이 아니에요. 자제력이라는 것은 한계가 있거든요. 그러니까 높은 지위에 있고 할 일이 많은 사람일수록 스트레스도 많고, 다른 데 많은 신경을 쓰기 때문에 뜻하지 않은 데서 충동을 억제하지 못하는 경우가 생겨요.

서상담 | 제가 상담 현장에서 보면 심각하게 규범을 안 지켜서 문제가 되는 친구들은 공감능력이 아주 낮은 경우가 많아요. '내가 이렇게 하면 다른 사람이 어떤 영향을 받을까?' 여기에 대한 감각이 떨어지다 보니 규범을 쉽게 어기게 되는 것이죠. 이런 성향이 심하면 인격 장애까지도 갈 수 있어요.

또 하나는 자극을 추구하는 성향. 자극과 스릴을 너무나 좋아하기 때문에 아무리 하지 말라고, 너도 위험하고 다른 사람들에게 피해를 준다고 해도 꼭 그걸 해 봐야 직성이 풀리는 사람들. 하지 말라면 더 하고 싶은 거 있잖아요. 유독 그게 심한 사람들이 있어요.

김심리 | 하지 말라는데 하면 더 짜릿하죠. 뭘 하기 위해 규범을 깨는 것도 있지만, 규범을 깨는 것 자체도 스릴과 쾌감을 주니까요. 누가 하라는 대로 하고만 싶은 사람이 어디 있겠어요? 아기들도 의사소통 능력이 막 생겨나기 시작할 때는 엄마가 하라는 대로 하지만, 조금만 더 커도 이유 없는 반항을 시작하거든요. 남의 통제를 받고 싶지 않다는 욕구는 본능적인 거예요. 사람에 따라 성향에 차이가 있긴 하지만요.

정철학 | 규범, 즉 법이나 관습, 예절 등은 변화하기가 쉽지 않죠. 물론 규범도 시대와 문화에 따라 달라지긴 하지만, 현실의 변화무쌍함에 비하면 늦을 수밖에 없어. 그러니까 아무리 현실에 맞춰서 규범을 정한다 해도 정해지는 순간 옛날 것이 되고, 뭔가 현실과는 맞지 않는 면이 생기기 마련이에요.

또한 내가 지켜야 하는 규범을 내가 만들었다고 생각하는 사람은 별로 없을 거예요. 그나마 오늘날은 법을 만드는 사람들이 국민의 대표자 국회의원들이긴 하지만, 그렇다고 내 뜻에 맞게 법이 만들어지는 것은 아니죠. 관습이나 예절 같은 것은 더 말할 것도 없고. 내가 동의한 적 없는 규범이고, 내가 보기엔 불편하고 타당성이 없는 것도 많은데 왜 꼭 지켜야 하지? 이런 반발심이 들 수밖에 없죠.

서로 다른 규범의 충돌

원PD | 살다보면 규범을 지킬까 말까 갈등이 되는 순간들이 많죠. 예를 들어 이런 경우에요. 내가 공무원입니다. 공무원으로서 나에게 주어진 공적인 업무들을 열심히 처리하고 있는데, 친하게 지내는 동네 형이 찾아와서는 "내가 이 일이 너무 급한데, 이것 좀 먼저 처리해줄 수 없겠냐?" 하는 거예요. 이러면 엄청 고민이 되는 거죠. 규범상 공무원은 지인이라고 사정을 봐 주면 안 되거든요.

김심리 | 그런데 사실 지인의 편의를 봐 줘야 한다는 것도 일종의 규범이에

요. 그 공무원이 지인의 편의를 봐주면서도 자신이 크게 잘못했다는 생각을 안 할 수도 있어요. 공무원 행동강령이라는 것이 있지만, 그걸 따라 친구의 부탁을 거절하자니 의리 없는 사람이 되는 거잖아요. 의리 같은 것은 어디 공식적인 문서로 쓰여 있는 것은 아니지만, 우리의 행동을 더 크게 통제할 수도 있는 보이지 않는 규범이에요. 그러니까 규범을 안 따르게 되는 데는 서로 다른 규범이 충돌하기 때문인 경우도 있어요. 그중의 하나를 택해야 하는 것이죠.

학생들이 담배를 피우면 안 된다는 규범이 있는데 왜 담배를 피우냐? 이 친구들도 담배를 피우다 걸리면 벌점 맞고, 부모님과 선생님이 실망하시고 야단맞게 된다는 것을 알아요. 물론 일부러 반항하려고 피우는 경우도 있지만 굳이 어른들을 실망시키고 싶은 생각이 없는 친구들도 많아요. 사실 담배 자체를 꼭 피우고 싶은 것도 아니고요. 하지만 친구들과 어울리려면 담배를 같이 피워야 하는 거예요. 혼자 안 피우면 거기에 낄 수가 없으니까요. 또래규범이라고 하죠. 담배 피우는 학생들은 교칙보다 또래규범을 선택한 것이에요. 여학생들이 학교에서 하지 말라는 화장을 꼭 하고 다니고, 그런 것도 사실 그 친구들 입장에서는 안 할 수가 없는 경우가 많아요. 다들 하니까 자기만 안 하면 이상해 보이는 걸요.

원PD | 생각해 보니 그러네요. 아까 그 공무원의 경우도 물론 내가 공무원으로서 직업적인 규범을 지키는 것도 중요하지만, 내가 24시간 평생토록 공무원으로만 살아가는 것이 아니잖아요. 퇴근하거나 퇴직하거나 직장 밖에 나가서는 친구들이랑 놀아야 할 것 아니에요? 의리 없다고 찍히면 중요한 관계를 잃을 수 있으니까…. 친구의 부탁을 들어 주고는 본인이 더 중

요한 규범을 선택했다고 생각할 수도 있겠네요. 할 일을 안 한 것도 아니고 순서를 조금 바꾼 것뿐이니까, 그냥 융통성 있게 일을 처리한 거라고 볼 수도 있겠네요.

정철학 | 그런데 두 규범의 범주는 다르죠. 공무원 행동강령은 법 규범에 속하고, 친구의 의리는 윤리 규범에 속해요. 법 규범의 범위는 아주 좁고, 윤리 규범의 범위는 일상에 걸쳐 아주 넓습니다. 그렇기 때문에 우리가 평소에는 윤리 규범이 더 가깝고 중요한 것처럼 느껴질 수 있어요. 하지만 법 규범은 그중에서도 정말 꼭 지켜야 하는 것들, 지키지 않으면 사회적으로 큰 혼란을 초래하는 사항들만을 국민 대표들이 합의하여 법률로 딱 정해 둔 것이기 때문에 가장 우선적으로 지켜야 하는 규범이에요. 특히 공무원은 국가의 일을 공정하게 처리할 의무를 지며 국민의 세금에서 급료를 받는 사람인데, 그 권한을 사적으로 사용하면 절대로 안 되죠. 융통성? 모든 부정부패는 융통성에서 출발해요. 물론 일하다 보면 융통성이 필요할 때도 있죠. 하지만 공무를 볼 때 융통성은 나라와 공동체를 위한 목적에서만 허용되는 거예요. 공무원의 사적 인맥을 위한 융통성은 허용되지 않아요.

부당한 명령에 저항할 권리

원PD | 그럼 이런 경우도 규범이 상충되는 경우인가요? 직장에서 상급자가 나에게 무슨 일을 시켰는데, 분명히 부당한 일이라는 생각이 들어요. 하지만 현실적으로 상급자의 업무지시를 무시하기는 쉽지 않죠. 어차피 조직

에는 의사결정권자가 있고 정해진 시스템에 따라서 일이 처리되고, 그 결과에도 의사결정권자가 책임지는 거니까, 내 판단으로 그 지시를 거절하지 않아도 나에게 책임이 있는 것도 아니고요. 그러니까 대개 "뭐 이런 걸 시켜…"하고 투덜투덜하면서도 따를 수밖에 없게 되죠. 이 경우의 규범은 어떻게 적용되는 거예요?

김심리 │ 그것은 굉장히 어려운 문제이죠. 나에게 명령할 권한이 있는 자의 부당한 명령에 어떻게 대처할 것인가? 조직의 질서와 그보다 더 큰 본질적인 가치가 충돌하는 상황인데, 역사적인 장면들이 이런 순간에 많이 나왔죠. 일단 현재는 상급자의 지시라도 명백한 불법이거나, 인권을 본질적으로 침해하는 경우 거부할 권리가 법적으로 보장되어 있습니다. 공무원 강령에도 '상사가 공정한 직무를 방해하는 지시를 내렸을 때에는 이의를 제기하거나 따르지 않을 수 있다'라는 내용이 있고요. (공무원 행동강령 제 4조 〈공정한 직무 수행을 해치는 지시 등에 대한 처리〉) 즉 원칙적으로는 자신이 속한 조직보다 더 큰 공동체의 이익을 위해 상급자의 부당한 명령은 거부할 수 있어요.
하지만 현실적으로는 그렇게 하면 일단 온갖 불이익이 나한테 돌아오겠죠. 명령불복종이라며 제재가 가해질 것이고, 집단 따돌림이나 괴롭힘을 당할 수도 있고요. 어쩌면 직장을 잃을 수도 있고. 내가 옳았다면 법적 조치를 통해 시정이 되겠지만, 시간과 노력이 많이 들 것이고 그동안 얼마나 괴롭고 힘들겠어요? 그러니까 대부분은 부당한 지시인 것을 알면서도 그냥 따르게 되죠. 하지만 그것이 옳은 선택이라고 볼 수는 없어요. 다만 자신을 보호하기 위한 선택인 것이죠.

원PD | 원칙을 따를 것이냐 자기보호를 할 것이냐 하면 전 당연히 자기보호를 택할래요. 그런 선택을 비난할 수 없다고 생각해요.

김심리 | 맞아요, 개인의 선택이죠. 원칙을 따르는 사람을 충분히 보호해줄 수 없다면 그것은 시스템에 문제가 있는 것이죠. 그러니까 개인이 상급자의 부당한 지시를 거절할 수 있는 용기를 발휘할 수 있도록 법적 제도라든가, 보통 사람들의 인식이 충분히 변화해야 해요.

아까 공무원이 지인의 사적인 부탁을 받고 이걸 들어줘야 한다고 생각하는 마음, 말하자면 '의리'가 또 다른 규범이라고 했잖아요. 그런데 이런 규범은 문화권에 따라 굉장히 달라요. 우리나라에서는 아직까지 혈연, 지연, 학연 등 사적 공동체의 윤리 관념이 강하지만, 선진국일수록 공적 윤리가 훨씬 더 강해요. 그런 나라에서는 공무원이 사적인 부탁을 거절하는 것이 당연하게 여겨질뿐더러 그런 부탁을 하는 사람도 거의 없어요. 그런데 이런 공동체 윤리가 변화하는 데는 시간도 굉장히 오래 걸리고, 우리 스스로도 노력을 많이 해야 해요.

원PD | 그런데 시간이 걸리긴 해도 그런 건 확실히 변하는 게 눈에 보여요. 왜, 우리 가끔 옛날 드라마 보다보면 한 10여 년 전만 해도 공공장소에서 담배 피우고, 심지어 임신한 아내 앞에서도 담배 피우는 장면이 버젓이 나오잖아요. 지금 그런 장면을 보면 "아니 저렇게 미개할 수가…" 싶은데 그때만 해도 그런 것들이 아무렇지 않았단 말이지.

변화하는 규범과 변치 않는 규범

정철학 | 규범은 변화하니까 사람들이 어기는 경향이 생긴다고 했지만, 아무리 세상이 변해도 정말 중요한 근본적인 가치에 대해서는 사람들의 양심이나 이성을 기준으로 했을 때 같은 판단을 내릴 것 같아요. 담배 같은 것 말고, 인간의 존엄이라든가 부정부패에 관련된 문제에 있어서는 아무리 옛날 일이라 해도 변치 않는 기준으로 옳고 그름을 판단할 수 있을 거예요. 비록 그 시대의 규범에 따라서는 처벌을 받거나 불이익을 받았다 해도 불의한 명령에 저항해 왔던 사람들 덕분에 오늘날 인권과 민주주의가 법적으로도 보장받게 된 것이잖아요. 물론 아직도 갈 길이 멀긴 하지만요. 결국 판단의 기준은 개인의 양심과 선의지, 합리적인 이성이 되어야 하는 것이죠.

규범의 종류

① **관습** : 한 사회에서 오랫동안 지켜져 내려온 행동 양식이 규범화된 것. 문화에 따라 다양한 형태를 띠고 있다. 전통, 풍습, 풍속, 관행 등이 이에 속한다.

② **윤리·도덕** : 인간이라면 마땅히 지켜야 한다고 여겨지는 윤리 규범. 문서화되어 있지 않아도 인간의 행동을 가장 근본적으로 통제한다. 서로 다른 문화권이라도 겹치는 부분이 많다. 황금률(내가 대접받고 싶은 대로 남을 대접하라) 등이 이에 속한다.

③ **종교** : 특정 종교에서 교리적으로 지켜야 할 것을 정해 놓은 규범.

④ **법** : 국가 등 공적인 권력이 지키도록 강제하는 규범. 윤리·도덕에 바탕을 둔 조항도 있고(살인·상해에 대한 처벌 법규 등), 윤리·도덕과 관계없이 생활의 편의를 위해 만들어진 조항이 있다(교통법규 등).

무엇이 규범을 지키게 하나? – 규범의 심리학

김심리 | 지금까지 사람들이 왜 규범을 어기는지 여러 이유를 살펴봤는데요. 사실 저는 그 질문이 처음부터 좀 이상하다고 생각했어요. 왜냐면 규범은 어기는 게 당연한 거거든요. 아무것도 모르고 마음대로 행동하는 어린아이들을 붙잡고 이거 해라 저건 하지 마라, 몇 년을 빡세게 훈련을 시켜야 겨우 규범을 지키기 시작하잖아요. 내 멋대로 하고 싶고 누가 하라고 하면 더 하기 싫고, 나를 우선하고 싶은 것이 사람의 본능이에요. 규범을 지키는 게 더 어렵고 부자연스러운 일이고, 그럼에도 불구하고 많은 사람들이 규범을 지키는 것이 더 신기한 일이지요. 그래서 저는 무엇이 사람들로 하여금 규범을 지키게 하는지, 심리학에서 밝혀낸 기제들을 조사해 왔어요. 왜 사람들이 규범을 지킬까요?

원PD | 안 지키면 안 되잖아요. 규범을 어겼을 때의 대가가 있으니까.

김심리 | 맞아요, 모든 규범은 지키지 않았을 때 대가가 따르죠. 그런데 우리가 가장 쉽게 떠올리는 그 대가가 처벌이거든요. 그렇기 때문에 우리가 규범을 안 지키는 사람을 어떻게 처분할까 할 때 보통 처벌을 강하게 하자. 벌금이나 과태료, 징역을 세게 때리자. 이런 생각을 많이 하는데, 뜻밖에 강한 처벌은 별 효과가 없는 경우가 많답니다. 심리학에서 밝혀낸 바로 사람들이 규범을 지키게 하는 가장 강한 기제는 처벌이 아니라 바로 사회적 유대감이에요. '내가 규범을 어겼을 때 어떤 처벌을 받을 것인가?' 이보

다는 '그 때문에 내가 사랑하고 나를 아껴주는 사람들이 얼마나 실망할 것인가?' 이것을 훨씬 더 두려워한대요.

서상담 | 체면 같은 것도 거기 포함되겠죠? 사회적 평판.

김심리 | 그렇죠. 남들에게 욕먹고 따돌림 받기 싫어하고, 사랑받고 칭찬받고 싶어 하는 것이 모든 인간의 본능이잖아요. 따라서 사람들은 남의 눈을 의식할 때 윤리적인 행동을 더 많이 하게 돼요. 아무도 보고 있지 않아도 윤리적인 행동을 하는, 정말 고매한 인격을 가진 사람은 극소수일 테고, 남이 나를 어떻게 보든 상관없이 자기 내키는 대로 행동하는 사람 또한 사이코패스 등 극소수죠.

그렇기 때문에 보통 사람들은 자기 생각에 꺼림직한 행동을 할 때는 '나 말고도 이런 행동을 하는 사람들이 많아.'라며 자기정당화를 하게 됩니다. 어떤 사람이 어떤 규범을 잘 지키는지 궁금하면 "이 규범을 잘 지키는 사람이 얼마나 된다고 생각하십니까?"라고 물어보면 된대요. 예를 들어서 바람을 피우는 사람이나 바람피우고 싶은 욕구가 강한 사람은 실제로 바람피우는 사람이 상당히 많다고 생각한답니다. 그렇지 않은 사람은 바람피우는 건 극소수의 일탈이라 여기고요.

원PD | 사회적 유대감, 공감대가 규범을 지키게 하는 가장 큰 원동력이 된다는 거군요.

내적 동기 vs 외적 동기

김심리 | 사회적 유대감이나 공감대를 규범을 지키는 내적인 동기라고 합니다. 보상과 처벌은 외적인 동기에 속하고요. 외적인 동기도 효과가 없다는 것은 아니에요. 다만 생각보다 효과가 크지 않다는 것이죠. 동물도 훈련으로 규범을 지키게 할 수 있는데, 동물에겐 내적인 동기가 존재하지 않아요. 동물을 훈련시킬 때는 외적인 동기, 즉 단순한 보상과 처벌이 가장 효과적입니다. 개를 훈련시키려면 잘한 행동을 하면 간식을 주고 칭찬해주고, 잘못하면 야단을 치고 이런 식으로 하면 돼요. 하지만 인간 세계의 규범은 보상과 처벌만으로 지켜지기에는 너무 복잡한 상황이 많아요.

유명한 사례로 어떤 어린이집에서 이제 부모들이 퇴근하고 아이들을 데려가잖아요. 그런데 늦게 데려가면 선생님들 퇴근 시간에 지장이 있으니까, 지각을 없애려고 벌금을 매겼대요. '몇 분 늦으면 얼마 벌금' 이렇게요. 근데 벌금제도를 실시하고 나니까 오히려 지각이 훨씬 더 많아졌다는 거예요. 왜 그렇게 됐을까요?

서상담 | 늦어도 안 미안하니까.

김심리 | 맞아요. '내가 늦게 애를 데려가면 어린이집 선생님이 더 받으시는 것도 없이 퇴근을 늦게 하시게 되니까 죄송하지.' 이런 생각은 내적 동기지요. 그런데 벌금이 매겨지니까 '그냥 벌금 얼마 내고 좀 늦게 데려가지 뭐.' 이렇게 생각하게 되는 거예요. 벌금이 마치 요금처럼 돼 버리는 거지. 이와 마찬가지로 어떤 규정을 위반하는 것에 대해서 벌금을 매겼더니 오

히려 위반 건수가 더 많아졌다는 보고가 굉장히 많아요. 외적 동기가 강화되면 그 때문에 내적 동기를 잃어버리게 되는 거예요.

어린아이들을 훈육할 때도 "이거 잘하면 뭐 사줄게. 저거 어기면 회초리 몇 대." 이런 식으로 훈육하는 것이 제일 나쁘대요. 물론 현실적으로 저런 방법을 쓸 수밖에 없을 때도 있지만, 하하… 특히 그냥 단순한 규칙이 아니라 마땅히 해야 할 것에 관해서는 저런 식으로 가르치는 것이 정말 좋지 않아요. 예를 들어 "친구 때리면 안 돼! 혼날 줄 알아!" 하는 것보다는 "친구를 때리면 친구가 '아야'하겠지? 너도 아야 하는 것은 싫지? 그러니까 친구한테 그러면 안 되지."라고 가르쳐야 한다는 것이죠. 친구를 때리지 않아야 하는 이유는 남에게 피해를 주지 않고 사이좋게 지내기 위한 것이지, 혼나지 않기 위해서가 아니잖아요. 처벌에 대한 생각만 심어주면 더 큰 가치를 잃어버리게 되죠.

어른들도 마찬가지예요. 어떤 행동에 대해 벌금을 매기고 상품을 주고 하면 그 행동의 진짜 목적을 잊어버리게 돼요. 공익광고 캠페인 같은 거 보면 되게 구리잖아요. 하하. 저런 게 무슨 소용이 있겠나 싶기도 하지만, 계속 돈 들여 만드는 데는 이유가 있는 거예요. '하지 마라, 하면 처벌할 거다' 이런 소리만 계속하는 것보다는 '그렇게 하면 공동체에 해를 끼치고 사랑하는 사람들이 고통 받는다' 이런 생각을 계속 주입해서 내적 동기로 규범을 지키게 하는 것이 가장 효과적이기 때문이에요.

효과적인 처벌의 조건

김심리 | 물론 처벌도 효과가 없는 것은 아니에요. 그런데 얼른 생각처럼 무조건 처벌이 강하다고 효과가 좋은 것은 아니고, 효과적인 처벌을 위해서는 몇 가지 조건이 필요해요.

첫 번째, 처벌은 예측 가능할수록 효과가 좋아요. 일관성이 중요하다는 얘기죠. 규범을 어겼을 때 처벌을 받을지 말지 어떤 처벌을 받을지, 일관성이 없고 예외가 많다면 사람들은 반발심이 생기고 요행을 바라게 되기 때문에 행동을 규제하는 효과가 떨어져요.

또한 처벌이 즉각적이어야 해요. 좀 웃긴 얘기긴 한데, 아이를 가르칠 때나 개를 훈련시킬 때 칭찬이나 야단치는 것은 반드시 행동한 즉시 해야 한다고 하잖아요. 애들이나 동물은 기억력이 안 좋아서 어떤 행동을 하고나서 한참 있다가 보상이나 처벌이 오면 그게 무슨 행동의 대가인지 알지 못하기 때문에 효과가 없어요. 그런데 멀쩡한 어른의 경우에도 기억이란 시간의 영향을 받기 마련이라, 잘못을 저지르고 나서 한참 있다가 처벌을 받으면 괜히 억울한 생각이 들게 되어 있어요. 그래서 '지연된 정의는 정의가 아니다.'라는 말도 있잖아요. 처벌이 너무 늦어지게 되면 물론 처벌을 안 하는 것보다는 낫겠지만 그 효과가 덜하다는 거죠.

세 번째로 처벌에 대한 정당성이 인정되어야 해요. 아까 정철학 님이 말씀하신 것과 같이 내가 지켜야 하는 규범인데 내가 만든 것도 아니고, 내가 보기에 정당한 것 같지 않으면 지켜야겠다는 마음이 잘 안 생겨요. 그래서 다 같이 지켜야 하는 규범을 정할 때는 최대한 많은 사람들의 의견을 반영하는 과정이 중요해요. 규범을 정하는 과정에 모두가 직접 참여할 수는 없다 해도 그 과정을 최대한 투명하게 공개하고, 정당성에 대해서 설명하고 이해시키는 노력이 필요하죠.

처벌의 목적은 규범을 지키지 않은 사람에게 그 대가를 치르도록 하기 위한 것이라기보다는 규범을 지키도록 하기 위한 것이잖아요? 그러니까 처벌도 결국 내적 동기를 강화하기 위한 쪽으로 가야 하는 것이죠.

원PD | 내적 동기가 생기게 하는 데는 직접 당해보는 것 만한 게 없는 것 같아요. 예를 들어 내 아이가 아파서 빨리 병원에 데려가야 하는데, 누가 주차를 이상하게 해 놔서 차를 못 빼고 안절부절못하는 상황. 이런 일을 겪어본 사람은 주차에 대한 트라우마가 생기면서 적어도 그에 관한 규범은 확실히 지키려는 마음이 생겨요. 내가 나 편하자고 규범을 어기면 누군가 어떤 피해를 볼 수 있는지 확실히 알게 되니까요. 보통 그런 게 잘 와 닿지 않으니까 규범을 대수롭지 않게 여기고 어기게 되잖아요.

김심리 | 맞아요. 아까 서상담 님도 말씀하셨지만 다른 사람의 사정을 생각하는 마음, 즉 공감능력은 규범을 지키는 데 중요한 요소에요. 그러면 이제 규범을 잘 지키게 하는 성격적 요소에 대해 알아볼까요? 사람의 성격을 측정하는 5가지 척도, 5대 성격특성에 관해 기억하고 계시겠죠? 외향성, 신경성, 성실성, 친화성, 개방성. 이중 규범을 지키는 것과 관계된 3가지 특성이 있어요.

사이코패스의 조건 – 규범과 성격특성

김심리 | 첫째는 이미 말씀드렸다시피 친화성, 즉 공감능력. 공감능력이 떨어지면 내 행동이 다른 사람에게 어떤 영향을 줄지 생각을 잘 못하기 때문에 규범을 잘 안 지키게 됩니다. 두 번째는 성실성이에요. 성실성은 충동을 조절하는 능력이죠. 규범을 지켜야 한다는 사실을 알고 지키려는 생각이 있어도 자신의 충동을 잘 조절하지 못한다면 규범을 잘 지키지 못하게 되죠. 세 번째는 신경성입니다. 신경성이 높은 사람들은 불안감이 높고 걱정이 많아요. 그러니까 이런저런 거 다 없어도 '아, 이 규범을 어겼다가 걸리면 벌 받고 욕먹겠지?'하는 불안 때문에라도 규범을 지키게 됩니다. 반대로 신경성이 낮으면 뒷일을 잘 걱정 안 하니까 또 규범을 어길 가능성이 높아지죠.

그래서 5대 성격특성 중 친화성, 성실성, 신경성이 셋 다 극단적으로 낮은 사람이 바로 사이코패스가 됩니다. 공동체의 규범으로 도저히 통제할 수 없는 충동적이고 무책임한 행동으로 타인에게 엄청난 피해를 주는 사람들이죠.

원PD | 저는 친화성, 신경성은 낮지만 성실성이 높아서 사이코패스 탈락…. 그런데 우리가 보통 사이코패스 하면 영화에 나오는 연쇄살인마나 킬러 같은 걸 떠올리지만 사실 그런 사람은 아주 극소수이고, 현실에서 가장 사이코패스가 많은 직군이 어딘지 아세요? 기업 CEO 같은 큰 조직의 의사결정권자들이에요.

원PD | 왜냐면 큰 조직의 의사결정권자들은 많은 사람들의 안위가 걸려 있는 굉장히 어려운 결정을 해야 할 때가 많기 때문이에요. 예를 들어 어떤 배에 10명이 타고 있는데, 이 배가 풍랑을 만나 침몰할 판이다. 침몰을 면하기 위해서는 빨리 1명을 배에서 내보내야 한다. 즉 9명이 살기 위해서는 1명이 죽어야 하고, 망설이고 있다가는 다 같이 죽는다. 이런 상황에서 내가 선장이라면 어떤 결정을 할 것인가?

누구라도 10명이 다 죽는 것보다는 1명이 죽는 것이 낫다고 판단할 테지만, 실제로 내가 그 1명을 어떻게 선택해서 어떻게 버릴 것인가를 결정해야 한다면 보통 사람들은 너무나 죄책감이 들고 고민이 많아져서 제때 결정을 하지 못할 가능성이 크거든요. 하지만 사이코패스들은 공감능력이나 죄책감이 별로 없기 때문에 냉정하게 결단해서 실행할 수가 있죠. 경쟁을 할 때도 인정사정없이 상대방을 제칠 수 있다 보니, 조직의 높은 자리에는 사이코패스가 올라가기 쉬운 거예요.

김심리 | 맞아요, 우리가 〈공감〉 편에서도 비슷한 이야기를 했죠. 사이코패스 같은 성향도 적당하면 능력이나 장점이 될 수도 있어요. 하지만 공동체의 규범을 우습게 여기는 사람들은 비록 높은 자리에 올라간다 해도 결국 그로 인해 더 많은 사람들에게 피해를 주는 짓을 저지르게 되죠. "왜 이렇게 잘 나가는 사람들 중에 나쁜 사람이 많지? 잘 나가게 되면 사람이 이상해지는 건가?" 우리 이런 얘기 많이 하잖아요. 물론 자리가 사람을 만드는 것도 있지만, 실제로 나쁜 사람들이 잘 나가기 쉬운 것도 있다니까요. 그런

사람들 때문에 결국 공동체 전체가 큰 피해를 보게 되는 일을 막으려면, 의사결정권자들이 사소한 규범을 어기는 행동을 쉽게 용납하지 말아야 합니다.

또 내가 그런 사람들을 보면서 내가 저만큼 나쁜 사람이 아니라고 자기 정당화를 해서도 안 됩니다. 사실 사이코패스와 아닌 사람 간에 명백한 경계가 있는 것은 아니거든요. 정도의 차이가 있을 뿐이죠. 평범한 우리 안에도 공동체를 위해 규범을 지키려는 마음과 나의 이기심을 위해 규범을 깨뜨리려는 충동이 항상 충돌하고 있으니까요.

규범, 왜 지켜야 할까?

원PD | 그러면 이제 윤리적인 문제로 넘어가볼까요? 정철학 선생님! 규범 안 지키면 윤리적으로 나쁜 건가요?

정철학 | 당연한 얘기지, 그걸 말이라고 해요? 일단 규범이 왜 만들어졌는지 그것부터 생각해봅시다. 규범은 무엇을 위해 만들어진 거죠?

김심리 | 공동체의 질서를 위해?

정철학 | 그렇죠. 그럼 공동체의 질서는 누굴 위해 필요한 겁니까?

서상담 | 서로를 위해?

정철학 | 맞아요, 서로를 위해. '서로' 안에는 나도 포함되죠. 즉 규범이란 결국 나 자신을 위해서 만들어진 거예요. 바로 나의 행복과 안전, 안정, 즐거움을 위해서요. 많은 사람들이 어울려 살아가는데 가치관도 다르고 성향도 다르고 처지도 다르다 보니까 각자 필요하고 원하는 것들이 충돌하는 경우가 있죠. 그래서 다 같이 안전하고 행복해지기 위해 우리 서로를 위해 이것만큼은 지키자, 하는 공통분모를 찾아 합의를 통해 규범이 만들어진 거잖아요. 규범이 나 자신을 위한 건데, 왜 지켜야 하는지 고민하는 게 사실 앞뒤가 안 맞죠. 규범의 목적이 내가 아닌 다른 사람들을 위한 걸로 생

각하니까 문제가 되는 거예요.

조금 더 들어가 보면, 우리 몸 안에도 질서가 있어요. 몸 안의 아주 복잡한 기관과 구조들이 각자 맡은 일을 해가고 서로 충돌하는 부분은 조율해 가면서 질서를 유지하기 때문에 생명이 유지되는 거란 말예요. 마찬가지로 우리 사회도 하나의 생명체, 유기체로 볼 수 있어요. 그러니까 우리 사회도 역시 질서가 있어야만 한다는 거죠. 질서가 깨지면 건강이 흔들리고, 심하면 회복할 수 없이 망가지거나 죽을 수도 있어요.

물론 살다 보면 가끔 어느 정도의 무질서는 찾아오죠. 예를 들어 감기에 걸렸다든지.

원PD | 술 마셨을 때라든지.

정철학 | 아니면 뭐 피곤할 때, 기분이 엄청 안 좋을 때 등등. 사회도 마찬가지로 종종 무질서가 오긴 해요. 하지만 감기가 왔다고 학교에 안 갑니까? 출근 안 해요? 그건 말이 안 되죠? 사회도 마찬가지에요. 무질서가 어느 정도 있을 수 있어요. 하지만 전체적으로는 규범을 따라 질서를 유지하도록 해야 한다는 거죠. 약간의 오류나 실수는 있을 수 있어도, 일부러 의도적으로 규범을 어기려는 것, 규범 자체에 반대하는 것은 우리가 받아들일 수가 없어요. 그렇기 때문에 도덕적, 윤리적으로 규범은 지켜야 한다고 할 수 있는 거예요.

무엇보다 중요한 사실은 규범을 지키는 일이 우리를 편하고 안전하게 해준다는 거예요. 만약 교통법규 없이 각자 알아서 운전하라고 하면 얼마나 위험하고 불안하겠어요? 보통 규범을 지켜야 한다고 하면 구속이나 강제를 떠올리는데, 실은 규범이 나를 보호해 주고 자유를 보장해 주는 울타리인 거예요. 그러니까 '뭘 해라'라는 규범은 '그것만 지키면 나머지는 알아서 해도 된다', '뭘 하지 마라'는 규범은 '그것 빼고는 나머진 다 해도 된다'는 말로 바꿔서 생각하면 편해요. 규범은 우리의 권리를 보호해 주기 위한 것이에요. 내가 의무와 책임을 다한 만큼 권리를 누릴 수 있는 거잖아요. 그렇게 생각하면 규범은 당연히 지켜야 되는 거고, 지킨 만큼 나의 권리도 보장된다고 보면 되죠.

누가 규범을 바꿀 수 있나?

김심리 | 그런데 규범에도 여러 가지가 있고, 무엇보다 규범이 변하잖아요? 모두가 모든 규범을 지켰으면 규범은 변하지 않았을 거잖아요.

정철학 | 물론 그렇죠. 우리 삶의 모습이 변화하고, 규범도 거기에 맞게 변합니다. 그런데 크게 보면 사실 변하지 않는 부분이 더 많아요. 몇 백 년 전이나 몇 천 년 전이나 우리 삶의 모습이 그렇게 많이 변했을까요? 인간의 본성 자체가 변했을까요? 우리 삶에서 중요한 일들이 뭐가 있을까요? 밥 먹고 잠자고 일하고 사랑하고 싸우고 화해하고 자식 낳아 키우고…, 몇 천 년 전이나 지금이나 똑같죠. 인생의 중요한 장면들은 아무리 세월이 지나도 거기서 거기에요. 생명체인 우리 자신을 보든 사회 공동체를 보든 기본이 되는 부분은 변화하지 않아요. 화난다고 사람 막 때리면 안 되고, 돈 빌려갔으면 갚아야 하고, 약속을 했으면 지켜야 되고…, 이런 규범의 기본이

되는 틀은 예나 지금이나 똑같아요. 세부적인 부분은 물론 사회 변화에 따라 조금씩 바뀔 수 있죠.

근데 사실 또 규범은 쉽게 변하지 않기 때문에 우리가 더 지키기 좋은 것이거든요. 만약 맨날 규범이 바뀐다고 해 봐요. 자고 나면 규범이 바뀌어 있어. 예를 들어 어제부터는 안전벨트 뒷자리도 매야 된다더니, 오늘 또 바뀌어서 뒷자리는 안 매도 된대. 이러면 환장하는 거야. 오히려 뭐가 좀 안 맞더라도 그냥 꾸준하게 가는 것도 필요한 부분이 있어. 다만 너무나 부조리하거나 실정에 맞지 않는 규범은 합의를 통해서 수정해야 되겠죠.

원PD | 규범은 결국 나를 위한 것이고 내 권리와 안전을 보장하기 위한 수단이니까 일단 지켜야 한다는 얘기는 이해가 되었어요. 그런데 말씀하신 것처럼 너무나 부조리한 규범으로 억울한 일을 당하는 경우도 있는데, 그걸 바꾸고 싶어도 개인이 이미 만들어진 규범에 저항하는 데는 한계가 있잖아요.

물론 그것도 규범 안에서 해결할 수 있는 길이 있죠. 예를 들어 조직 안에서 피해를 입었다면 법적으로 해결을 해볼 수 있고, 법이 잘못되었다면 헌법소원을 통해 이건 헌법 정신에 어긋나니까 고쳐 달라고 소송을 내는 방법도 있죠. 아니면 민원을 넣는다거나… 그런데 이 모든 일들이 말처럼 쉽지 않죠. 시간과 돈이 들고 정신적 고통도 따르고요.

김심리 | 특히 기득권층이나 사회 지배계층에게만 유리한 규범은 모든 방법을 동원해도 쉽게 고쳐지지 않아요. 법을 만들고 적용하는 사람들이 다 그들이니까요. 그런 부조리한 규범에 저항하기 위해서는 적극적으로 그 규

범을 깨는 수밖에 없을 때도 있죠. 사실 그런 혁명적인 과정을 통해서 인류 역사가 발전해온 것이잖아요.

지금은 민주주의 사회가 되어서 아무리 높은 사람, 나라를 대표하는 사람이라도 우리가 욕하는 것은 자유에요. 하지만 옛날에는 그것도 규범에 어긋나는 일이었어요. 그 옛날 누구나 욕할 수 있는 권리를 찾으려 했던 사람도 "그건 규범을 깨는 일이니까 잘못된 거야."라는 말을 들었을 것 아니에요? 그런 건 어떻게 판단하면 되나요?

정철학 | 그 말대로 우리 역사의 흐름에 큰 획을 그었던 사람들은 모두 당시의 규범을 깬 사람들이었어요. 하지만 규범을 깼다고 누구나 역사를 바꿀 수 있는 것은 아니에요. 규범을 깬 목적이 중요하지. 일제 강점기에 독립운동 했던 분들이 당시에는 모두 범법자였어요. 왜냐? 그 시절 법을 만든 게 일제였으니까. 독립 운동가들이 왜 법을 어겼죠? 나라와 민족과 억압받지 않을 권리를 위해서였지. 혁명가들은 왜 규범을 깼죠? 인권과 자유와 평등을 위해서였지. 이런 경우에는 비록 당장은 제재를 받더라도 시간이 흐르면서 많은 사람들의 인정을 받게 되고, 결국 규범을 바꾸고 역사 속에서 재평가를 받게 되죠.

하지만 이런 경우에도 당시의 규범을 깬 결과로 개인이 치르는 대가는 혹독할 거예요. 그걸 무릅쓰고 더 큰 가치를 위해 희생한 사람들만이 역사를 쓸 수 있는 것이죠. 나의 이기심과 편리를 위해 규범을 깨는 행위는 이것과는 전혀 다르죠.

규범을 지킨 결과가 좋지 않다면?

원PD │ 그럼 이런 건 어떨까요? 규범을 지켜야 하니 지켰는데, 그 결과가 나쁘게 나왔다. 예를 들어 사람을 구조하러 긴급출동을 해야 하는데, 출동할 때 지켜야 하는 매뉴얼이 있거든요. 그런데 너무나 비상이라 이 매뉴얼을 다 지키려면 늦어질 것 같은 상황이에요. 규범을 지키자니 인명을 구하지 못할 것 같고, 매뉴얼을 무시하자니 규범을 어기게 되고. 이럴 때는 어떡해야 할까요?

정철학 │ 곤란한 상황이네요. 원래 매뉴얼이라는 것은 가장 효율적이고 안전하게 상황에 대처할 수 있도록 만든 것인데, 그게 오히려 방해가 된다면…. 그 규범을 만들 때는 그런 부작용이 있을지 예상을 못했겠지요? 그럼 수정을 해야겠지요. 하지만 그렇다고 규범의 원래 취지가 퇴색되거나 무의미해진 것은 아니고, 그 동기나 목적은 살리되 세부적인 부분은 개선해야겠죠.

원PD │ 그런데 만약 그 상황에서 구조대원이 매뉴얼을 다 지키는 것보다 인명 구조가 더 중요하다는 판단을 했다. 그렇게 해서 귀한 사람의 목숨을 구했음에도 불구하고, 나중에 "왜 매뉴얼을 지키지 않았느냐?"고 추궁을 당할 수 있지요. 좋은 결과를 위해 융통성 있게 대처한 것인데, 규범을 지키지 않은 것으로 책임을 지게 될 수도 있어요. 그런 상황에 대한 보호는 누구도 해주지 않잖아요.

정철학 | 그렇죠, 그건 어쩔 수 없죠. 그러니까 보통 사람들은 다 그냥 정해진 규범을 지키는 길을 선택하는 거예요. 규범을 깨면서라도 더 높은 가치를 추구하는 길은 대단한 결단과 용기를 필요로 하는 일이죠.

원PD | 그런데 그런 경우에 또 매뉴얼을 지키는 걸 선택한 사람들에게 비난이 쏟아지기도 하잖아요. "사람 목숨이 더 귀한데 뭐하고 있었냐?"하고.

정철학 | 그건 옳지 않지. 어쨌든 규범을 지킨 사람에게 책임을 물을 수는 없는 거예요. 규범은 지키라고 있는 것이니까. 아까 규범을 지키지 않아서 결과가 좋았다 해도, 규범을 어긴 것에 대한 책임은 져야 한다고 했잖아요. 왜냐면 이 규범이라는 게 하루 이틀 만에 만들어진 것이 아니란 말예요. 오랜 시간과 많은 사람들의 경험을 거쳐서 결정된 것인데, 개인이 임의로 선택해도 좋다고 하면 큰 문제가 생기죠. 규범을 지켜야 하는 이유도 있을 텐데, 조금 문제가 있다고 안 지키면 그것 때문에 더 큰 문제가 생길 수 있거든요. 한 번은 결과가 좋았을 수 있지만, 두 번째, 세 번째도 그렇게 될까요? 규범을 깬 결과가 안 좋았다면 그 책임은 어떡하고요? 결과가 좋으면 책임을 안 져도 되고, 결과가 나쁘면 책임을 물어요? 그렇다면 규범의 존재 이유가 없는 것이거든요. 규범이 문제가 있으면 나중에 바꾸자고 의견을 내고 공론화를 할 수는 있어도, 그전에 안 지키면 그 부분에 대한 책임은 져야죠.

더 중요한 가치를 위해 규범을 어겼다면 그 책임은?

원PD | 하지만 더 중요한 가치를 위해 어쩔 수 없이 규범을 어긴 것에 대한 책임까지 개인이 다 져야 한다고 하면, 결국 보신주의(개인의 지위와 이익만을 생각하여 어떤 일에도 적극적으로 나서려 하지 않고, 현 상태를 유지하는 것에 만족하는 태도)가 판칠 수밖에 없지 않을까요?

정철학 | 아까 얘기했다시피 규범에는 여러 가지가 있고, 우리가 살다보면 서로 다른 규범이 충돌하는 경우가 생겨요. 그럴 때는 개인의 양심과 합리적 이성에 따라 더 높은 차원의 규범을 따르기 위해 낮은 차원의 규범을 어기는 쪽을 선택할 수 있죠. 매뉴얼과 구조 출동의 경우를 보면 법 규범과 윤리 규범이 충돌하는 건데, 법 규범의 주체는 국가이고 윤리 규범의 주체는 인간인데, 국가랑 인간이랑 뭐가 더 중요해요? 당연히 인간이 더 중요하죠.

김심리 | 그러니까 국가보다 인간을 선택한 사람이 윤리적으로는 옳은 결정을 했다고 볼 수 있음에도 법적은 책임은 져야 하는 현실적인 상황을 원PD 님께서 지적하신 건데요. 이런 사람을 어떻게 구제하고 보호할지는 공동체의 논의를 통해서 결정될 수 있어요. 예를 들어 얼마 전 소방관 분들이 재물손괴나 주거침입으로 소송 당하는 일이 많다는 사실이 알려져서 많은 사람들이 분노했어요. 긴급하게 불을 끄고 사람을 구조하려다 보니 어쩔 수 없었던 상황인데 그걸 소방관 개인에게 책임을 묻다니 '물에 빠진 사람 구해줬더니 보따리 내놓으라고 한다'는 속담이 딱 그 얘기죠. 또 소

방차가 불법 주차해 놓은 차량들 때문에 사고 현장에 진입하기 어려운 경우에도 그 차들을 강제로 빼거나 파손하면 배상을 해야 할 수도 있기 때문에 강제집행이 어렵다는 이야기도 알려졌어요.

이런 상황이 계속되면 최선을 다한 소방관들이 억울한 일을 당할뿐더러, 적극적인 구조 활동을 할 수 없게 되니 결국 인명 피해가 늘어날 것 아니에요? 이 부조리함에 많은 시민들이 문제점을 느끼고 공론화한 결과, 지금은 소방관이 구조 활동 중 재물 손괴로 소송당하거나 배상 책임이 있는 경우 이를 국고에서 지원하고, 소방차 진입로에 불법 주차한 차량은 즉시 강제 집행할 수 있도록 하는 법률 개정이 추진되고 있어요. (2018년 8월부터 시행된 소방기본법 개정안에 따르면 소방차량 진입로나 소화전 앞을 막은 불법 주정차 차량은 옮기다 파손되어도 보상을 받지 못한다.)

하지만 여기까지 온 것도 그동안 소방관 여러분들이 개인적으로 소송 감당해가며, 대의를 위해 희생하시면서 분명한 문제점을 널리 알렸기 때문에 가능했던 것이거든요. 그런 과정 없이 규범을 쉽게 고치거나, 개인적으로 안 지켜도 좋다고 할 수는 없지요. 그렇게 되면 규범이 제 역할을 다할 수 없고, 그에 따른 부작용이 또 엄청나게 생기니까요.

완벽한 규범은 없지만

원PD │ 그럼 이제 실천 요령에 대해 살펴볼까요? 어쨌든 규범을 잘 지켜야 한다는 것으로 결론이 났으니, 우리가 일탈의 유혹을 뿌리치고 규범을 잘 지키며 살기 위해 실천할 수 있는 일들로 무엇이 있을까요?

김심리 │ 규범을 지켜야 한다는 원칙은 흔들릴 수 없지만, 그 아래 정말 인간적으로 고민할 수밖에 없는 다양한 상황들이 있다는 것을 우리가 서로 이해하고, 이런 문제들을 어떻게 처리할 것인가를 끊임없이 함께 고민해야 해요. 규범을 만들거나 수정하는 과정에 최대한 많은 당사자들을 참여시키고 공론화해서 충분한 토론을 거치고 여론을 수렴하고, 그런 과정이 무엇보다 필요하다고 생각해요.

사실 효율을 중시하는 사람들은 그런 걸 싫어해요. 왜냐하면 그런 과정이 시간도 많이 걸리고 반드시 바람직한 결정이 난다는 보장도 없고, 어찌 보면 굉장히 비효율적이거든요. 하지만 나중에 보면 오히려 그런 방법이 더 효율적인 경우가 많아요. 왜냐면 아무리 좋은 규범이라도 사람들이 저항감을 느끼고 잘 따르지 않으면 소용이 없잖아요. 어차피 모든 규범은 완벽할 수 없고, 다 허점이 있고 부작용이 있거든요. 알지도 못하는 사람들이 내 의사와 관계없이 만든 규범이라면 잘 따르고 싶지도 않을뿐더러, 부작용이 생기면 정말 화가 나요. 그런데 내가 규범을 정하거나 수정하는 과정에 참여했다면 완벽한 규범을 만들 수 없다는 사실도 이해하게 되고, 비록 부족한 점이 있더라도 잘 지키려는 마음이 생기죠.

그래서 저는 학교에서 교칙을 제정할 때도 학생들이 참여하는 것이 바람직하다 보고요. 만약 공무원법을 만든다면 그 법을 직접 적용받는 공무원들의 의견을 들어봐야 되고, 또 공무 서비스를 받는 국민들의 의견도 들어봐야 되고, 최대한 많은 여론을 수렴하기 위해 노력해야 한다고 생각해요. 결과적으로 모두의 의견이 반영될 수는 없더라도, 그런 과정이 중요한 것이죠.

정철학 | 그리고 앞서 말했던 것처럼 모든 규범은 결국 날 위한 것이다, 라고 생각하는 자세가 필요해요.

원PD | 전 이렇게 생각해요. 아무리 모든 규범은 날 위한 것이라고 생각하려 해도 솔직히 그게 안 되는 경우도 있잖아요. 현대사회는 특히 워낙 사람들의 삶의 방식이 다양하고 복잡하다 보니까 모든 사람들의 이해관계를 다 만족시키기가 굉장히 어렵거든요. 그래서 내 입장에서는 도무지 납득하기 어려운 규범이라 해도 어쨌든 정해진 규범이니까 그냥 지키는 것이 내 보신(保身: 내 몸을 온전히 지킴)을 위해서 좋다. 얼른 생각하면 모든 규범을 지키면서 가는 것이 내 갈 길에 방해가 되고 비효율적인 것처럼 보일수 있지만, 그렇다고 나한테 불리한 규범들을 얍삽하게 피해서 좀 빨리 간다 해도 결국 나중에 그걸로 크게 발목 잡히고 넘어지는 일들이 분명히 생기거든요. 그러니까 어쨌든 규범을 지키는 것이 안전하다.

김심리 | 그리고 규범을 잘 지키는 사람은 자신에게도 떳떳하고 남들에게도 떳떳할 수 있어요. '나는 도덕적이고 법을 잘 지키는, 나무랄 데 없는 훌륭

한 사람이야!'라는 자부심이 바로 사람들로 하여금 규범을 지키게 하는 가장 중요한 내적 동기죠. 그리고 규범을 잘 지키는 사람에게는 남들이 뭐라고 못해요. 예를 들어 어떤 사람이 마음에 안 들어요. 가치관도 안 맞고요. 하지만 만약 그 사람이 규범을 철저하게 지키는 사람이라면 아무도 뭐라고 못해요. 규범을 우습게 여기는 사람조차 절대 그 사람을 무시하지 못해요. 규범을 잘 지키는 사람에게는 그런 힘이 나옵니다. "나는 지킬 것은 다지키는 사람이니까, 다른 것은 내가 원하는 대로 할 수 있어. 누가 나한테 뭐라고 할 거야?" 이런 자신감이죠. 그런 의미에서 저는 규범이 나의 자유를 보장해주는 수단이 맞는다고 생각해요.

서상담 | 훌륭한 자존감이죠.

일탈의 유혹에 대처하는 법

원PD | 저는 규범을 어기고 싶은 유혹이 들 때 대처하는 저만의 방법이 있어요. 일단 분명히 지켜야 할 것은 그냥 지키는 것이 좋지만, 살다 보면 아리까리할 때가 있잖아요. 이 정도는 이 상황에서 안 지켜도 되지 않을까? 그래도 지켜야 하나? 판단이 잘 안 설 때는 공론화를 시켜보는 것이 가장 좋아요. 가까운 사람들에게 조언을 구하는 것이죠. 예를 들어 내가 업무를 처리하는데 어떤 부탁을 받았다. 규범에 어긋날 것도 같은데 이 정도는 괜찮을 것 같기도 하고. 들어줘도 될까? 말까? 싶으면 직장상사나 동료들에게 조언을 구해보는 거죠. 만약 다른 사람에게 얘기하기가 꺼려진다 싶으

면 그건 안 되는 일인 거예요. 그런 일을 실행하면 결국 감당하기 힘들어
요. 공론화도 불가능한 문제라면 무조건 탈락. 그렇지 않다면 다른 사람들
의 조언을 참고해서 판단하면 되죠.

김심리 | 좋은 방법이네요. 그런데 그런 것도 자기를 통제하는 능력이 있어
야 가능한 거잖아요? 심리학에서 규범에 대해 이야기하는 것 중 하나가 자
기통제능력이 사람마다 다르지만 어쨌든 한계가 있는 에너지라는 거예요.
그래서 원래 자기통제능력이 높은 사람이라도 이것이 바닥난 상황이면 자
신의 충동을 통제할 수가 없게 돼요. 그게 높은 지위에 올라간 사람들, 정
말 잘 나가던 사람들이 우리가 보기엔 너무나 어이없는 실수로 한순간 추
락해버리곤 하는 이유 중 하나라고 봐요. 그 사람들은 거기까지 올라가고
그 지위를 유지하기 위해 너무 많은 에너지를 소진했기 때문에 정작 사소
한 규범들, 남들 보기엔 사소한 규범이지만 자신의 스트레스를 해소할 수
있는 일탈을 억제할 수 없게 된 것이죠.

심각한 피로에 시달리는 사람들은 어떤 유혹이 왔을 때 저항할 힘이 없어
서 무너져버리기 쉬워요. 유혹에 저항하는 데도 에너지가 필요하거든요.
그렇기 때문에 바로 '이너피스(inner peace;내면의 평화, 평정심)', 내가 원하는
대로 나를 굴리기 위해서는 이너피스가 가장 중요합니다.

실제로 우리 사회에 일상화된 과중한 업무, 긴 노동시간, 사람들이 늘 과
로한 상태가 부정부패하기 쉬운 환경을 만든다고 해요. 너무 고생하면 사
람이 보상심리도 생기기 마련이거든요. '내가 이렇게 고생하는데, 이 정도
야…'하는 마음. 올바른 사람으로 살려고 노력할 수 있는 에너지까지 앗아
갈 정도로 사람을 혹사시키는 노동환경도 달라져야 해요.

깨진 유리창 효과 - 환경과 모방 본능

김심리 | 또 하나, 규범을 잘 지키게 하는 데 중요한 것이 모방 본능이에요. 인간은 본능적으로 남들의 행동을 따라하게 되어 있거든요. 그렇기 때문에 어떤 규범을 주변에서 사람들이 다 잘 지킨다. 그럼 그 와중에 내가 이걸 지키기 싫다고 해서 혼자 안 지키기가 힘들어요. 근데 나는 이 규범을 지켜야 되는 줄 알았는데, 보니까 옆에서 다 안 지키네? 그럼 따라서 안 지키게 돼요. 그래서 전체적으로 규범을 준수하는 분위기가 중요하고, 누군가에게 규범을 지키게 하고 싶으면 내가 먼저 그 규범을 따르는 걸 보여줘야 돼요. 솔선수범 해야죠.

원PD | 그러니까 이게 리더의 굉장히 중요한 자질이기도 해요. 규범을 잘 다루는 사람이 조직을 잘 다루죠. 리더가 몸소 규범을 딱딱 지키지 않으면 명이 서지 않아요. 리더 스스로가 규범을 안 지키면서 조직 구성원들에게 '이 규범을 지켜라', '이 조직은 이렇게 가야 한다', 아무리 떠들어 봤자 절대 권위가 안 생기죠. 조직의 리더가 되고 싶다거나 좀 더 중요한 의사결정을 하는 지위에 가고 싶다. 또는 어떤 공동체에서 좀 더 영향력 있는 존재가 되고 싶은 사람이라면 특히 스스로 규범을 잘 지켜야 해요.

정철학 | 리더라면 스스로 규범을 잘 지키는 것도 중요하지만, 전체적으로 규범을 잘 지키는 분위기를 만들어 주는 것도 필요하지. 깨진 유리창의 법칙이라고 들어보셨어요? 깨진 유리창과 같이 작은 일탈이 생겼을 때 그걸 바로바로 수습하고 징계를 주고 땜빵을 해 줘야지. 별것 아니라고 그냥 놔

됐다가는 어느 순간 전체가 와장창 무너져 버리게 되죠.

깨진 유리창의 법칙

깨진 유리창과 같이 사소한 일탈을 방치해두면 환경에 영향을 받는 심리로 인해 결국 더 큰 범죄가 일어난다는 범죄 심리학 이론.

미국의 범죄학자 제임스 윌슨과 조지 켈링이 1980년대 뉴욕 시의 범죄율이 급격히 높아진 원인으로 더러워지고 낙후된 도심 환경을 방치한 것을 지적하며 만든 용어. 도심의 치안이 불안해지자 기업과 중산층이 교외로 빠져나가 버렸고, 뉴욕 시의 상황은 점점 악화되었다. 이에 1995년에 취임한 줄리아니 뉴욕 시장은 강력한 뉴욕 시 정화 작업에 돌입했다. 주요 거점에 CCTV를 설치해 벽에 낙서한 사람들을 끝까지 추적했다. 또 지하철 내부를 깨끗하게 청소하고 범죄를 집중 단속했다. 시 정부의 강력한 의지를 확인한 뉴욕 시민들은 자신들의 행태를 바꾸기 시작했다.

주위 환경이 전체적으로 더럽다면 사람들은 오물을 쉽게 버린다. 하지만 깨끗할 때에는 그러지 못한다. 자신의 부적절한 행동이 다른 사람들에 의해 쉽게 들통나기 때문이다.

원PD | 결론은 규범은 어쨌든 따르는 것이 좋다. 원칙적으로 규범은 따라야 하는 것이고, 규범을 지키는 일이 번거롭고 불합리하다고 느껴질 때도 있겠지만, 멀리 길게 보면 그것이 나와 모두에게 이롭다. 더 큰 가치를 위해서 규범을 어기는 선택을 할 수도 있겠지만, 그에 대한 대가는 치러야만 한다.

정철학 | 저의 바람은 좋은 규범보다는 규범을 잘 따르는 좋은 사람들이 많아졌으면 좋겠다. 어차피 세상에 완벽한 규범이란 없거든요. 중요한 것은 어떤 규범이라도 잘 따르는 좋은 사람들이 많아져야 하는 것이죠. 그래야 세상이 좋아집니다.

김심리 | 규범보다 중요한 것은 사람이니까요.

나의 '일탈의 유혹' 다스리기

다음 질문지를 통해 규범에 대한 나의 태도를 점검하고 고쳐 봅시다.

질문1	내가 최근에 가장 크게 규범을 어긴 일은 무엇이 있나요?				

질문2	질문1의 규범을 지키지 않은 이유에 표시해 보세요.				
이유1. 지키지 않아도 된다고 생각해서	체크	이유2. 지켜야 한다고 생각하지만 피치 못할 사정이 있어서	체크	이유3. 지켜야 한다고 생각하지만 나 자신을 통제하지 못해서	체크

질문3	선택한 번호에 따라 생각해 봅시다.
이유1	• 그 규범을 지키지 않아도 된다고 생각하는 이유는 무엇인가요? • 그 규범을 고치거나 없애야 한다고 생각하나요? 고쳐야 한다면 어떻게 고치는 것이 좋다고 생각하나요? • 그 규범을 실제로 고치거나 없애기 위해 내가 할 수 있는 노력은 무엇일까요?
이유2	• 그 규범을 지키지 못한 피치 못할 사정은 무엇인가요? • 다음에 같은 상황을 만나도 그 규범을 지키지 않겠다고 생각하나요? • 다음에 같은 상황을 만났을 때 그 규범을 지키기 위해 내가 노력할 점은 무엇일까요?
이유3	• 그 규범을 계속 어기면 나에게 어떤 불이익이 있을까요? • 다음에 그 규범을 지키기 위해 내가 노력할 점은 무엇일까요?

"〈인성역전〉이 여러분의
인생 길잡이가 되어드릴게요."

김현경(김심리) | 〈인성역전〉 심리 담당, 작가

　세상에 싸움 구경만큼 재미있는 것이 없다고 하죠. 정말 그렇습니다. 어린 시절부터 다른 사람들을 관찰하는 일이 취미였던 제게는 특히요. 저는 타고나기를 공감능력이 낮고 감정이 둔한 성향 탓에 어릴 적부터 인간관계에 어려움을 많이 느꼈습니다. 사람들의 감정적 반응과 교류를 잘 이해할 수 없었기에 본의와 달리 남들의 기분을 상하게 하는 일이 많았어요. 무척 내성적이기까지 했던 저는 그럴 때마다 갈등에 직접 부딪치기보다는 나만의 세상 속으로 숨어드는 편을 택했습니다. 그렇게 거리를 두고 사람들을 관찰하고 분석하면서 내가 잘 모르는 감정과 관계의 속성에 대해 파악하려고 노력했죠. 그중에서도 갈등과 다툼은 왜 생기는지, 그 문제를 해결하려면 어떻게 해야 하는지에 특히 관심을 갖고 지켜보았습니다. 무엇보다도 고통과 에너지 낭비를 부르는 싸움만은 피하고 싶었거든요.

그 결과 제가 모든 싸움의 가장 주된 원인으로 결론내린 것이 있습니다. 바로 '내로남불(내가 하면 로맨스, 남이 하면 불륜)'입니다. 자신과 남들을 판단하는 잣대가 너무 다른 것 말이죠. 인간관계, 공동체 간의 갈등은 거의 대부분 여기서 비롯된다고 해도 과언이 아닐 것입니다. 도덕의 '황금률'이 바로 '내가 받고 싶은 대로 남을 대접하라'인 것만 봐도 알 수 있겠죠. 이 황금률은 당연한 말처럼 느껴지지만 결코 쉬운 일이 아닙니다. 정도의 차이는 있지만 '내로남불'을 전혀 하지 않는 사람은 없을 것입니다. 왜 그럴까요?

인간은 본래 이기적이기 때문이라는 것이 가장 쉬운 대답입니다. 그렇다면 어쩔 수 없는 일이죠. 하지만 인간에게는 이타적인 본성 또한 존재합니다. 대부분의 사람들이 할 수 있다면 다른 이들에게 도움을 주고 싶어 합니다. 그 결과 칭찬과 사랑을 받으면 기분이 좋고, 좋은 관계를 유지하면 안전하고 자신에게도 도움이 된다고 느끼기 때문이죠. 그런 걸 떠나 그냥 남을 도와주고 싶어 하는 사람들도 많습니다. 심지어 자신을 희생하면서까지요. 이 또한 인류를 지금까지 지탱해 온 인간의 본성임이 분명합니다.

자신에게 큰 피해가 없다면 남들에게 도움을 주고 싶어 하는 선량한 사람들이 대부분인 이 세상에 '내로남불'과 오해, 갈등이 판치는 가장 큰 원인은 사람들이 감정과 관계의 성질에 대해 잘 알지 못해서라는 것이 제 나름의 결론이었습니다. 나와 남을 판단하는 잣대가 달라도 너무 다른 이유는 나에게 더 유리하게 생각하려는 본성 때문이기도 하지만, 무엇보다 다른 사람의 사정에 대해서 잘 모르기 때문인 경우가 많습니다. 그 사람의 사정을 잘 알고 입장을 바꿔 생각해 보면 충분히 이해할 수 있는 일임에도 그러기가 쉽지 않습니다. 남의 사정을 이해하기 위해서는 정확한 정보와 그것을 소화할 충분한 시간이 필요한데, 그러기에 사람들은 너무나 바쁘고, 정보는 넘쳐나고, 정보를 왜곡하여 자신들에게 유리한 쪽으로 이용하려는 이들 또한 많기 때문입니다.

대부분의 사람들은 역지사지(易地思之:남의 일을 자기 일처럼 생각함)와 자기객관화(자기 일을 남의 일처럼 생각함)를 할 수 있는 공감능력과 지적 능력을 갖고 있습니다. 그러나 분주하고 팍팍한 일상 속에서는 에너지를 절약하려는 본능이 이것을 가로막기 쉽습니다. 실제로 심리학에서는 편견이나 고정관념이란 다름 아닌 생각의 에너지를 줄이려는 본능적 반응으로 봅니다. 겉으로 드러나는 한두 가지만 보고 남에 대해 판단하는 것은 잘못된 판단이기 쉽지만, 어쨌든 훨씬 쉽고 빠른 판단이니까요. 일종의 게으름이랄 수 있겠죠. 보통 사람들은 게으름을 그렇게 큰 잘못으로 보지 않지만, 실은 게으름이야말로 엄청난 비극의 뿌리가 되는 경우가 많답니다.

이런 게으른 본성에 저항하기 위해서는 의지와 노력이 필요합니다. 우리를 잘못된 판단과 반응으로 이끄는 본성이 무엇인지 이해하고, 거기서 벗어나 더 종합적이고 예리한 판단과 실천을 할 수 있도록 훈련해야 합니다. 그 길에 길잡이가 되는 것이 바로 인문학과 사회과학, 예술입니다. 인류의 선배들이 오랜 세월 인간의 내면에 대해 연구한 결과를 정리하고 검증한 학문과 예술 작품들을 통해 우리는 복잡하고 위험한, 하지만 한편으로는 아름다운 가능성이 충만한 인간이란 존재를 좀 더 깊이 이해하고 잘 다룰 수 있게 됩니다.

그렇게 인간의 내면에 대한 탐구를 계속한 끝에 저는 대학에서 역사학을 전공하고, 심리학을 독학하여 강의를 하고 방송을 만들며, 인간 심리를 묘사한 소설과 예술·인문학에 대한 에세이를 쓰는 작가가 되었습니다. 어찌 보면 이 분야 저 분야 잡다하게 손을 댄 나머지 전문성이 떨어진다고 볼 수도 있는 이력이지만, 개인적으로는 어릴 적부터 저를 너무 힘들게도, 호기심 돋게도 했던 인간 내면에 대한 일관적인 탐구의 과정이었습니다. 그리고 그 결과 30대에 들어서는 두려워만 했던 인간관계에 대해 비로소 어느 정도 기술과 자신감을 갖추게 되면서, 남들 못잖게 건강하고 행복한 인간관계를 누리며 그 비결을 다른 사람들과 나누는 일을 업으로 삼게 되었습니다.

그런 성과에 안도하면서도 독학의 한계를 느끼기 시작할 때 즈음 운명처럼 〈인성역전〉을 만나게 되었습니다. 제가 사회활동의 반경을 넓혀가면서 고등학교 동문회 모임에 처음 나가게 되었을 때 그곳에서 인성역전의 기획자 원PD 님을 동문 선배로 처음 만나 뵈었습니다. 당시 원PD 님은 철학박사 정윤승 교수님과 상담 전문가 서명석 교수님과 함께 '대학생을 위한 인성교육'을 주제로 팟캐스트 〈인성역전〉 방송을 이미 진행 중이셨습니다. 주제와 청취자 층을 더 넓히기 위한 전략으로 제게 〈인성역전〉 합류를 제안해 주셨을 때 전 너무 과분한 일이라고 생각했습니다. 성격심리학 관련 콘텐츠를 만들고 있긴 했지만 저는 어디까지나 혼자 재미로 공부한 아마추어에 지나지 않고, 다른 인성역전 멤버 분들은 모두 전문성이 뛰어난 박사님이시니 제가 낄 자리는 아닌 것 같았습니다. 하지만 방송의 취지와 구성이 너무나 저의 관심과 필요와 잘 맞아 떨어져 도저히 사양할 수가 없었습니다.

현대의 학문은 고도로 전문화되어 있지만 그것이 오히려 균형 잡힌 통찰을 방해한다는 반성이 있습니다. 인간과 세상은 매우 다양한 측면을 가지고 있는데 과학자는 과학의 입장에서만, 경제학자는 경제학의 입장에서만, 철학자는 철학의 입장에서만 세상을 바라보며 서로의 입장과 논리를 전혀 이해하지 못하기 때문에 학문이 발달해도 세상의 문제를 해결할 수 없다는 이야기입니다. 한 가지 분야만 제대로 공부하려고 해도 일생이 부족할 만큼 인류의 지식이 쌓였기 때문이니 학자들의 탓은 아닙니다. 그러나 지구가 태양 주위를 돈다는 사실도 몰랐던 고대인들이 현대인들보다 사람 사이의 갈등과 문제를 해결하는 능력도 부족했을까요? 역사를 공부해 보면 그런 것 같지 않습니다.

사실 현대인들에게 지식은 크게 부족하지 않습니다. 지금 시급히 필요한 것은 더 많은 지식이 아니라 지식들을 연결하고 활용하는 능력 즉 '지혜'입니다. 같은 문제도 바라보는 시선과 입장이 다양하다는 사실을 늘 마음에 두고, 서로 다른 시선과 입장을 배우고 이해하여 함께 문제 해결을 위해 노력할 수 있는 태도와 경험 말입니다.

안타깝게도 우리 한국사회는 아직도 학생들에게 단편적인 지식을 쌓게 하는 데만 지나치게 집중하는 나머지 다른 모든 것들은 소홀히 할 수밖에 없는 현실입니다. 최근 우리 사회의 가장 큰 문제점인 집단 갈등과 몰이해, 인격 파탄과 정신 건강 문제는 그 결과라고 생각합니다. 그렇게 모두가 열심히 공부하고 일하고 지식과 능력을 쌓고 있는데도 왜 모두 힘들고 불행하고 갈등은 풀리지 않는 것일까요? 어디서부터 풀어가야 할지 막막한 상황이지만, 〈인성역전〉을 통해 그 답을 조금은 찾을 수 있지 않을까 하는 희망을 보았습니다.

'인성' 고리타분하고 멀게만 느껴지는 단어이지만, 우리가 실생활에서 부딪치는 인간관계와 공동체, 개인 내면의 문제들을 모두 함축할 수 있는 말입니다. 이에 관련된 다양한 문제들을 주제로 삼아 교육, 철학, 상담, 심리 전문가들이 각자 영역의 논리로 분석하고, 원인과 해결책을 함께 생각하며, 학자가 아닌 한 인간으로서의 경험담에 대해서도 솔직히 나누어 봤습니다. 그 결과를 청취자 분들과 공유하고, 청취자 분들의 의견과 고민에도 귀를 기울이며, 우리의 생각을 더욱 발전시켜 왔고요.

말처럼 쉬운 일만은 아니었고 많은 시행착오도 있었지만, 2년 넘게 꾸준히 방송을 진행해 오면서 저 혼자였다면 결코 불가능했을 다양하고 폭넓은 경험과 배움을 함께 할 수 있었습니다. 덕분에 저의 지식과 지혜도 한층 더 성장할 수 있었고, 그 결과를 많은 분들과 나눌 수 있어서 참으로 행복하고 보람 있는 시간이었습니다. 이 자리를 빌려 그동안 부족한 저를 도와주시고 격려해 주신, 학식은 물론 인간미까지 넘치시는 우리 원PD, 정철학, 서상담 세 선생님들과 더불어 〈인성역전〉 청취자 여러분들께 깊은 감사의 인사를 전합니다.

오직 함께 공부하고 나누겠다는 생각만으로 열심히 방송을 만들다 보니 그 가치를 인정해 주시는 분들을 만나 〈인성역전〉 방송 내용을 바탕으로 대학 교재가 개발되기도 하고, 이번에는 이렇게 청소년 도서로 출간되게 되었습니다. 저는 사범대학 졸업생이고 원PD 님은 영어교육을 전공하신 교수이시며, 서상담 선생님도 청소년 대상 상담을 많이 진행하시기에 모두 청소년 문제에 관심이 많습니다. 무엇보다 저는 그 시기가 다른 사람들과 또 세상과의 관계에 대한 문제로 얼마나 많은 고민과 고통을 겪는 시기인지 누구보다도 경험상 잘 알기에, 더욱 청소년 여러분들께 다가가고자 하는 의욕과 보람이 큽니다. 특히 공동체 안에 본보기가 되어주는 어른이 드문 요즘 시대 청소년 분들의 어려움이 더욱 클 것이라 생각합니다. 그러나 지금의 고민과 고통을 회피하지 않고 치열하게 맞선다면 머지않아 훌쩍 커지고 단단해진 자신을 발견하게 될 것이라 장담합니다. 그 길에 〈인성역전〉이 작으나마 길잡이가 되어 드렸으면 합니다.

청소년기를 지나서도 인성에 대한 고민은 평생 계속될 것입니다. 따라서 이 책을 좋게 읽으셨다면 두고두고 곁에 두시고 잊을 만하면 다시 읽어보시고, 팟캐스트 방송도 한 번 들어보시면 좋겠습니다. 더욱 다양한 주제로 깊은 이야기를 나눌 수 있습니다.(네이버 오디오 클럽이나 팟빵, 팟티에서 '인성역전'을 검색하시면 됩니다.) 이 책은 청소년용으로 편집했으나 본래 〈인성역전〉 방송은 청소년 이상 어느 연령대가 들어도 좋은 내용입니다. 그러니 부모님이나 선생님 등 주변 어른 분들께 슬쩍 추천해주셔도 좋겠습니다. 어른이라고 해서 무조건 청소년들보다 성숙하고 지혜로운 것은 아니거든요. 인성에 대한 배움 또한 평생 계속되어야 하는 일이니까요.

> **"**
> **당신의 쩌렁쩌렁한 목소리가 너무도 그립습니다.**
> **어서 다시 오세요. 기다리고 있을게요.**
> **"**

정철학의 회복을 기원하며….

2019년 봄, 정철학 선생님께서
불의의 사고로 혼수상태에 빠지신 뒤로
아직까지 긴 꿈에서 깨어나지 못하고 계십니다.
남은 인성역전 멤버들은 방송을 이어가며
정철학 선생님을 기다리고 있답니다.
독자·청취자 여러분들도 함께 해주시면
감사하겠습니다.

인성도 스펙이다

2019년 11월 10일 1판 1쇄 인쇄
2019년 11월 15일 1판 1쇄 펴냄

지은이 | 원은석, 김현경, 정윤승, 서명석
펴낸이 | 구모니카

마케팅 | 신진섭
디자인 | 김해연

펴낸곳 | M&K
등록 | 제7-292호 2005년 1월 13일
주소 | 경기도 고양시 일산서구 고양대로 255번길 45, 903-1503
전화 | 02-323-4610
팩스 | 0303-3130-4610
E-mail | nikaoh@hanmail.net

ISBN 979-11-87153-38-2 43190